미국의 건국과 '명백한 운명'

미국사 산책 2

미국사 산책 2 : 미국의 건국과 '명백한 운명'

ⓒ강준만, 2010

1판 1쇄 2010년 3월 12일 펴냄   1판 2쇄 2016년 2월 12일 펴냄

지은이 | 강준만 **펴낸이** | 강준우 **기획편집** | 박상문, 박지석, 박효주, 김환표
디자인 | 이은혜, 최진영 **마케팅** | 이태준, 박상철 **펴낸곳** | 인물과사상사
출판등록 | 제17-204호 1998년 3월 11일 **주소** | (121-839) 서울시 마포구 서교동 392-4 삼양빌딩 2층
전화 | 02-471-4439 **팩스** | 02-474-1413 **홈페이지** | www.inmul.co.kr | insa@inmul.co.kr
ISBN 978-89-5906-141-9 04900   ISBN 978-89-5906-139-6 (세트)
값 14,000원

이 저작물의 내용을 쓰고자 할 때는 저작자와 인물과사상사의 허락을 받아야 합니다.
파손된 책은 바꾸어 드립니다.

미국의 건국과 '명백한 운명'

미국사 산책 2

강준만 지음

인물과
사상사

제1장 미국 헌법과 프랑스혁명

55인의 '건국의 시조들' 헌법의 제정과 비준 •9
초대 대통령 조지 워싱턴 권리장전과 수정헌법 제1조 •20
로베스피에르·당통·나폴레옹 프랑스혁명 •31
'이성의 시대'의 명암 루소·버크·페인 논쟁 •44

제2장 연방파와 공화파의 갈등

인간은 '커다란 짐승'인가 '생각하는 육체'인가? 해밀턴과 제퍼슨 •61
제2대 대통령 존 애덤스 연방파와 공화파의 충돌 •70
"인구는 기하급수적, 식량은 산술급수적" 맬서스의 인구론 •78
제3대 대통령 토머스 제퍼슨 '제2차 미국혁명' •86
제퍼슨과 해밀턴 중 누가 이겼는가? 미국의 루이지애나 구입 •94
"성조기여 영원하라" 1812년 미-영전쟁 •114

제3장 대중민주주의의 등장

제5대 대통령 제임스 먼로 플로리다 합병, 먼로 독트린 •135
제7대 대통령 앤드루 잭슨 '보통사람들의 시대' •144
기술의 진보, 흑인인권의 퇴보 최초의 기차 출현, 터너의 반란 •154
'미국의 민주주의' 알렉시스 토크빌의 미국 방문 •167

프리메이슨의 음모? 최초의 제3당 '반(反)메이슨당' • 180
지배 엘리트의 교체인가? '잭슨 민주주의'의 명암 • 188

제4장 정보 · 지식 · 사상의 미국화

미국 저널리즘의 혁명 1센트짜리 대중신문의 탄생 • 197
"알라모를 기억하라!" 텍사스의 독립과 합병 • 207
"유럽이라는 회충을 몰아내자!" 미국의 지적 독립선언 • 214
'눈물의 행렬' 인디언의 비극 • 227
윌리엄 해리슨과 존 타일러 1840년 대통령 선거 • 234
"신이 무엇을 이룩했는가?" 워싱턴-볼티모어 전신 개통 • 240

제5장 '멕시코전쟁'과 '골드러시'

미국의 '명백한 운명' 멕시코전쟁 • 257
'시민불복종' 헨리 데이비드 소로와 프레더릭 더글러스 • 270
'경쟁' 아닌 '협동'으로 살 수 없는가? '뉴하모니'에서 '솔트레이크시티'까지 • 281
"만국의 노동자여, 단결하라!" 카를 마르크스의 『공산당선언』 • 295
"젊은이들이여, 가라! 서부로!" 캘리포니아 골드러시 • 303

참고문헌 • 315   찾아보기 • 333

제1장
미국 헌법과 프랑스혁명

55인의 '건국의 시조들'
헌법의 제정과 비준

1787년 제헌의회 개최

1787년 5월 25일부터 3개월 반 동안 필라델피아에서 헌법을 제정하기 위한 제헌의회(Constitutional Convention)가 개최되었다. 로드아일랜드를 제외한 모든 주의 대표 55명이 참석했는데, 이들은 나중에 '건국의 시조들(Founding Fathers)'로 불린다. 만장일치로 조지 워싱턴(George Washington, 1732~1799)을 의장으로 선출했지만, 처음부터 제헌의회의 의사일정을 지배한 이는 새로운 연방정부에 대한 세밀한 계획을 구상하고 있었던 36세의 제임스 매디슨(James Madison, 1751~1836)이었다. 그는 인구수로는 가장 큰 주였던 버지니아 대표였다.

연방주의와 중앙집권화의 가장 뛰어난 이론가는 알렉산더 해밀턴(Alexander Hamilton, 1755~1804)이었다. 그는 서인도 제도에서 스코틀랜드 상인의 사생아로 태어나 뉴욕의 법률가로 성공하였으며 한때 조지 워싱턴의 부관으로 복무하기도 했다. 그는 외국에서 태어났기 때문에 대통령이 될 수 없었지만, 바로 그런 이유로 출신지에 대한 애착이 없어 연방정부에 충성을 다하고자 했다. 또 어린 시절 고생을 많이 해 사람들은 주로 경제적으로 자기 이익을 챙기기 위해 움직인다는 생각을 갖고 있었다. 그는 여러모로 대단히 뛰어난 인물이었지만 때로 분별력을 압도하는 정열적인 야심에 휘둘려 잦은 논란을 빚게 된다.

여기서 중요한 건 해밀턴이 사전 포섭으로 매디슨과 중요한 동맹관계를 맺었다는 사실이다. 그래서 제헌의회에서는 몇 주간 격론이 벌어지지만 모든 것은 해밀턴-매디슨 동맹관계에 의해 지배되었다.

제헌의회기간 내내 모든 출입구와 창문은 굳게 닫힌 채 경비원들이 물샐 틈 없이 지켜 신문 기자들의 접근조차 어려웠다. 왜 그토록 삼엄한 경비가 필요했던 걸까? 매디슨은 나중에 "비밀을 지키기 위해서가 아니었다. 만일 사람들의 참관을 허용하면 대표들이 그렇게 솔직하고 진실하게 얘기를 나누거나 격렬하게 토론할 수 없었기 때문이다"고 답했다.

제헌의회의 '대타협'

1787년 7월 2일 제헌의회는 벤저민 프랭클린(Bengamin Franklin, 1706~1790)을 의장으로 하여 각 주에서 한 사람씩의 대의원이 참여·구성하는 대의원회를 만들었다. 이 위원회는 이른바 '대타협(Great Compromise)'의 기초가 된 제안을 만들어냈다. 대의제도의 난제를 해결하기 위한 이 제안에서 각 주는 인구수에 근거하여 대표되며 대표와 직접세의 근거를 계상함에 있어서 흑인 노예를 백인 자유인의 5분의 3으로 계산하여 구성하는 하원이 제시되었다. 또한 이 제안에서 각 주가

제헌의회를 열고 있는 각 주 대표 55명. 이들은 만장일치로 조지 워싱턴을 의장으로 선출했다. 그림 오른쪽 단상 위에 있는 것이 조지 워싱턴. 이후 이들 대표들은 '건국의 시조들'이라 불렸다.

두 의원으로 동등하게 대표되는 상원이 제시되었다. 1787년 7월 16일 제헌의회는 이러한 타협안을 투표로 승인하였다.

1787년 9월 17일 39명의 대표들이 헌법에 서명했다. 3명은 반대, 13명은 투표에 불참했다. 불참자 중 7명은 최종안에 찬성한 것으로 간주되었다. 이제 남은 건 각 주의 비준이었다. 제헌의회는 13개의 주 가운데 9개의 주가 비준하면 새 정부가 성립할 수 있으며, 미국 헌법을 비준하기 위해서는 주 의회가 아니라 주 비준회의를 소집해야 한다고 권고하였다.

권용립(2003)은 "양원제를 채택한 것은 연방의회에 보내는 각 주의 대표 수를 인구비례로 결정하자는 큰 주와, 인구에 관계없이 균등하게 하자는 작은 주 간의 타협의 산물로 이해되기도 한다. 그러나 양원제의 철학은 근본적으로는 공화주의적 균형에 대한 고려였다"며 다음과 같이 말한다.

"사회적으로 귀족 신분이 따로 없는 미국에서 '소수'의 역할을 부담할 연방상원의원은 각 주의 '귀족'이기 때문에 인구에 관계없이 각 주 2명씩 배정하고, 연방하원의원의 수는 '다수' 인민을 대표한다는 의미에서 각 주 인구에 비례하게 만들었다. 한편 임기를 정하는 데 있어서도 하원의원은 '인민의 변덕'을 바로 반영할 수 있도록 2년으로 짧게 한 반면, 상원의원은 그 세 배인 6년으로 정하였다. 아울러 상원의원 선거는 6년에 한 번이 아니라 매 2년마다 상원 전체 의석의 3분의 1만 대상으로 해서 실시하게 함으로써 귀족정의 특징인 정치적 연속성이 급격히 단절되지 않도록 장치해놓았다."

노예제 폐지론자인 윌리엄 로이드 개리슨(William Lloyd Garrison, 1805~1879)은 이 '대타협' 중 흑인 노예를 백인 자유인의 5분의 3으로 계산하는 '5분의 3 타협(Three-fifth Compromise)'을 '추악한 반인륜적 결탁'이라고 비난했다. 그러나 1840년대에 이런 친노예적 헌법에 대해 노예제 폐지론자들 사이에서도 새로운 해석이 등장했

윌리엄 개리슨. 노예폐지론자인 개리슨은 '5분의 3 타협'을 '추악한 반인륜적 결탁'이라고 비난했다.

다. 그들은 다음과 같은 헌법의 전문에 주목했다. "우리 미국 국민은 더욱 완벽한 연방을 형성하고 정의를 확립하며 국내 안녕을 보장하고 공동방위를 도모하며 전 국민의 복리를 증진하고 우리 현 세대와 후손들에게 자유의 축복을 확보하기 위하여 미국 헌법을 제정한다." 노예제 폐지론자들은 흑인 노예도 여기서 말하는 '국민(people)'에 속한다는 해석을 내렸고, 이런 해석은 후에 노예제를 폐지한 헌법 수정조항 제13조(1865)의 사상적 뿌리가 된다.(조지형 2007)

선거인단제도의 문제

공식적인 선거인단제도는 1820년대에 도입되지만, 이미 헌법제정 시에 골격을 갖춘 선거인단제도는 훗날 다수의 지지를 받고도 대통령이 되지 못하는 사태가 빚어지는 등 두고두고 큰 논란을 빚게 된다. 이는 헌법제정회의 때에도 문제가 됐던 것이다. 제임스 윌슨(James Wilson, 1742~1798)은 "우리가 만들고자 하는 정부가 누구를 위한 것인지 망각하고 있는 것은 아닙니까? 이 정부는 '인민'을 위한 것입니까? 아니면 '주'라고 일컬어지는 상상의 존재를 위한 것입니까?"라고 물었다. 이에 제임스 매디슨은 "경험이 보여주는 것은, 주들이 서로 다른 이해관계로 나눠지는 것은 그 크기가 다르기 때문이 아니라 그들이 처한 조건이 서로 다르기 때문이라는 사실입니다"라고 답했다.

직접투표 다수득표자와 대통령 당선자가 다르게 나타나는 '분리투표'는 1824년, 1876년, 1888년, 2000년에 걸쳐 네 차례 발생했으며, 선거인단제도를 개정 혹은 폐지해야 한다는 청원은 200여 년 동안 무려 700여 건에 이르러 단일사안으로는 미 역사상 의회에 접수된 가장 많은 청원사례라는 기록을 남기게 된다. 일반인들을 상대로 한 여론조사에서도 1967년 58퍼센트, 1968년 81퍼센트, 1981년 75퍼센트가 폐지에 찬성하는 것으로 나타났지만, 그럼에도 개정이나 폐지론이 실현되지 않고 있는 것은 미국 헌법의 보수성을 보여주는 것이다.(윤국한 2000)

연방헌법 제5조에 명시된 개헌절차는 까다로웠다. 개정안의 제의는 양원에서 각각 3분의 2 이상의 찬성을 얻거나 연방을 구성하는 모든 주의 3분의 2 이상이 주의 제청에 의해 연방의회가 소집하는 국민회의에서 이루어질 수 있다. 그리고 연방을 구성하는 전체 주 중에서 4분의 3 이상의 주가 각각의 주 의회에서 개정안을 비준함으로써 개정안, 즉 수정조항(Amendment)이 발표된다. 아니면 4분의 3 이상의 주에서 이를 비준하기 위해서 소집하는 특별회의에서 개정안이 비준됨으로써 효력을 발생한다. 이에 대해 권용립(2003)은 다음과 같이 말한다.

"이 까다로운 개정절차 때문에 결과적으로 헌법제정 이후 200여년이 넘도록 연방의회가 심사한 개정안은 1만여 건이 넘었지만 연방의회를 통과하고 또 각 주의 비준까지 받아서 개정된 헌법조항, 즉 '미국 연방헌법 수정조항'은 아직 27개 조항에 지나지 않는다. 이처럼 미국의 정치체제는 급격한 변화나 개혁을 지향한 것이 아니라 '최초의 정신'을 수호하고 그 체제의 영속성을 유지하려는 '보수' 지향성에 토대를 두고 있는 것이다."

1788년 헌법 비준

각 주에서 대부분의 비준회의는 1788년 초에 개회되었다. 전 식민지에 걸쳐 헌법에 대한 열띤 토론이 벌어졌다. 헌법의 지지자들은 '연방주의자(Federalist)'라는 유리한 칭호를 선점했다. 그건 중앙집권화의 반대자들이 한때 자신들을 묘사했던 용어였기에, 이 용어는 미국 헌법의 지지자들이 실제보다 덜 '중앙집권적' 정부에 헌신하고 있음을 표방하는 의미로 사용되었다. 지지자들은 아메리카에서 가장 유명한 프랭클린과 워싱턴의 지지를 받고 있었고, 가장 능력 있는 정치철학자들인 알렉산더 해밀턴, 제임스 매디슨, 존 제이(John Jay, 1745~1829)의 지지를 받아 유리한 입장이었다. 이 3명은 푸블리우스(Publius)라는 공동의 필명으로 미국 헌법의 의미와 장점에 대한 85편의 글을 뉴욕의 한 신문에 발표하였다. 이 글들은 후에 책으로 출판되었으며, 오늘날 『연방주의론(The Federalist Papers)』(1788)으로 알려져 있다. 이들은 13개의 아메리카 식민지들이 하나의 국가를 만들지 않는다면 그들은 불가피하게 끊임없이 서로 전쟁을 하게 될 것이라고 주장했다.

반면 반연방주의자(Antifederalist)들은 자신들이야말로 아메리카 혁명의 진정한 원리의 수호자라고 주장했다. 그들은 헌법이 새로운 연방정부에 잠재적으로 전제적인 권력을 부여함으로써 아메리카 혁명의 원리를 파괴할 것이라고 우려

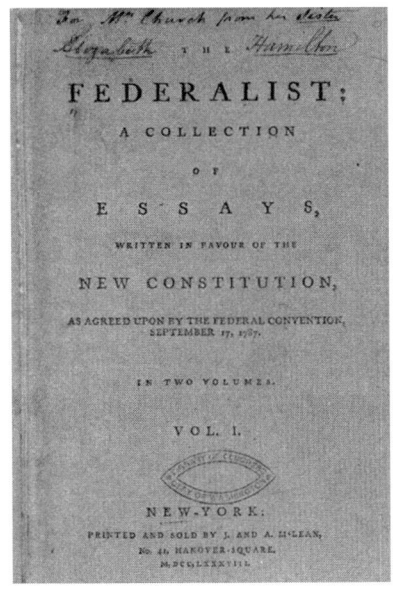

『연방주의론』. 알렉산더 해밀턴, 제임스 매디슨, 존 제이가 푸블리우스라는 공동필명으로 미국 헌법의 의미와 장점에 대해 쓴 글을 묶은 책이다.

했다. 그들은 새 정부가 과세를 확대하고 주를 절멸시키며 전제적인 권력을 휘두르고 일반 국민들보다 '명문 출신'의 사람들을 편파적으로 우대하고 개인의 자유를 말살할 것이라고 주장했다. 그들의 가장 큰 불만은 헌법이 권리장전(Bill of Rights)을 가지고 있지 않다는 점이었다. 이는 권력을 휘두르는 인간능력과 인간본성에 대한 그들의 근본적인 불신을 보여주는 것이었다.

대세는 연방주의자들의 것이었다. 델라웨어, 뉴저지, 조지아가 차례대로 만장일치로 헌법을 비준했다. 1788년 6월 뉴햄프셔가 9번째로 미국 헌법을 비준함으로써 이론적으로는 미국 헌법의 효력이 발생했다. 버지니아 비준회의에서 패트릭 헨리(Patrick Henry, 1736~1799)가 이끄는 반연방주의자에 맞서 연방주의자를 이끈 사람은 제임스 매디슨이었다. 1788년 6월 버지니아 비준회의는 패트릭 헨리의 뛰어난 헌법 반대연설에도 불구하고 매디슨의 활약에 힘입어 89 대 79로 헌법을 비준했다. 나날이 번져가던 헌법에 대한 반대 움직임은 버지니아의 비준과 7월에 있었던 뉴욕의 비준을 계기로 수그러들었다. 헌법 비준이 자유롭게 이루어진 것만은 아니었다. 펜실베이니아주의 경우 강압이 난무했다. 솅크먼(Shenkman 2003)은 다음과 같이 말한다.

"연방주의를 반대하는 의원들은 선술집에서 강제로 끌려나와 펜실베이니아 주의회 회의에 참석하게 되었다. 연방주의자들은 억지로 정족수를 채워서 비준대회를 승인하는 법안을 통과시켰다. 그들은 주의회 의사당 건물을 완전 봉쇄하여 반연방주의 의원들이 투표하기 전에 건물을 떠나지 못하도록 사전에 차단했다. 나중에 펜실베이니아 연방주의자들은 신문사를 매수하여 자신들의 그런 불법적 활동을 보도하지 못하게 했다. 문제는 『펜실베이니아 헤럴드(Pennsylvania Herald)』가 헌법 논쟁을 부정확하게 보도했다는 것이 아니었다. 오히려 취재를 지나치게 잘 했다는 게 문제였다. 연방주의자들은 펜실베이니아의 비준 논쟁과 관련하여 자신들의 활동이 꼼꼼히 보도되면 다른 주 연방주의자들의 활동이 곤란해질까봐 우려했다. 『펜실베이니아 헤럴드』는 연방주의자들이 신문사를 매수한 때부터 헌법이 비준될 때까지 당시 가장 중요한 문제인 펜실베이니아의 헌법 논쟁에 대하여 단 한마디의 기사도 싣지 않았다."

'미국헌법의 경제적 해석'

'건국의 시조들' 55명은 어떤 사람들이었던가? 평균 연령은 44세였다. 최고령은 81세의 벤저민 프랭클린이었고, 최연소는 뉴저지 대표 조너선 데이턴(Jonathan Dayton, 1760~1824)으로 27세였다. 이들은 대중의 폭넓은 지지로 선출된 대표가 아니었다. 부유한 북부 상인, 노예와 부를 소유한 남부 대농장 소유자들, 사채업자들, 그리고 동시에 절반 이상이 변호사였다. 즉, 강력한 연방정부의 수립에 이해관계를 갖고 있는 사람들이었다. 이와 관련, 역사학자 찰스 A. 비어드(Charles A. Beard 2008)는 헌법 제정자 55인의 경제적 배경과 정치적 사상에 대해 연구한 『미국 헌법의 경제적 해석(An Economic Interpretation of the Constitution of the United States)』(1913)에서 다음과 같이 말했다.

"정부의 기본적인 목표는 물리적 폭력에 대한 단순한 억압을 넘어서서, 사회구성원의 재산관계를 결정하는 법률을 만들려는 것이므로, 따라서 그 권리가 결정지어지는 지배계급은 그들의 경제과정을 지속시키는 데 필요한 더 많은 이해와 일치하는 법률을 정부로부터 억지로라도 따내려 하거나 혹은 그들 스스로 정부기관을 장악해야 한다."

미국 헌법이 서로 경쟁하는 경제적 이해관계 당사자들 간의 갈등의 산물에 불과하다는 비어드의 주장은 『뉴욕 타임스(The New York Times)』의 비난조의 사설을 포함하여 분노와 의문을 불러일으켰으며, 1950년대에 집중적인 비판의 대상이 되었다. 그러나 이런 비판은 '냉전시대의 산물'로 '반공논리에 따른 야비한 공격'이라는 주장도 있다. 논란의 소지는 있었을망정 그게 그렇게까지 펄펄 뛰어야 할 주장이었는지는 의문이다. 1787년 헌법제정을 위한 토론에서 나온 제임스 매디슨의 다음과 같은 발언은 경제적 이유를 무시할 수 없다는 걸 말해준다.

"영국에서는 지금도 선거권이 모든 계층의 국민에게 주어진다면 지주들의 재산권이 불안해질 것이다. 토지개혁법이 제정될 테니까. 이런 불상사를 예방하기 위해 우리 정부는 개혁에서 이 나라의 이익을 영구히 지키고, 소수의 부자들을 다수의 횡포에서 보호하기 위한 견제와 균형이 필요하다." (Chomsky 1999 · 2005)

매디슨의 동료였던 존 제이는 좀 더 간결한 표현으로 "나라를 소유한 사람들이 나라를 다스려야만 합니다"라고 했다. 그런 통치는 법에 의해 이루어져야 했기에 미국은 '변호사의 나라'가 되었다. 이는 이미 제1차 대륙회의(1774)때부터 드러났다. 이 회의에 참여한 식민지 대표 56명 중 25명이 변호사였다. 또 독립선언서에 서명한 56명 중 25명이 변호사였다. 이번 제헌의회 대표 55명 중 변호사는 31명이었다. 왜 이렇게 변호사의 비중이 높았던 걸까? 에드먼드 버크(Edmund

Burke, 1729~1797)는 '아메리카 식민지와의 화해(On Conciliation with the American Colonies)' 라는 연설에서 "아마도 세계의 어느 나라에서든 책을 읽는 모든 사람에게 법률이 교양과목 같이 되어 있는 나라는 없다. 아메리카에선 대부분의 사람이 책을 읽고 법학에서 다소라도 어설프게나마 지식을 얻으려고 애쓰고 있다"고 말했다.

지금도 미국은 '변호사의 천국' 이다. 물론 변호사 과잉이 지나쳐 밥벌이도 못하는 변호사들에겐 꼭 그렇지만도 않겠지만, 대통령을 포함하여 선출직 공직자들의 출신 직업별 1순위가 변호사 출신인 건 분명하다. '법' 과 '법치' 가 그만큼 중요하다는 뜻일까? 그렇게 볼 수도 있겠지만, 오히려 헌법을 포함하여 모든 공적 사안에 대해 경제적 분석이 절대적으로 필요하다는 걸 말해주는 것은 아닐까? 즉, 명분과 이익의 싸움에서 법은 종종 이익을 명분으로 포장하는 도구이기도 하다는 뜻이다.

그러나 미국인들을 만나서 이런 이야기는 하지 않는 게 좋다. 미국은 '세계 최고의 법치국가' 로 세계인의 존경을 받을 만하다고 칭찬해주는 게 좋다. 미국인들은 경제적으로 세계 최강의 국가이면서도 의외로 사회적 현상에 대한 경제적 분석을 혐오하는 이상한 버릇을 갖고 있으니까 말이다. '계급' 이라는 용어를 쓰지 않는 건 물론이고 그 용어에 펄쩍 뛰는 게 미국인들이다. 계급갈등이 없는 '아메리칸 드림' 은 여전히 미국인들에게 큰 힘을 발휘하고 있는 신화다.

참고문헌 Ayck 1992, Beard 2008, Boorstin 1991, Brinkley 1998, CCTV 2007, Chomsky 1999·2005, Chomsky & Barsamian 2004, Dahl 2004, Davis 2004, Hunt 2007, Shenkman 2003, Sowell 2006, Zinn 1986, Zinn & Stefoff 2008, 권용립 2003, 손세호 2007, 윤국한 2000, 정경희 2001·2004, 조지형 2007

초대 대통령 조지 워싱턴
권리장전과 수정헌법 제1조

조지 워싱턴 신격화

1789년 초기 몇 달 동안 미국 헌법 아래 첫 번째 선거가 실시되었다. 거의 모든 초선 연방의회 의원들은 비준을 지지했다. 대통령 선거인단(Electoral College)의 만장일치로 워싱턴이 초대 대통령으로 선출되었으며, 부통령엔 연방파의 지도자였던 존 애덤스(John Adams, 1735~1826)가 선출되었다. 재무부장관엔 알렉산더 해밀턴, 국무장관엔 토머스 제퍼슨(Thomas Jefferson, 1743~1826), 육군장관으로는 핸리 녹스(Henry Knox, 1750~1806) 장군, 법무장관엔 에드먼드 랜돌프(Edmund Randolph, 1753~1813), 우정장관엔 새뮤얼 오스굿(Samuel Osgood, 1747~1813)이 임명됐다. 1789년 4월 30일 워싱턴은 뉴욕 월스트리트와 브로드스트리트가 만나는 지점에 있는 뉴욕시티홀의 2층 발코니에서 대통령 취임선서를 했다.

이제 본격적인 국가의 출범으로 인디언은 더더욱 제거되어야 할 대

길버트 스튜어트가 그린 조지 워싱턴의 초상화. 미국의 초대 대통령으로 취임한 조지 워싱턴은 많은 문인들에 의해 영웅으로 그려졌다.

상으로 부각되었다. 워싱턴은 1779년 이로쿼이(Iroquois)인디언을 정복하러 나섰을 때엔 라파예트(marquis de Lafayette, 1757~1834)에게 쓴 7월 4일자 편지에서 자신의 목표가 "미국에서 인디언들을 근절시키고" 국경을 서쪽으로 미시시피 강까지 확장시키는 것이라고 밝혔다. 초대 국방장관 녹스는 훗날 '근절'의 과정이 잔혹했음을 인정했다. 그는 "우리가 원주민에게 한 짓에 비하면 스페인 사람들이 페루와 멕시코에게 한 짓은 아무것도 아니다"라며 미래의 역사학자들이 원주민의 '파괴

(destruction)'를 들춰내면서 그 행위를 어둡게 묘사할 것이라고 말했다.

초대 의회가 첫 번째로 처리한 일은 초대 대통령 조지 워싱턴의 호칭문제였다. 상원은 '미국의 위대한 대통령이자 권리 수호자'로 부르기를 희망했으며, 유럽의 왕에 대한 칭호와 마찬가지로 '폐하(His Highness)'라고 부르자는 의원도 있었다. 워싱턴은 이런 아부를 물리치고 공화국에 걸맞은 표현인 '미스터 대통령(Mr. President)'으로 부르도록 했다.

이 에피소드가 시사하듯이, 신생 공화국의 대통령을 영웅으로 만들고 싶어 하는 욕망이 대다수 미국인들의 가슴속에 꿈틀거리고 있었다. 문인으로서 이를 외면하긴 어려웠으리라. 시간이 좀 흐른 뒤에 이루어지긴 했지만, 국가의 통합을 위한다는 명분을 내세워 여러 작가들이 워싱턴을 신격화하는 일에 나섰다. 위 에피소드도 사실 여부를 의심해야 할 정도로 신격화작업이 극성이었다.

이미 콜럼버스(Christoper Columbus, 1451~1506)를 영웅으로 만든 워싱턴 어빙(Washington Irving, 1783~1859)이 다시 뛰어들어 조지 워싱턴 전기를 써서 그 못지않은 성공을 거두었다. 5권으로 된 『조지 워싱턴의 생애(The Life of George Washington)』(1855~59)가 바로 그것이다. 이건 미화를 한 정도지만 거의 날조에 가까운 왜곡 미화는 메이슨 로크 웜스(Mason Locke Weems, 1756~1825)가 1806년에 출간한 『조지 워싱턴의 생애』에 의해 이루어졌다. 날조의 대표적인 사례가 워싱턴이 도끼로 벚나무를 자른 사건이다. 그 내용도 신파조다.

"아빠, 난 거짓말을 못해요. 아빠도 잘 알잖아요. 도끼로 나무를 잘랐어요." "이리 온, 사랑스러운 내 아들." 아버지는 감격해서 외친다.

"어디 안아보자. 조지, 네가 나무를 죽인 것이 이 아빠는 얼마나 기쁜지 모른다. 네가 천 배는 많은 것을 주었기 때문이란다. 내 아들이 그런 영웅적인 행위를 하다니 나무 천 그루보다 더 값진 선물이다."

거의 모든 내용이 조작되었다. 윔스는 자신이 '마운트버논 교구의 목사'로 일한 적이 있다고 자신을 광고했지만, 그런 교구는 없었다고 한다. 그럼에도 그 책은 그 시대 최고의 베스트셀러가 되었다.

이런 신격화가 미국에서만 이루어진 것은 아니다. 물론 미국에서의 신격화 영향을 받은 탓이겠지만, 1840년대의 중국, 또 중국의 영향을 받아 1900년대의 조선에서도 이루어졌다. 1908년 조선에서 인기리에 출간된 『화성돈전』(워싱턴전) 등의 전기물은 국가의 운명이 풍전등화(風前燈火)의 위기에 몰린 상황에서 영웅의 출현을 갈망하는 조선인들의 열망을 상징하는 것이기도 했다.

워싱턴은 어떤 사람이었을까?

조작되지 않은 실제의 워싱턴은 어떤 사람이었을까? 워싱턴은 젊은 시절 전선에서 전투를 벌이면서도 버지니아 주지사에게 "막노동꾼이 차라리 낫겠다"면서 낮은 월급에 대한 불평을 하곤 했다. 1759년 군복을 벗은 것도 낮은 지위와 월급에 대한 불만 때문이었다고 한다.

워싱턴은 큰 키(188센티미터)와 건장한 체격의 덕을 많이 보았다. 여기에 과묵함과 뛰어난 얼굴 표정까지 더해져 그저 보는 것만으로도 위엄을 느끼게 하기에 충분했다. 그가 받은 교육에 대해선 거의 알려진 바가 없지만, 사교와 처세술 책을 외우다시피 탐독했던 것으로 알려지고 있다. 돈도 많았다. 부모에게 물려받은 적잖은 유산과 그보다 훨씬 많은 재산을 가진 과부인 마사 커스티스(Martha Custis, 1731~1802)와의 결혼으로 그는 당시 미국 내 '6대 갑부'의 반열에 올랐다. 전 남편에게서 두 명의 자녀를 두고 있었던 그녀는 워싱턴과의 사이에는 자녀를 두지 않았다. 워싱턴은 커스티스에게 구애하는 동안 자신의 가장 친한 친구의 아내인 샐리 페어팩스(Sally Fairfax, 1730~1811)에게 구애의 편지를 보내기도 했다.

워싱턴은 땅 투기로 큰돈을 벌었지만, 그건 당대의 유행으로 도덕적으로 탓할 일도 아니었다. 벤저민 프랭클린, 패트릭 헨리, 토머스 제퍼슨, 알렉산더 해밀턴 등 내로라하는 이들이 모두 땅 투기로 큰돈을 벌었으니 말이다. 미국에서 부(富)는 지도자의 조건이다. 2003년 2월 17일 미 경제잡지 『포브스(Forbes)』는 '대통령 기념일'을 맞아 역대 대통령 가운데 부자 대통령 10명을 선정했는데, 워싱턴이 미 역사상 가장 돈 많은 부자 대통령으로 선정됐다. 역대 대통령 가운데 절반은 미

샐리 페어팩스와 마사 커스티스. 조지 워싱턴은 마사에게 구애하는 동안 샐리에게 연애편지를 보내기도 했다.

상위 3퍼센트 출신이며 최상위 1퍼센트에 속한 대통령도 12명이나 된 것으로 밝혀졌다.(이항휘 2003)

　워싱턴의 가장 큰 장점은 조정능력이었다. 쌀쌀맞고 교만했다는 평가도 있지만, 그는 사람들과 어울리는 걸 좋아했다. 1768년부터 1775년까지 7년 동안 2000명의 손님을 자기 집에 초대하여 환대했다는 기록이 있다. 사람을 정말 좋아해서 그러기도 했겠지만, 자신의 이미지 관리를 위한 환대이기도 했다. 워싱턴을 존경한 전기작가 더글러스 사우스올 프리먼(Douglas Southall Freeman, 1886~1953)는 워싱턴이 필라델피아 헌법회의에 참석하면서 자신의 이미지에 너무 신경 쓴다고 말했다. 윌스(Wills 1999)는 워싱턴이 가장 좋아했던 책은 조지프 애디슨(Joseph Addison, 1672~1719)의 희곡 『카토(Cato)』임을 지적하면서 워싱턴 리더십의 힘을 그의 탁월한 연기 자질에서 찾는다.

　"워싱턴은 연극적인 제스처를 쓰는 데 대가였다. 심지어 유명한 크리스마스이브의 트렌턴 공격도 전략적으로 의미 있는 조치라기보다는 극적인 효과를 노린 것이었다. 또한 자주 공직에서 물러난 것 역시 세심하게 계산된 행동들이었다. 그는 관객들의 반응이 기대되지 않을 때면 아예 행동하기를 주저했다."

　하기야 어느 정도의 연기가 없이 어찌 조정이 가능하랴. 그 무엇에서 비롯되었건 워싱턴의 탁월한 조정능력은 독립전쟁과 건국의 과정에서 빚어진 수많은 갈등들을 해소하는 데에 큰 기여를 했다. 오늘날 미국인들의 존경을 받을 만하다. 미국 도시 이름은 인명을 따는 경우가 많은데, 랭킹 1위는 당연 조지 워싱턴이다. 한 개의 주, 미국의 수도, 31개 카운티, 120개 이상의 지역사회가 워싱턴이라는 이름을 기리고 있다.

'권리장전'의 탄생

1789년 9월 25일 연방의회는 헌법 반대파들의 우려를 불식시키기 위해 12항목의 수정조항을 승인하였으며, 1791년 말에 이르러 그 중 10개의 수정조항이 '권리장전'으로 알려지게 되었다. 그 중 9개의 수정조항은 특정의 근본적 권리, 즉 종교, 연설, 출판의 자유, 임의 체포로부터의 면제특권, 배심재판 받을 권리 등을 침해하지 못하도록 연방의회의 한계를 설정하였다. 수정조항 10조는 연방정부에 위임된 권한 혹은 주에 특별히 금지된 권한을 제외하고는 모든 권한을 주에 유보하였다.

권리장전을 가장 강력하게 외친 이는 버지니아주의 대표 조지 메이슨(George Mason, 1725~1792)이었다. 권리장전의 결여를 들어 헌법 비준에 반대했던 그의 주장이 뒤늦게 빛을 본 셈이었다. 그는 오늘날 '권리장전의 아버지'로 불리고 있다.

권리장전이 추가되자 노스캐롤라이나는 1789년, 로드아일랜드는 1790년 연방에 가입했다. 1791년 뉴욕과 뉴햄프셔가 버몬트 지역에 대한 권리주장을 철회한 후 버몬트가 14번째 주로 연방에 가입했으며, 1792년 버지니아가 켄터키 지역에 대한 권리주장을 철회한 후 켄터키가 연방에 가입했고, 1796년 노스캐롤라이나가 인접한 서부지역을 연방에 양도함으로써 테네시가 연방에 가입했다.

수정조항 가운데 세계에서 표현의 자유를 가장 잘 보장한 것으로 평가받는 동시에 오늘날까지도 논란이 되고 있는 건 제1조(First Amendment)다. 그 내용은 다음과 같다. "Congress shall make no law respecting an establishment of religion, or prohibiting the free exercise thereof; or abridging the freedom of speech, or of the press; or the right of the people peaceably to assemble, and to petition the Government for a redress of grievance."(연방의회는 국교를 정하거나 신앙의 자유를 금지하는 법률을 제정할 수 없으며 언론·출판의 자유를 제한하거나 국민들이 평화적으로 집회할 권리와 불만의 구제를 정부에 청원할 권리를 제한하는 법률을 제정할 수 없다.)

모두 45개의 단어로 이루어진 이 수정헌법 제1조의 해석을 둘러싸고 오늘날까지도 학자들 사이에선 수많은 논쟁이 일어나고 있다. 제정 당시에도 무엇을 의미하는지 모르는 사람들이 많았다. 벤저민 프랭클린은 "우리 중에 언론자유의 본질과 한계에 대해 명확한 생각을 갖고 있는 사람은 거의 없다"고 썼다. 수정헌법 제1조의 제정동기가 오늘날 흔히 이야기되는 것처럼 순수했던 것만도 아니다. 진정한 동기는 '언론자유'에 있었다기보다는 버지니아주 등 각 주정부가 연방정부의 권력강화에 대해 갖고 있던 두려움이었다.

수정헌법 제1조 논쟁

그런 역사적 배경과 더불어 이념적 관점도 수정헌법 제1조의 해석에 영향을 미쳤다. 예컨대, 엄기열(2002)은 "후기 고전적 자유주의 이념은 사회보장제도와 의무교육 그리고 정부가 주도하거나 지원하는 여러 가지 사업 등을 통해 거의 모든 나라에서 반영되어 왔으나 미국에서는 유독 수정헌법 제1조의 해석에 있어서만큼은 아직도 고전적 자유주의 이념을 따르고 있다"며 다음과 같이 주장한다.

"이러한 수정헌법 제1조의 해석에 대한 이론적 난맥상은 미국의 주류 언론법학자를 대표하는 미시건대학교의 볼린저(Lee C. Bollinger) 총장이 쓴『관용사회(The Tolerant Society)』라는 책에서 쉽게 감지된다. 볼린저에 의하면 흔히 '똘레랑스'라 부르는 '관용'이라는 개념이 사회 내의 다수가 소수에게 혐오를 주는 말(hate speech)을 하는 행위까지도 수정헌법 제1조의 보호대상에 당연히 포함시켜야 한다고 주장하는 점에서 미국식 언론이론의 모순점이 희극적으로 드러난다. 그래서 아우슈비츠에서 살아남은 유대인이 사는 스코키라는 마을에서 히틀러를 떠받드는 네오나치(neo-Nazi)들이 모여서 시위·행진하는 것도 허락되어야 하고, 흑인이 사는 집 정원에 십자가를 태운 청년들의 방화죄는 인정하되 표현의 내용에 대한 제약을 금하는 원칙에 의거하여 이 청년들이 세인트마틴시(市)의 혐오를 주는 표현에 대한 제재를 가중으로 받게 해서는 안된다는 연방대법원의 판결이 나와도 전혀 이상할 것이 없게 되는 것이다."

정태철(2005)은 "문제는 수정1조가 제정된 18세기에 거의 아무도 언론이 상업적으로 거대한 기업이 되고 정치적으로도 막강한 영향력을 갖게 될 것이라는 것을 예상하지 못했다는 것이다"며 "당시 절대적 약자였던 언론이 수정1조 제정 이후 상업성, 정파성문제를 갖게 되고, 언론자유가 언론 발행인 내지는 언론인의 이기적인 이익을 위해 남용되는 상황이 전개된 20세기 초 미국 언론의 문제는 그래서 심각했던 것이다"고 말한다.

진보적 관점에서 수정헌법 제1조를 허구적이라고 보는 이들도 있다. 로버트 W. 맥체스니(Robert W. McChesney)는 수정헌법 1조는 정치적 광고를 허용하고 있어 절반의 진실, 왜곡한 사실, 또는 명백한 거짓말까지도 정치적 의견이라는 명분 아래 보호하고 있는 바, 정치광고의 비용을 댈 수 있는 부유층에게 유리하다고 주장한다.

'표현의 자유' 이야기만 나오면 한국에서도 미국의 수정헌법 제1조 운운해대는 데에 질린 사람들도 없진 않을 것이다. 그러나 지나친 건 피해야겠지만, 인정할 건 인정해야 하지 않을까. 로드니 스몰라(Rodney Smolla)의 다음과 같은 총평에 공감한다 해도 무리는 아니라는 생각이 든다.

"언론자유에 대한 문제들과 커뮤니케이션과 관련된 제반정책을 다루면서 겪은 미국인의 경험이 보기 드물게 풍부하기 때문이다. 미국이 최선의 정답을 갖고 있지는 않다. 하지만 미국 사회는 언론자유에 대한 문제들에 대해 어느 사회보다 고민어린 생각을 했던 것이다. 수정헌법 제1조에 의거해서 미국은 세계의 어느 문화보다 더 자주 억압보다는 공개적인 정치를 하는 실수가 더욱 훌륭하다는 극단적인 가정을 실험했었다."(염규호 1994)

로버트 R. 파머(Robert R. Palmer, 1909~2002)는 1790년대에 이르러 "왕들의 전쟁은 끝났고, 인민들의 전쟁이 시작되었다"고 했는데, 이는 각국의 국가 정체성 형성 경쟁을 의미하는 것이기도 했다. 이제 미국도 그 경쟁 대열에 본격적으로 참여한 셈이었다.

미국은 그런 경쟁에서도 발군의 실력을 보여준다. 얼른 생각하면 다인종·다민족 국가는 국가정체성 형성 경쟁에서 매우 불리할 것 같은데도, 미국은 오히려 그 어떤 나라 못지않은 정체성 형성의 실력을 보이게 되니 놀랍지 않은가. 나중에 자세히 다루겠지만, 그 비밀은 미국인은 특별하다고 하는 우월주의에 있다. 이게 미국이 다른 나라들로부터 욕을 먹는 주요 이유이지만 동시에 그것이 바로 미국 발전의 원동력이 되곤 하니, 타국인들의 반미(反美)정서는 미국이 내내 껴안고 살아가야 할 미국의 본질적 숙명인지도 모르겠다.

참고문헌 Altschull 1991, Boller 1982, Brinkley 1998, Bryson 2009, Buel 1981, CCTV 2007, Chancellor 2001, Chomsky 2004, Chomsky & Barsamian 2004, Hargreaves 2006, Huntington 2004, Maddox 2006, Raphael 2005, Ridings & McIver 2000, Stengel 2006, Wills 1999, 박경재 1995, 박노자 2005, 설원태 2005, 엄기열 2002, 염규호 1994, 이구현 1998, 이향휘 2003, 임용순 1995, 정명진 1996, 정태철 2005, 함용도 1995

로베스피에르 · 당통 · 나폴레옹
프랑스혁명

1789년 7월 14일 바스티유 점령

프랑스혁명은 1789년 5월 국가의 재정이 파산상태에 들어가서 1614년 이후 처음으로 삼부회가 소집됨으로써 시작되었다. 1789년 5월 5일 삼부회 소집에서부터 나폴레옹(Napoléon Bonaparte, 1769~1821)이 쿠데타를 일으킨 1799년 11월 9일에 이르는 일련의 사건들을 통칭해 프랑스혁명이라고 한다. 앙시앵 레짐(ancien régime), 즉 특권사회가 지닌 일체의 전근대적 구체제를 붕괴시킨 역사적 대사건이다.

혁명 직전 프랑스 인구는 2800만 명으로, 농촌인구가 85퍼센트를 점하고 있었다. 미국 독립전쟁 지원으로 인한 재정타격에 더하여 1787년과 1788년 2년 동안 극심한 흉년으로 굶어 죽는 사람들이 늘어나고 있었다. 그러나 성직자와 귀족들의 평민착취는 계속되었다. 폭동을 우려한 귀족들은 파리 시내로 통하는 곳에 성을 쌓고 출입을 통제하였으며, 베르사유 궁전에서는 매일 수천 명의 귀족들이 파티를 벌이며 흥청망청하고 있었다.

삼부회는 위기상황이 닥쳤을 때 왕이 자문을 위해 소집하는 중세의 제도였지만, 아무런 권한도 가지고 있지 못했고 150년 동안 한번도 소집된 적이 없었다. 삼부회는 제1신분인 승려, 제2신분인 귀족, 제3신분인 평민으로 구성되었는데, 각각의 신분은 1표씩 행사할 수 있기 때문에 제1신분과 제2신분이 자연스럽게 연합하여 제3신분을 지배할 수 있었다. 1789년의 삼부회는 평민의 목소리가 높아진 분위기라 제1·2 신분의 대표는 각각 300명씩 할당된 반면, 제3신분엔 600명이 할당되었다. 혁명세력은 6월 10일 머릿수에 따라 투표하는 총회를 요구했으나 거부당하자, 6월 12일 별도의 국민의회를 결성하였다.

1789년 7월 14일 혁명세력이 한때 수만 명을 수감하고 있던 바스티유 감옥을 점령하면서 혁명의 불꽃은 타올랐지만, 함락 당시 그 안에 갇혀 있던 죄수는 정치범이 아니라 4명의 위조범과 2명의 정신병자와

성난 군중들이 바스티유 감옥을 점령했다. 많은 사람들은 이것을 프랑스혁명의 시작이라 본다. 그러나 실질적 혁명의 시작은 삼부회 소집이라 할 수 있다.

방탕한 젊은 귀족 한 명뿐이었다. 바스티유 감옥 함락은 상징적 의미를 갖고 있을 뿐 삼부회의 소집이 사실상 프랑스혁명의 서막이었다.

혁명 지도자들은 피가 끓는 젊은이들이었다. 라파예트 32세, 미라보(comte de Mirabeau, 1749~1791) 40세, 시에예스(Emmauel-Joseph Sieyés, 1748~ 1836) 41세, 바르나브(Antoine Pierre Joseph Marie Barnave, 1761~1793) 28세, 브리소(Jacques Pierre Brissot, 1754~1793) 37세, 막시밀리앙 로베스피에르(Maximillan Robespierre, 1758~1794) 31세, 생쥐스트(Louis Antoine L on de Saint-Just, 1767~1794) 26세, 나폴레옹 30세 등으로 지도자들의 평균 연령은 34세였다.

이들 중 가장 흥미로운 인물 중의 하나는 라파예트이다. 그는 미국에서 독립전쟁이 일어나자 19세의 나이로 의용군을 조직하고 국왕의 도항금지령을 무시한 채 사재 11만2000루블을 내어 배를 사서 미국에 건너갔다. 미국에서는 그를 당장 육군 소장으로 임관시켰다. 그가 명문 출신이며 그의 집안이 프랑스 궁정 내에 상당한 영향력을 갖고 있었기에 그의 선전가치를 이용하기 위해서였다. 미국인들은 실은 그를 별로 탐탁지 않게 여겼다고 한다. 그와 가까웠던 토머스 제퍼슨도 "그의 약점은 인기와 명성에 대한 탐욕스런 욕구에 있다"고 말할 정도였다.

라파예트는 자유의 영웅으로 파리 시민의 열광적인 환영 속에 1782년에 돌아왔다. 루이 16세(Louis XVI, 1754~1793)도 금령(禁令) 위반자임에도 대중적 인기에 눌려 그를 육군 소장으로 임명했다. 라파예트는 삼부회 소집을 제일 먼저 제창했다. 그는 입헌군주제를 수립하는 밑으로부터의 온건한 변혁을 추구하는 인물이었다. 이런 성향은 그가 바스티유 함락 직후에 국민위병(國民衛兵)의 모장(帽章)으로 채택한 삼색기에 반영되었다. 삼색기는 파리 시의 색깔인 적색과 청색 사이에 부르봉 왕조의 색깔인 백색을 끼워 넣은 것이다. 그러나 시간이 흐르면서 삼색기가 상징하는 것은 급격히 바뀌어 백색은 시민에게 잡힌 왕을 뜻하게 되었다. 라파예트는 국외로 도망가려던 왕이 잡히고 왕권이 정지된 1792년 말 국외로 망명했다. 그는 망명 중이던 1805년 토머스 제퍼슨 대통령으로부터 루이지애나 주지사직을 제의받았지만 이를 거절했고 1815년에야 프랑스로 귀국할 수 있었다.

혁명영웅에서 독재자가 된 로베스피에르

혁명 주도자들의 '젊음의 정열'과 더불어 혁명 직후 파리에서는 일주일에 90개 이상의 혁명을 찬양하거나 반대하는 책자들이 쏟아져나오면서 이념 과잉상태를 빚기 시작했다. 1631년 관보(官報)로 시작된 『가제트 드 프랑스(Gazette de France)』가 이때에 맹활약을 했지만, 홍수사태라고 해도 좋을 정도로 많은 신문들이 쏟아져나왔다. 혁명 한 해 전인 1788년 파리에서 발행되던 신문은 4개였으나, 1790년에는 355개로 늘어나게 된다.

그런 이념 과잉상태에서 '피의 잔치판'이 벌어졌다. 1789년 7월 21일 하루에만도 왕당파 718명이 처형되었으며, 이후에도 수천, 수만 명의 피를 부르는 학살극이 계속되었다. 처형당한 귀족들의 머리는 파리의 거리와 광장으로 끌려 다녔다.

1789년 8월 4일 국민의회는 봉건제의 폐지를 결의했고, 8월 27일 인간의 권리와 시민의 권리를 주장하면서 자유 · 평등 · 우애라는 불멸의 원칙이 담긴 '인권선언(Déclaration des droits de l'homme et du citoyen)'을 통과시켰다. 루이 16세는 처음에는 봉건제 폐지법과 인권선언을 재가하지 않으려다가 10월 5일 베르사유 궁전에 군중이 밀어닥치는 것을 본 다음에야 서명했다. 라파예트와 시에예스가 기초한 인권선언은 미국의 버지니아와 뉴햄프셔 헌법을 많이 본뜬 것으로, 당시 프랑스 주재 정무공사로 있던 토마스 제퍼슨은 라파예트의 자문에 적극 응하였다. 신앙의 자유는 빠졌는데, 이는 이때까지만 해도 하급 성직자들의 지지를 받을 필요가 있었기 때문에 가톨릭교에 대한 정면도전은 피하고자 했다.

도전은 오히려 다른 곳에서 왔다. 1790년 11월 1일 영국 휘그당의 주요 지도자인 에드먼드 버크는 『프랑스혁명에 대한 성찰(Reflections on the Revolution in France)』을 출간했다. 이 책은 큰 호응을 얻었다.(첫 두해 동안 3만 부가 나갔다.) 아일랜드 더블린(Dublin)에서 태어난 버크는 1776년의 미국혁명은 지지했지만 미국혁명과는 다른 성격을 가진 프랑스혁명에 대해선 다른 자세를 취함으로써 보수주의(保守主義, conservatism)의 대표적인 인물로 부상하게 된다. 그는 프랑스에서 사제들을 살해하는 광기를 보면서 "도대체 가톨릭을 말살시켜 그들은 무엇을 얻으려고 한단 말인가?"라고 개탄하며 "프랑스혁명 분자들은 자신들이 진정으로 추구해야 할 것과 버려야 할 것을 구분하지 못하고 있다"고 비난했다. 이와 관련, 홍사중(1997)은 다음과 같이 말한다.

"만약에 프랑스가 독자적으로 자유로이 자기네의 운명을 닦아나갈 수 있었다면 프랑스의 민중은 영국을 본뜬 입헌군주제의 온건한 개혁으로도 충분히 만족할 수 있었을 것이다. 그러나 에드먼드 버크의 영향을 받은 유럽 군주들의 공포, 그리고 프랑스 왕에 대한 동정과 이로 인한 유럽의 연합전선과 프러시아 연합군의 침입은 혁명의 순조롭고도 온화한 진행을 폭력과 유혈과 공포로 뒤틀리게 만들었다. 여기에 덧붙여서 궁정 내의 반동세력에 놀라난 루이 16세가 무모하게 국외 도망을 꾀하다 도중에 잡히는 우발적인 사건은 여론을 혁명의 과격화로 흐르게 만들었다."

실제로 1791년 5월 루이 16세의 실패한 탈출 시도 이후 혁명세력 가운데 극단주의자들이 득세하고, 1792년 4월 왕권을 고수하던 인근 국가들이 혁명세력에 전쟁을 선포하면서 혁명의 뒤틀림은 심화되었다. 새로운 단두대가 처음 선을 보인 것도 바로 이때였다. 단두대는 이미 널리 쓰이고 있었지만 무통(無痛)처형이라는 기술적 혁신을 이뤘다고 내세운 프랑스판 단두대, 즉 기요틴(guillotine)이 처음 선을 보인 건 1792년 4월 25일부터였다. 이날 기요틴의 성능을 확인하기 위해 참관했던 의사 조제프 이그나스 기요탱(Joseph-Ignace Guillotin, 1738~1814)은 "사형수는 고통을 전혀 느끼지 않았습니다"라면서 기요틴이 인도주의적 발명품이라고 주장했다.

이 최초의 기요틴 처형이 있은 지 1주일도 되지 않아 파리의 거리에서는 기요틴을 작은 모형으로 만든 장난감이나 기념품 또는 귀걸이 등이 팔려 나갔다. 기요틴의 발명자는 해부학자이며 외과의사였던 앙투안 루이(Antoine Louis, 1723~1792)로 처음엔 '루이제트(Louisette)' 또는 '루이종(Louison)'으로 불려졌지만, 루이제트의 성능을 증언한 데다 그런 기계의 필요성을 처음 제안했던 기요탱이 더 유명해지는 바람에 기요틴이라는 이름이 붙게 되었다. 기요탱은 죽는 날까지 루이제트를 기요틴으로 부르는 건 부당하다고 항의했고, 사후 그의 가족

로베스피에르(왼쪽)와 당통(오른쪽). 두 사람은 프랑스혁명의 주역이었으나 둘 간의 갈등은 생각보다 깊었다.

들은 수년간 법정투쟁을 벌였지만 패소함으로써 기요틴이라는 이름은 역사에 길이 남게 되었다.

　1792년 8월 10일 국왕 루이 16세가 적국과 내통했다는 사실이 밝혀지면서 민중들은 궁전을 습격해 국왕을 유폐시켰다. 이 '8월 10일 사건'의 핵심 인물은 로베스피에르와 당통(Georges Jacques Danton, 1759~1794)이었지만, 이 둘 사이의 갈등은 심각했다. 굳이 노선으로 표현하자면, 둘의 갈등은 '평등주의 대 자유주의' '사회주의 대 자본주의'의 대결이었다.

　혁명좌파의 선봉장 노릇을 한 로베스피에르를 포함한 급진적인 자코뱅(Jacobin)당의 핵심부도 매우 다양한 색채를 갖고 있었지만, 혁명 이상과 멀어지면서 편협해져가고 있었다는 점에서는 같았다. 파리에서 회합을 가졌던 장소의 명칭에서 따온 자코뱅은 1793년까지 전국적으로 5000~8000개의 클럽을 조직하였으며 회원 수는 50만 명에 이르렸다. 이들은 지방행정을 장악했으며, 이들의 상투적인 수단은 민중 선동에 의해 반대파를 공격하고 처단하는 것이었다. 혁명이 일어난 지 4년 만에 로베스피에르는 혁명영웅이 아닌 독재자로 변질돼 있었다.

로베스피에르-당통 논쟁

1793년 1월 21일 루이 16세는 단두대에서 처형되었으며, 그뒤를 이어 같은 해 10월 16일 여왕 마리 앙투아네트(Marie Antoinette d' Autriche, 1755~1793)도 처형되었다. 처형 붐이 일어났다. 1793년 9월에서 1794년 7월까지를 '공포정치시대'라고 하는 이유가 여기에 있다. 전국에 걸쳐 들어선 사찰위원회는 혁명에 위해가 되리라고 여겨지는 사람은 마음대로 구속하고 처결할 수 있었다. 이런 위원회는 대부분 과격한 인물들이 주도했고 그 결과 무고한 사람을 가볍게 죽이는 사태가 발생했다. 오늘날 널리 쓰이는 '테러(terror)'라는 단어도 이때의 공포정치를 지칭하는 데서 처음 사용되었다.

이 시기에 대량 학살로 가장 악명을 떨친 이는 '리옹의 학살자'라는 별명을 얻은 조제프 푸셰(Joseph Fouché, 1759~1820)였지만, 약 2만 명의 목을 벤 공포정치의 최종 책임자는 급진파와 온건파 사이에서 시계추처럼 왔다 갔다 하던 로베스피에르였다. 하지만 그는 프랑스를 비기독교화하려는 일부 혁명세력에 단호히 반대하며 무신론을 악으로 간주했다. 그는 시민들에게 엄격해질 것을 요구하면서 혁명세력 내 온건 지롱드(Gironde)파를 "오직 행복과 쾌락에만 전념하는 당파"라고 비난했다. 이런 엄격성의 원리에 따라 혁명동지마저 처단대상이 되었다.

1794년 3월 30일 관용파의 일원으로 공포정치를 강력 비판했던 당통과 그를 따르는 사람들이 모두 체포되었다. 당통은 최후 변론에서 "기자의 기록을 막는 법정은 법을 집행할 수 없다" "국민의 적은 바로 국민을 대변한다는 정부 그 자체이다"라고 주장했다. 이들은 모두 5일 뒤인 4월 5일 단두대에서 목이 잘렸다.

그러나 그렇게 피를 부르던 로베스피에르도 1794년 7월 23일 단두대의 제물이 되고 말았다. 로베스피에르의 몰락을 재촉한 것은 1794년 2월과 9월에 내놓은 반혁명혐의자의 재산압수와 이를 가난한 애국자들에게 재분배하기 위한 새 법률이었다. 이것은 부르주아계급의 불만과 분노를 샀다. 동시에 파리 코뮌(Commune de Paris, 1791년부터 94년까지 존재했던 파리의 혁명적 자치단체)으로 하여금 임금의 최고가격제를 실시하게 한 것은 노동자계급의 불만을 샀다. 또한 상퀼로트(Sans Culottes)라는 가난한 막노동꾼, 직공, 소상점주, 공장(工匠), 소상인 등은 철저한 혁명정치와 통제경제를 요구하면서 불만을 드러냈다. 결국 로베스피에르는 자신의 권력기반이던 민중의 좌우 양쪽으로부터 공격을 받고, 자코뱅 주류의 버림을 받아 몰락한 것이다.

로베스피에르-당통 논쟁은 현재진행형이다. 1983년 1월 개봉된 프랑스 영화 〈당통(Danton)〉은 당통을 미화하고 로베스피에르를 폄하함으로써 프랑스 문화계와 정계가 발칵 뒤집어놓았다. 감독은 폴란드 자유노조의 영웅이자 반(反)스탈린주의자인 안제이 바이다(Andrzej Wajda)였다. 그의 성향을 믿고 이 영화에 300만 프랑을 지원한 문화부는 믿었던 도끼에 발등 찍힌 격으로 난감해졌다. 사회당과 공산당의 연정으로 유지되던 미테랑 정부는 당혹감을 드러냈으며, 미테랑

(François Maurice Marie Mitterrand, 1916~1996) 대통령은 "역사교육을 다시 시켜야 한다"며 불쾌감을 표했다. 이재광·김진희(1999)에 따르면, "'자유주의'와 '평등주의'의 대립은 전체주의와 공산주의가 붕괴된 20세기 말에도 아직 끝나지 않은 것으로 보인다. 어쩌면 영화 〈당통〉과 그에 대한 격렬한 논쟁이 이를 단적으로 보여주고 있는지 모르겠다."

1989년 파리 정상회담에선 프랑스혁명 인권선언이 국제문제로 비화되었다. 미테랑 대통령은 '프랑스 인권선언 200주년' 기념식을 치르면서 중국 천안문사건을 항의하는 중국인 유학생들의 자전거 시위대와 함께 시가행진을 했다. 이때 영국의 마가렛 대처(Margaret Hilda Thatcher) 수상은 죽 늘어앉아 있는 각국 수상들의 귀빈석에서 연신 초조한 표정을 짓다가 다음날 회의를 중단하고 귀국해버렸다. 소에지마 다카히코(2001)의 해석에 따르면, "경박한 프랑스인들의 '인권선언 브랜드주의'라는 독선적인 행동에 오늘날 영국의 보수주의를 구현한 '철의 여인' 대처는 화가 치밀었던 것이다."

나폴레옹의 시대

혁명이 타락해가고 있던 1793년 말 코르시카 출신의 포병장교 나폴레옹 보나파르트는 영국군에 포위된 지중해의 군항 툴롱(Toulon)을 탈환하는 전과를 올려 로베스피에르의 눈에 들고 국민의회의 신망을 얻었다. 나폴레옹은 1796년 초 이탈리아 방면군 사령관에 임명돼 이탈리아 원정에 나섰다. 그는 연전연승을 기록하며 1년 만에 전쟁영웅으로 떠올랐다. 그의 치솟은 인기에 부담을 느낀 혁명정부는 나폴레옹을

자크 다비드가 그린 〈생베르나르 고개를 넘는 나폴레옹〉. 그는 그림에서 이탈리아 원정에 나서 백마를 타고 알프스산맥을 넘는 젊은 영웅의 위용을 과시했다.

이집트로 보내 영국군과 싸우게 했다.

1798년 5월 이집트 원정 길에 오른 나폴레옹은 7월에 카이로에 입성했다. 이후 고전을 면치 못했으나 이미 영웅 걸식증에 빠진 프랑스엔 승전보만 전해졌다. 1799년 10월 영국군의 포위망을 뚫고 비밀리에 프랑스로 돌아온 나폴레옹은 1799년 11월 9일 쿠데타를 일으켜 집권했다. 그는 1800년 5월 다시 이탈리아 원정에 나서 백마를 타고 알프스산맥을 넘는 젊은 영웅의 위용을 과시했다. 이는 자크 다비드

(Jacques Louis David, 1748~1825)의 '생베르나르 고개를 넘는 보나파르트' (1802)라는 그림을 통해 불멸의 이미지로 격상되었다.

1802년 국민투표가 실시되었다. "나폴레옹이 종신통령이 되어야 하는가?" 유권자들은 '예'나 '아니오' 중 둘 중 하나만 골라야 했다. 물론 비밀투표도 아니었다. 어느 쪽이건 자기 이름을 써야 했다. 투표 결과 '예'는 360만 표, '아니오'는 8272표였다. 이런 일련의 과정을 거쳐 나폴레옹은 1804년 5월 황제에 즉위했다. 제1통령과 종신통령을 거쳐 황제가 된 나폴레옹은 젊은 날에 자신이 썼던 자코뱅 팸플릿을 슬그머니 없애버렸다.

그럼에도 나폴레옹은 여전히 영웅이었다. 독일 지식인들은 나폴레옹군을 자국에서 전제군주를 내쫓고 자유·평등·박애의 대혁명정신을 실현하는 해방군으로 환영하였다. 베토벤(Ludwig van Beethoven, 1770~1827)은 나폴레옹이 황제가 된 후 '영웅교향곡'을 그에게 헌정했던 것을 취소했지만, 아직 나폴레옹에 대한 환멸을 드러내기엔 이른 시점이었다. 1806년 10월 예나(Jena)전투 직후 개선장군 나폴레옹을 직접 목격한 헤겔(Georg Wilhelm Friedrich Hegel, 1770~1831)은 『정신현상학(Phänomenologie des Geistes)』(1807) 서문에서 세계사의 보편적 행로를 이끄는 '말을 탄 세계정신'의 출현에 대한 경외감을 표현했다. 1808년 에르푸르트(Erfurt)에서 나폴레옹을 직접 만난 괴테(Johann Wolfgang von Goethe, 1749~1832)는, 전쟁터에서도 『젊은 베르테르의 슬픔(Die Leiden des jugen Werther)』(1774)을 즐겨 읽었다는 젊은 황제에 대한 찬사를 숨기지 않았다.

황제도 젊었지만 장군들도 젊었다. 1809년 프러시아 군대의 장군

142명 중에서 79명이 60세 이상의 고령자들이었지만, 나폴레옹의 장군들은 모두 26세에서 37세 사이의 젊은이들이었다. 이것이 나폴레옹군이 연전연승을 할 수 있었던 주요이유 중의 하나였다. 당시 프랑스 인구는 전 유럽 인구의 15퍼센트를 차지하는 제1위로 영국과 오스트리아 두 나라의 인구를 합친 것보다 많았다는 것도 또다른 승리 이유였다. 농민과 부르주아라고 하는 상충되는 이해관계를 가진 사람들의 지지를 받았기 때문에 전쟁을 하지 않으면 자신의 권력을 유지할 수 없는 절박한 사정에 처해 있던 나폴레옹으로서는 전쟁기계가 되어야만 했으니, 이 또한 나폴레옹군의 강점이었으리라. 그러나 세상일엔 끝이 있는 법. 나폴레옹제국의 영광은 애초에 몰락의 씨앗을 잉태한 것이었으니, 오직 시간만이 모든 걸 밝혀주게 돼 있었다.

참고문헌 Altschull 1991, Bernstein 2005, Burns 2006, Bury 2006, CCTV 2007, Hobsbawm 1998, Hunt 1999, Johnson 2009, Lefebvre 2002, Loon 2005, Massin 2005, Moore 2009, Mosse 2004, Panati 1998, Rietbergen 2003, Sellars 2003, Sole 2003, Sponsel 1998, Thompson 2000, Wills 1999, Zweig 1998, 구춘권 2005, 김용관 2009, 소에지마 다카히코 2001, 이용재 2005, 이재광·김진희 1999, 임용순 1995, 진인숙 1997, 한국서양사학회 1999, 홍사중 1997

'이성의 시대'의 명암
루소 · 버크 · 페인 논쟁

로베스피에르는 '루소의 아들'

로베스피에르는 '루소의 아들'이었다. 그는 자신의 노트에 "전대미문의 혁명이 우리 앞에 펼쳐놓은 위험한 길 위에서 내가 당신의 글에서 끌어올린 영감에 변함없이 충실할 수 있다면 행복할 것입니다"라고 썼다. 프랑스혁명이 일어나기 10년 전에 죽은 루소(Jean-Jacques Rousseau, 1712~1778)는 로베스피에르뿐만 아니라 모든 혁명세력의 사상의 은사이자 지적 영웅이었다. 나폴레옹은 "만약에 루소가 태어나지 않았다면 프랑스혁명이 일어나지 않았을 것이다"라고 말했다.

루소는 다른 철학자들과는 달리 스위스 제네바에서 태어나 칼뱅주의자로 자라났다. 그는 사회적 낙오자인데다 하층사회 출신이었기에 계몽사상가들 중의 이단아였다. 태어난 지 며칠 만에 어머니를 잃고 열 살 때 종적을 감춘 아버지로 인해 가난한 방랑생활을 했으며, 평생을 괴롭힌 비뇨기계통의 병 등으로 인해 타협을 모르는 외톨이가 되

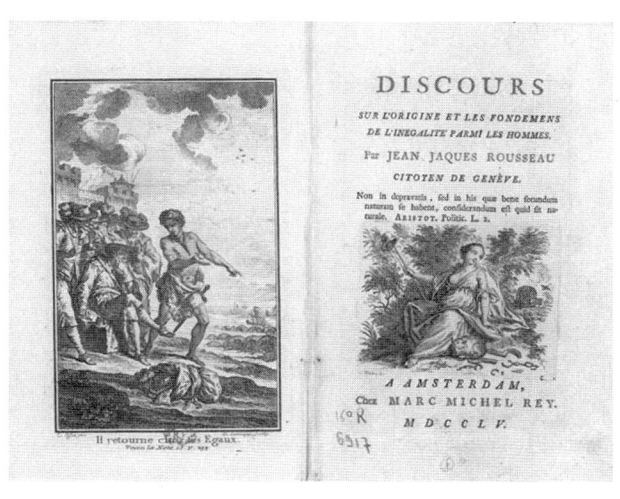

루소의 『인간불평등 기원론』. 사유재산이 생겨나면서 불평등사회가 생겨났다고 주장했다.

었다. 아마도 그래서 당시의 관습을 전면 부정할 수 있었으리라.

루소는 『인간불평등 기원론(Discours sur l'origine et les fondements de l'inégalité parmi les hommes)』(1755)에서 사유재산이 생겨나면서부터 불평등한 사회가 생겨났다고 주장했다. 이를 읽고 볼테르(Voltaire, 1694~1778)는 루소에게 다음과 같은 편지를 보냈다. "우리를 짐승으로 만들려고 노력하는 데 당신처럼 재치 있는 사람은 없었습니다. 당신의 책을 읽으면 네 발로 기고 싶어집니다. 그러나 60년 이상을 기어다니지 않았기 때문에 불행하게도 저는 그렇게 되돌아가기란 불가능한 것 같습니다. 이런 자연적인 습관은 당신이나 나보다 더 거기에 맞는 사람들에게 넘겨주려 합니다." (홍사중 1997)

루소는 『사회계약론(Du contrat social)』(1762) 등에서 인간은 "자유롭게 태어나지만 어디에서나 쇠사슬에 묶여 있다"고 주장함으로써 인간사회의 근본적인 문제가 자연이나 인간이 아니라 제도라는 것을 간파했다. 그래서 어떤 제도인가 하는 것이 중요하다고 본 걸까. 루소는 "본능을 정의로 대체시키고 인간의 행동에 대해 종전에는 결여됐던 도덕성을 부여한 것은 사회이다"라고 했으며, "사회는 인간을 우매하고 상상력이 결여된 동물이 아니라 지적인 존재, 하나의 사람으로 만들었다"고 했다. 그는 전체 공동사회의 일반적 동의에 의해서 창조된 '도덕적이고 집단적인 단체'는 일반의지 또는 일반의사를 갖는다고 역설했다.

루소의 세계에서 일반의지는 사회적 선을 대변하고 그 자체가 정의의 기준이 된다. 그러나 누가 그런 판단을 내리는가의 문제가 남는다. 사실상 다수결주의로 전락하는 걸 어떻게 막을 수 있단 말인가? 일반의지 개념은 너무나 추상적이어서 오남용의 소지가 다분했다. 로베스피에르는 1794년 2월 5일 연설에서 자코뱅 당원들에게 "우리들의 의사가 일반의사이다"라면서 다음과 같이 주장하지 않았던가.

"그들은 테러리즘이 전제정부의 수단이라고 말한다. 그렇다면 우리의 정부가 전제주의와 같은 것인가? 자유를 지키는 영웅의 손에서 번쩍이는 칼을 폭군의 주구들이 무장하고 있는 칼과 같이 본다면, 그렇다. …… 우리의 혁명정부는 폭군정치에 대항하는 자유를 위한 전제정치이다."(Sabine & Thorson 1983)

루소는 "나는 귀족을 증오한다. 그들의 지위와 가혹함, 편견, 비굴함 등 이들 모든 악덕을 증오한다"고 했으며, "부자는 한 번 인간의 고기맛을 보면 다른 먹이는 쳐다보지도 않는 굶주린 늑대이다"라고 했다. 이런 발언들이 혁명세력을 기쁘게 만들었던 걸까?

루소의 모순과 분열주의

루소는 내면적으로 커다란 심리적 긴장과 지적 갈등을 안고 있던 인물이었다. 그는 전반적으로는 민주주의의 편에 서 있으면서도 오해의 소지가 있는 발언을 꽤 함으로써 오남용의 소지를 스스로 만들곤 했다. 예컨대, "인간은 강제적으로라도 자유롭게 되어야 한다"라든지 "검열제도는 공적 판단의 선언일 뿐이다"라는 등의 발언들이 그렇다.

톰슨(Thomson 1990)은 "그는 어떤 순간에는 '자연의 아들'로서 충동적이고, 고집 세고, 자기 주장적이고, 난폭할 정도로 개인주의적이며 거의 무정부주의를 실천하는 사람이었다. 또 어떤 순간에는 엄격한 도덕주의자로서 공동의 선을 최고의 시민적 미덕으로 하여 봉사해야 한다는 의무감을 날카롭게 주장했다"며 다음과 같이 말한다.

"그러므로 그의 철학은 부자연스럽지는 않지만 일관성이 없고 때로는 혼돈에 빠져 있다. 종교적으로만 보아도 그는 칼뱅파가 모여 있던 제네바의 엄격한 청교도적 사회에서 자라나 그 다음에 로마 가톨릭교로 개종했다가, 다시 그것을 버리고 칼뱅파로 되돌아갔으며, 마침내는 성격이 좀 모호한 '자연적 종교'를 믿게 되었다. 병적으로 다투기를 좋아하고 아주 민감한 까닭에 그렇게 자주 신앙이 바뀌고 개인적 감정도 항상 변했던 그가 고요한 마음의 상태에서 정치철학과 사회철학을 논리적이고 합리적으로 일관성 있게 전개했으리라고 기대할 수 없다."

루소의 『참회록(Les Confessions)』(1782)은 그의 분열주의를 잘 보여주고 있다. 그는 "나의 심미안(審美眼)과 사상은 고상한 것과 천박한 것 사이를 항상 오락가락하는 것같이 여겨졌다"고 했는데, 이 말이 정답

장 자크 루소. 그는 혁명세력의 정신적 지주였으나 자기 모순적 인물이었다.

이다. 이와 관련, 세이빈·솔슨(Sabine & Thorson 1983)은 "인간은 천성적으로 선하다는 루소의 열렬한 신념은 지적 확신이라기보다는 자신이 악하다는 고유한 공포감의 반전현상(反轉現像)이었다. 그는 그 과오의 책임을 사회의 탓으로 돌려버림으로써, 자신이 필요로 했던 책임소재를 충족시킴과 동시에 스스로도 마음 편한 신화 속에 안주할 수 있었다"고 말한다.

현실세계에서도 루소는 도무지 알 수 없는 모순처럼 보였다. 그는 로베스피에르의 존경을 받았을 뿐만 아니라 단두대에서 처형된 마리 앙투아네트의 사랑과 존경도 받았다. 로베스피에르를 단두대에 올린 자들도 역시 루소를 사랑하고 존경했다. 그래서 1790년 6월 국민의회에 루소의 흉상이 건립되었으며 같은 해에 파리 거리가 그의 이름을 따서 명명되었으며, 1794년에는 루소의 위패(位牌)를 팡테온에 가져와 안치시키라는 법령이 나왔다.

루소 숭배는 혁명세력에게만 국한된 게 아니었다. 칸트(Immanuel Kant, 1724~1804)는 루소를 '비할 데 없이 완벽한 영혼의 감수성'을 지닌 사람이라 했으며, 셸리(P. B. Shelly, 1792~1822)는 '루소는 숭고한 천재'라고 했다. 실러(Friedrich von Schiller, 1759~1805)는 '그리스도와 같은 영혼을 지니고 있으며 천사만이 따를 수 있는 사람'이라고 했다.

이런 일련의 찬사가 영 못마땅했던지 존슨(Johnson 1999)은 루소의 치부를 폭로한다. 루소가 명성을 얻게 된 건 대부분 어린이의 교육에 관한 이론이었으며 『에밀(Émile, ou De l' éducation)』(1762)에서는 '부친의 의무'를 강하게 역설했지만 5명의 자기 아이들을 모두 고아원에 버렸다고 질타한다. 루소는 "나는 어린아이를 가질 여유가 없다. 만일 내 다락방이 북새를 떠는 아이들로 어지러워진다면 일하는 데 필요한 마음의 평정을 어떻게 얻을 수 있겠는가"라고 말했다나. 존슨은 "그러나 루소가 창조하고자 몽상한 국가의 성격을 이해하면 그의 생각은 이치에 맞는 것이다"라며 이렇게 비꼰다. "국가는 부친, 조국이며 그 시민은 아버지 쪽 고아원의 자식이 되는 셈이다. 루소의 궤변을 명쾌하게 지적한 새뮤얼 존슨(Samuel Johnson, 1709~1784)의 '애국심은 악당의 마지막 은신처' 라는 말은 여기서 나온 말이다."

그러나 뭐 그렇게까지 흥분해서 욕할 필요가 있을까? 인간이라면 누구나 갖고 있기 마련인 '두 얼굴'로 해석하면서 역사적 공과를 냉정하게 평가하는 게 바람직하지 않을까?

버크의 보수주의

프랑스혁명 시 이성의 이름으로 전통을 일소하려는 시도들에 대해 많은 사람들이 두려움을 느꼈는데, 버크의 보수주의는 프랑스혁명의 바로 이런 과격함에 대한 하나의 반동으로 나타난 사상이다. 프랑스혁명은 인간의 이성과 의지를 낙관했다. 모든 게 뜻대로 될 줄 알았다. 그러나 인간세계는 인간의 이성과 의지만으론 통제할 수 없으며, 그걸 벗어난 그 나름의 법칙대로 움직이더라는 것이 드러나기 시작했다. 혁명공화국은 나폴레옹의 제국으로 변질되어버렸고, 그 제국도 무너지면서 다시 부르봉 왕가의 왕정복고가 이루어지는 걸 보면서 인간의 이성과 의지만으론 움직일 수 없는 역사의 힘이라는 걸 절감하게 된 것이다. 그래서 보수주의자들은 역사가 인간의 의지에 의하여 전개되고 발전된다고 생각하지 않으며, 오히려 인간이란 주어진 상황과 조건에 의하여 규정되는 부분이 훨씬 더 많은 존재라고 본다.(함재봉 1998)

버크는 사물의 복잡성 앞에서 이성의 한계를 주장했다. 진리가 수세기 동안 어둠 속에 있다가 갑자기 자기를 통해서 빛나게 되었다고 가정하는 것은 자살적인 자만행위라는 것이다. 그는 사회생활은 관습적이고 무심코 하는 행동이 대부분이라며, '편견' 이라 부를 수 있는, 아직 검토되지 않은 확신들의 긍정적 가치를 주장했다. 이성보다는 본능과 감정이 올바른 길로 인도할 때도 있다는 것이다.

보수주의자들 사이에서 보이는 반합리주의적 경향은 구체적인 것을 중시하는 태도와 관련된 것이다. 유토피아주의와 개혁주의는 효율성이나 현실성, 그리고 이른바 '노하우' 와 같은 종류의 구체적 감각이 결여되어 있다고 보는 것이다. 보수주의자들은 편견을 전통적이며 집단적인 경험의 소산으로 간주한다. 버크는 편견은 "매 순간마다 즉각적인 적용이 가능한 것이며 인간정신으로 하여금 한결같이 미덕과 지혜의 길을 걷도록 하는 것이자 결단의 순간에 망설이지 않도록 해준다. 편견은 인간을 회의주의와 의심 그리고 우유부단에서 구해준다"고 했다.

보수주의는 종교의 중요성을 강조한다. 신앙심이나 경건성의 문제가 아니라 종교의 제도적 측면과 사회통합기능에 주목하는 것이다. 보수주의 관점에서 교회는 권위의 상징이자 질서의 옹호자이며 전통의 숭배자이다. 보수주의는 자유와 평등의 양립 가능성을 부정한다. 보수주의자들이 인정하는 평등은 "최후의 심판에서의 평등과 정의로운 법 앞에서의 평등"이다.(김용우 1998)

버크는 다른 보수주의자들과는 달리 자본주의가 약탈경제로 가고 있다고 격렬하게 비판했다. 그는 영국의 제국주의적 침략의 만행, 그리고 폭력으로 얻은 이익을 만끽하고 있던 런던 시민들을 동시에 겨냥해 다음과 같이 주장했다.

"유럽 사람들은 미쳤다. 그들은 동인도회사가 인도네시아 자바에서 저지르는 만행을 두 눈으로 똑똑히 목격해야 한다. 동인도회사는 가혹한 노동에 시달리던 원주민들이 도망을 가면 두 다리를 잘라 도망가지 못하게 하고 두 손만을 남긴 채 주는 음식을 먹게 하면서 일을 시켰다. 그렇게 잔인한 학대를 통해 얻은 후추가 유럽 사람들의 호주머니를 채웠는데 어떻게 즐거워할 수 있는가? 한 문명이 다른 문명을 착취해서 생긴 이익으로 주식시장에서 배

에드먼드 버크. 그는 인도 총독 헤이스팅스가 인도인의 영혼을 빼앗아 사적 이익을 챙기고 있다고 비난했다.

를 불리는 사람들아, 과연 그런 주식시장이 자본주의의 꽃이라고 할 수 있나?"(김용관 2009)

또한 버크는 인도 총독 헤이스팅스(Warren Hastings, 1732~1818)가 인도인들의 영혼을 빼앗아 사적 이익을 챙기고 있다고 비난하면서 그를 영국 법원에 고소해 7년간 법정공방을 벌이기도 했다. 파킨(Parkin 1990)은 "마르크스주의가 전 세계에 널리 퍼지고 있는 이 시대에도 혁명적 관념에 대한 버크의 반론은 그 적절성과 설득력을 잃어버리지 않았다"며 "그의 입장의 지속적인 가치의 핵심은 아마 인간 규범에 관한 그의 비전과 인간능력의 통일과 조화에 대한 그의 이상에 있을 것이다"라고 말한다. 그의 이상은 여러 가지 형태로 나타났다. 그것은 사색과 행동의 통일, 지성과 감성의 결합으로 인간 모두의 영원한 숙제라고 할 수 있다.

페인의 비참한 말로

1789년 7월 14일 혁명세력이 바스티유 감옥을 점령했을 때, 그 주도자 중의 한 명이었던 라파예트는 토머스 페인(Thomas Paine, 1737~1809)에게 바스티유 감옥의 열쇠를 건네주면서 그것을 조지 워싱턴에게 전하라고 했다. 라파예트는 동봉한 편지에 "친애하는 장군님, 제가 함락을 명했던 바스티유의 파괴된 그림과 그 열쇠를 기증합니다. 이것들은 제가 장군님께 빚진 덕에 얻어진 것입니다"라고 말했다. 전달을 맡았던 페인은 훗날 "미국의 원리와 원칙들이 유럽에 이식되어 거둔 첫 열매가 프랑스혁명입니다. 그것들이 바로 바스티유 감옥을 열리게 했습니다. 그러므로 이 열쇠는 있어야 할 제자리로 온 것입니다"라고 기록했다. 지금도 버지니아 마운트 버논 워싱턴의 생가·현관에는 이 열쇠가 벽에 걸려 있어 미국민의 자존심을 한껏 높여주고 있다.

아니 왜 미국 독립혁명의 불꽃을 댕긴 페인이 여기에 등장하는가? 그럴 만한 사연이 있다. 『상식(Common Sense)』(1776)은 엄청난 성공에도 불구하고 이렇다 할 배경이 전혀 없었던 페인을 공적인 위치에 올려놓지 못했다. 그는 일반보병으로 전쟁에 참전했고, 전쟁이 끝난 뒤엔 아무런 역할도 부여받지 못했다. 그는 프랑스로 건너가 자신이 만든 소책자 『권리장전』으로 그곳의 혁명에서 비슷한 중개역할을 시도하고자 했다. 그는 영국을 넘나들며 미국혁명을 유럽에까지 수출하는 데에 헌신적이었다.

1790년 11월 1일 영국의 에드먼드 버크가 『프랑스혁명에 대한 성찰』을 출간하자, 1791년 2월 철저한 루소주의자였던 페인이 반박하고 나섰다. 5월에는 버크가 혐오했던 『인간의 권리(Rights of Man)』라는 페인의 소책자가 『뉴욕 애드버타이저(New York Advertiser)』에서 발간되었다. 『인간의 권리』 2부는 1792년에 발간되었다. 이 책에서 페인은 기존 헌정질서를 옹호하는 버크를 강하게 비판했다. 페인이 숭배한 이성은 열정의 불로 지펴진 뜨거운 이성이었다.

『인간의 권리』는 존 버니언(John Bunyan, 1628~1688)의 『천로역정(Pilgrim's Progress)』(1678)과 더불어 영국 노동계급운동의 양대 기본문헌이 되면서 20만 부나 팔려 나가는, 당시로선 놀라운 기록을 세웠다. 오히려 그래서 문제였다. 페인은 공화주의를 옹호하고 왕실과 이의 세습원칙에 적대적인 입장에 선 것으로 간주되어 1792년 선동죄로 고소되었다. 고소를 한 사람은 17년 후 영국 수상에 오르는 스펜서 퍼서 벌(Spencer Perceval, 1762~1812)이었다. 페인은 프랑스로 도피했고, 궐석재판에서 유죄가 선고되었다. 그가 프랑스로 탈출하는 데에 도움을 준 이는 민중시인 윌리엄 블레이크(William Blake, 1757~1827)였다.

미국과 영국에선 과격파였던 페인도 프랑스에선 그 근처에도 갈 수 없었다. 그는 루이 16세의 처형을 막으려고 했다가 로베스피에르와 충돌하는 바람에 감옥에 갇혔다. 그는 로베스피에르가 단두대에 목을 맡기고 사라지면서 출옥했다. 페인은 프랑스 감옥에서 괴로운 나날을 보내면서 『이성의 시대(Age of Reason)』 1부(1794)를 썼다. 2부는 1796년에 출간되었는데, 페인은 이 책에서 단호하게 계시종교의 터무니없음과 가식을 폭로했다.

페인은 1797년 프랑스가 영국에 전쟁을 걸어서 영국 국민을 해방시켜야 한다고 주장했다. 이 주장에 흥미를 느낀 나폴레옹은 페인을 만나 페인의 『인간의 권리』를 베개 밑에 넣어두고 매일 읽는다고 말했다. 이에 고무받은 페인은 영국 침공전략에 관한 논문을 두 편 써냈으며, 1798년엔 미국의 공화주의자들에게도 화가 나 프랑스의 한 신문에 미국 징벌을 위한 계획까지 발표했다.

이게 이제부터 그가 겪게 될 진짜 비극의 출발이었다. 감히 종교를 비판한데다 미국 징벌을 주장하다니! 페인은 미국에서 애국자의 지위를 박탈당했다. 미국 징벌보다는 종교비판이 더 큰 이유였던 것 같다. 그는 '비열하고 더럽고 추악한 무신론자'로 비난을 받았다. 페인이 "1802년에 미국으로 돌아왔을 때 그는 뉴저지의 마차 마부로부터 승차를 거부당했다. 마부는 그의 마차와 말이 한번 번갯불을 맞았다고 말하면서 그런 일이 또 다시 벌어지는 모험을 하고 싶지 않다는 것이

뉴욕 뉴로셀 노스 애비뉴에 건립된 토머스 페인의 흉상.

었다."(Altschull 2003)

페인은 빈곤과 고독 속에서 1809년 죽었다. 페인은 죽은 지 얼마 지나지 않아 뉴욕 뉴로셀(New Rochelle)의 한 여인숙에서 옛 친구에 의해 발견되었다. 누더기를 입은 채 "가장 고약한 냄새"를 풍기고 있었으며 3년 동안 손톱을 깎지 않은 상태였다. 그는 한때 워싱턴, 제이, 제퍼슨 등 거물들과 같이 저녁식사를 할 정도로 대단한 미국혁명의 영웅이었건만 배경이 없고 미국 징벌을 주장했고 신을 의심했다는 이유로 그런 비참한 말로를 맞은 것이다. 이와 관련, 룬(Loon 2005)은 이런 명언을 남겼다. "공적(公的)인 불관용의 광기가 다하면 그 즉시 사적(私的)인 불관용이 시작되고, 관(官)이 처형을 그치면 린치가 시작된다."

조선 지식인들의 평가

프랑스혁명이 터진 1789년(정조 13년) 조선에선 서학(西學, 천주학) 서적을 불태우는 등 천주교 탄압이 벌어지고 있었다. 천주교 탄압은 신유박해(1801)로 비화되었다. 강재언(1998)은 "1801년 이후 천주교 탄압에 따라 서양의 천주교서나 과학서를 집에 두고 연구하는 것은 곧바로 죽음과 연결되는 험악한 분위기가 팽배하게 되었다"며, "조선의 자주적 근대화의 좌절, 그로 인한 식민지화의 원인이 1801년의 신유교난에서 시작된다"고 보았다.

조선의 천주교 탄압은 프랑스혁명에서 일부 과격파들에 의해 벌어지기도 했던 종교탄압과는 전혀 다른 이유에서 벌어졌다. 서양의 문물수입 자체가 금지된 상황에서 프랑스혁명에 관한 논의가 가능했을리 없다. 100여 년이 지난 후에 프랑스혁명에 대한 이런저런 이야기가 나왔는데, 개화기의 조선 지식인들이 프랑스혁명을 어떻게 보았는지를 살펴보는 것도 의미 있는 일이 아닐까.

윤치호(1865~1945)는 1895년 2월 18일자 일기에서 "그들(동학당)은 어디에서나 양반들에 대해 극도의 증오심을 나타내었다. 동학당들이 양반들을 다룸에 있어 보여준 잔인성은 (프랑스)혁명 당시 프랑스 귀족들이 겪었던 유혈적 폭력사태를 연상시킨다"고 썼다.(유영익 1998)

유길준(1856~1914)은 『서유견문(西遊見聞)』(1895)에서 "근대 프랑스의 소란 때 고금(古今) 무비(無比)의 폭행을 마음대로 휘두른 무리들이 다 무식하고 방탕하고 어리석은 무뢰한들이라 좋은 정부 밑에 있었다 해도 그 생계를 유지하지 못했을 것이다"라며 프랑스혁명을 비판했다. 이에 대해 박노자(2003)는 "철저한 우민관(愚民觀)으로 무장했던 그가 동학의 무장운동을 진압한 일본군에게 감사의 뜻을 표했던 것은 강자(强者)에 대한 단순한 아부가 아니었다. 그야말로 그의 소신에 따른 행동이었던 것이다"라고 주장했다.

그러나 유길준만 조선 민도(民度)를 그렇게 낮게 본 건 아니었다. 『독립신문』 1898년 7월 9일자 논설은 "백여 년 전에 불란서에 났던 민변이 대한에 날까 염려라 하니 …… 대단히 다른 것이 몇 가지라 첫째 법국(프랑스)은 본래 민회가 있던 나라이라 그런 고로 비록 압제가 심할 때에도 백성이 민권이 무엇인지 알았거니와 대한은 자고이래로 민권 이 자는 이름도 모르다가 겨우 근일에 와서야 말이나 듣고"라면서 다음과 같이 주장했다.

"법국 민변 나기 전 여러 십 년에 유명한 학사들이 서책을 반포하여 연설과 신문으로 인민의 자유권리와 정부의 직분등사를 널리 교훈하야 백성들이 다만 자유권리를 어찌 쓰는 것을 깨달은 사람이 많은 까닭에 압제정부를 번복하고도 오히려 그다지 낭패보지 아니하였거니와 대한에는 그러한 학사들의 교훈도 없었고 신문과 서책도 없어서 인민이 다만 자유가 무엇인지 알지도 못할 뿐 외라 자유권을 맡기더라도 쓸 줄을 몰라 어린 아이에게 칼 준 것 같을 터이요. …… 법국 사람들은 나라를 사랑하야 사혐(私嫌)을 잊는 고로 평시에 서로 다투다가도 국가에 유사(有事)하면 모두 일심이 되야 민변 후에 능히 토지와 국권을 보전하였거니와 대한 사람들은 사사(私事)싸움에는 용맹이 있다가도 나라싸움에는 겁이 많으며 국가는 다 망하더라도 사사애증(愛憎)으로 붕당만 일 삼으니……." (박주원 2004)

이 논설은 그밖에 프랑스혁명 당시보다 대한제국의 교육이 발달하지 못한 점과 군사적으로 약해 혁명에 간섭하는 외국군을 물리칠 수 없다는 점 등을 들었다. 이 논설에 대해 강만길(1978)은 "이 시기에는 일부 젊은 층의 개혁운동가들에게서 국민혁명을 일으켜야 한다는 움직임이 있을 때였고 이 논설은 그것을 견제하기 위하여 쓰인 것이라 생각되지만, 이 논설은 국민혁명이 시기상조라는 생각에서 나온 것이라기보다 오히려 철저한 국민주권의식이 없는 계몽주의사상만을 바탕으로 하고 있는 것이 아닌가 하는 생각을 가지게 한다"고 평가하였다.

신복룡(1997)은 "참극의 정도를 말하기로 한다면, 서유럽의 정치사가 더 참혹했다"며 프랑스를 비롯한 서구의 정치사를 거론하며 한국 역사와 정치를 폄하하는 시각에 이의를 제기했다. 또 신복룡(1991)은 "우리의 역사에는 영국의 청교도혁명이나 프랑스대혁명에서 나타난 것과 같은 대량학살이 보이지 않는 것은 한국인의 민족성이나 심성이 근본적으로 사악한 것이 아님을 의미한다"고 했다.

백번 옳은 평가지만, 문제는 민족성이나 심성이 사악하지 않으면 약육강식(弱肉强食) 원리가 지배하는 국제사회에서 강대국의 먹이가 될 수밖에 없다는 점에 있었다. 이게 바로 인류사회의 원초적 비극이었고, 조선의 서글픈 운명이 아니었을까?

참고문헌 Altschull 1993, Bryson 2009, Bury 2006, Cooke 1995, Durant 1987, Jackson 1990, Johnson 1999, Loon, 2005, Massin 2005, Moore 2009, Parkin 1990, Persons 1999, Sabine & Thorson 1983, Sowell 2006, Speck 2002, Thomson 1990, Thompson 2000, Trigg 1996, Woodbridge 외 2002, Zinn 2001a, 강만길 1978, 강재언 1998, 김삼웅 1996, 김용관 2009, 김용우 1998, 나윤도 1997-1998, 박노자 2003, 박주원 2004, 신복룡 1991 · 1997, 유영익 1998, 함재봉 1998, 홍사중 1997

제2장
연방파와 공화파의 갈등

인간은 '커다란 짐승'인가 '생각하는 육체'인가?
해밀턴과 제퍼슨

해밀턴파와 제퍼슨파의 갈등

하원의 의석수를 결정하기 위해 만든 인구조사법에 따라 1790년 8월에 시행된 제1회 인구조사의 결과 미국의 총 인구는 392만9625명이었다. 흑인 인구는 노예가 69만7624명, 자유 흑인 5만9557명이었다. 대도시 인구는 필라델피아 4만2000명, 뉴욕 3만3000명을 기록했으며, 인구가 가장 많은 주는 버지니아로 82만 명이었다.

'이민자(immigrant)'라는 말이 미국의 영어 속에 들어와 기존의 개척자 또는 정착민(settler)과는 다른 개념으로 사용된 것은 1780년대부터였다. 1790년에 제정된 미국 최초의 귀화법은 "자유의 몸이 된 백인만이 미국 시민이 될 자격이 있다"고 규정했는데, 이에 따라 인구조사에서 인종은 네 종류로 분류되었다. 백인남성, 백인여성, 노예(흑인), 기타(인디언)였다. 이는 백인국가를 건설하겠다는 의지의 표현이었다.

'기타(인디언)'는 어떤 상황에 처해 있었던가? 백인들의 서부정착

조건을 규정한 1784년과 1787년 사이의 여러 조례들은 백인의 정착을 저지하는 인디언 부족들과 일련의 경계선분쟁을 초래했다. 혁명이 시작되었을 때 애팔래치아산맥 서쪽에 사는 백인의 수는 몇천 명에 불과했으나, 1790년에 이르자 12만 명으로 증가했다. 서북부 변경에서 백인과 인디언 간의 싸움은 1790년대 초에 절정에 달했다. 1790년과 1791년, 유명한 전사 작은 거북이(Little Turtle)가 이끄는 마이애미(Miami)족과 현재의 오하이오 서부 변경 근처에서 두 번의 전투가 일어났는데 여

백인들과의 영토전쟁에서 마이애미족을 이끌었던 전사 작은 거북이.

기에선 미국이 패배했다. 1791년 11월 4일에 일어난 두 번째 전투에선 미국인 630명이 사망했으며, 작은 거북이는 1794년에 패배할 때까지 맹활약을 하였다.

영토문제를 비롯하여 미국을 경영하는 데 있어서 어떤 철학으로 임할 것이냐 하는 해묵은 갈등은 건국 이후에도 계속되었다. 중앙집권화 주창자들은 '연방파(Federalists)'로 알렉산더 해밀턴이 이끌었다. 한때 해밀턴과 동맹관계를 맺었던 매디슨을 포함한 일부 사람들은 해밀턴과 그의 지지자들을 위험하게 보기 시작했다. 연방파가 위협적이고

억압적인 권력구조를 조장하고 있다고 본 것이다. 그래서 이에 대응해 새로운 정치조직이 등장했으며, 스스로 자칭 '공화파(Republicans)'라고 했다. 제임스 매디슨과 토마스 제퍼슨의 지도 아래 결집한 공화파는 1850년대에 출현한 현대의 공화당과는 관련이 없다

제퍼슨은 상업행위를 경멸하지는 않았지만 자신의 토지에서 자급자족하는 농본주의적 공화국의 비전을 제시했다. 미국이 지나치게 도시화되거나 산업화되는 것을 우려한 것이다. 인간에 대한 정의부터 달랐다. 해밀턴은 "인간은 커다란 짐승(great beast)"이라고 생각한 반면, 제퍼슨은 "인간은 생각하는 육체"라고 생각했다. 그래서 해밀턴은 강력한 정부를 주장한 것이고, 제퍼슨은 반대로 생각한 것이다.

연방파와 공화파의 시각 차이는 현저해서 헌법제정 이후 최초 12년간은 특이한 독설정치의 전성시대였다. 철학적 차이와 더불어 이해관계가 맞물려 있는 탓이었다. 연방파는 강력한 연방정부가 필요하다고 생각했던 경제적으로 부유한 집단이었다. 그들은 미국의 사명이 중앙집권적 권위, 정교한 산업경제, 세계문제에 적극 대처하는 능력을 가진 진정한 국민국가가 되는 것이라고 믿었다. 반면 온건한 중앙집권적 정부를 구상했던 집단은 미국이 고도로 상업화하거나 도시화되어서는 안된다고 믿었다.

워싱턴 대통령은 강력한 연방정부를 추구했지만, 정치논쟁엔 초연한 입장을 취했다. 지도자들 가운데 가장 귀족적인 인물로 엘리트주의를 신봉한 해밀턴은 대외관계에서도 미국이 세계를 이끄는 비전을 제시해야 한다고 믿었다. 그는 그런 비전의 일환으로 연방은행 창설을 주도하였다. 뜨거운 논란 끝에 1791년 2월 25일 1000만 달러의 자

본금으로 중앙은행인 합중국은행이 설립되었다. 설립자본의 5분의 4는 민간투자였으며, 설립 허가기간은 20년이었다. 남부의 농업세력을 대변하는 제퍼슨과 매디슨은 그것이 북부의 상공업세력을 돕는다는 이유로 맹렬히 반대하면서 헌법을 보다 좁은 의미로 해석할 것을 요구했지만, 결국 해밀턴파의 승리로 끝나고 말았다.

건국 후 12년간 연방파는 새 정부를 확고하게 장악하게 된다. 이 논쟁은 이후에도 계속돼 오늘날까지도 연방중심이냐 주의 독립된 권한 중심이냐에 따라 해밀턴파(Hamiltonian) 또는 제퍼슨파(Jeffersonian)로 부른다.

프랑스혁명과 미국

미국인들은 프랑스혁명을 어떻게 보았으며, 프랑스혁명은 미국에 어떤 영향을 미쳤을까? 이 또한 연방파냐 공화파냐에 따라 시각이 전혀 달랐다. 우선 대표적인 친(親)프랑스파이자 공화파였던 토머스 제퍼슨의 생각부터 살펴보자.

제퍼슨은 처음부터 프랑스대혁명을 긴 세월에 걸친 불의를 바로 잡으려는 합법적 시도로 보고 찬양했다. 그는 혁명이 발발한 1789년 8월 프랑스에서 쓴 편지에서 "나는 인간의 양식과 인간의 자치능력에 대한 강한 확신이 있기 때문에, 이성이 자신의 힘을 자유롭게 행사할 수 있는 문제들에 대해서 두려움이 전혀 없다"며 "프랑스에서 모든 일이 훌륭하게 결말을 맺지 않는다면 나는 거짓 예언자로 돌팔매를 맞아도 좋다. 또 혁명은 프랑스에서 끝나지 않을 것이다. 이 혁명은 유럽 자유의 역사에서 다만 그 첫 장일 뿐이다"라고 했다. 그는 1793년까지도

"프랑스혁명의 실패를 목격하느니 나는 차라리 지구의 절반이 황량한 황야로 변화는 것을 보고 싶다"고 말했다. 그러나 그가 그렇게 과격한 표현을 쓴 것은 오히려 그가 프랑스혁명에 대한 불안감이 강했다는 걸 시사한다.

1793년 이후로 혁명이 더욱 급진적이고 폭력적 성향을 띠게 되자 많은 미국인들은 대혁명이 정당한 한계를 벗어났다고 간주했다. 특히 급진적인 자코뱅파가 1793년 1월 미국혁명에서 미국이 승리하도록 도와주었던 루이 16세를 처형하고 무자비한 공포정치를 실시하자 미국의 보수파들은 프랑스혁명파를 문명의 파괴자로 보고 두려워하기 시작했다. 이어 온건 지롱드파에 대한 급진 자코뱅파의 승리, 그리고 그 절정인 로베스피에르의 공포정치에 화가 난 미국의 비판자들은 대혁명을 대놓고 비난하기 시작했다.

연방파가 이런 비난을 주도했다. 연방파는 공화파에게 프랑스대혁명에 대한 입장을 밝히라고 요구했다. 연방파에게는 자코뱅파와 마찬가지인 공화파의 영향력을 견제하려고 하는 의도가 강했다. 해밀턴은 로베스피에르 등이 저지른 '무시무시하고도 구역질나는 광경들', 즉 암살, 내부반란, 일체의 사회적·도덕적 연대감의 실종현상을 비난하면서 프랑스에서 "자유의 참된 대의는 깊은 상처를 입었다"고 주장했다. 프랑스혁명에 긍정적이었던 조지 워싱턴도 해밀턴의 견해에 어느 정도 합류했다. 존 애덤스는 프랑스인들이 종교를 조롱하고 인격과 재산의 평등이라는 환상을 쫓는다고 비난했다.

제퍼슨은 대혁명 덕에 연방파가 진정한 자유의 벗인 공화파를 공격할 기회를 잡았다는 사실을 개탄했지만, 그 역시 연방파의 주장에 점

기요틴에서 처형되는 루이 16세. 프랑스혁명은 점점 급진적으로 변해갔다. 기요틴으로 대변되는 자코뱅파의 공포정치는 혁명에 대한 회의를 낳기 시작했다.

점 더 근접하고 있었다. 훗날 그는 프랑스대혁명과 그 혁명의 후유증은 '공포' '광기' '범죄' '인간적 참상' '치명적 오류'에 뒤덮인 개탄할 만한 인류사의 한 시대였다고 회고했다. 그가 보기에 프랑스의 자유를 궁극적으로 짓밟은 것은 '원칙은 없고 유혈만 낭자한 로베스피에르의 폭정과 이에 못지않게 무원칙하고 광기어린 보나파르트 나폴레옹의 독재'였다.(Hunt 2007)

프랑스-영국전쟁과 미국의 중립

프랑스혁명을 어떻게 보느냐 하는 건 단지 생각만으로 끝나는 게 아니라 현실적인 외교문제로 다가왔다. 루이 16세가 처형된 지 11일 후인 1793년 2월 1일 프랑스가 영국에 전쟁을 선포하자 미국은 난처해졌다. 프랑스와의 동맹조약에 따라 미국은 프랑스령 서인도 제도를 영원히 보호함으로써 프랑스를 도와주어야 했기 때문이다. 국무장관

제퍼슨과 재무장관 해밀턴 사이의 갈등이 다시 불거졌다. 친프랑스계인 제퍼슨파는 프랑스를 위해 전쟁에 참여해야 한다고 주장한 반면, 친영국계인 해밀턴파는 프랑스대혁명의 폭력성이 인간의 존엄성을 해쳤다고 비판하고 무질서에 대항해서 투쟁하고 있는 영국을 지원하자고 주장했다.

워싱턴은 이런 당파적 갈등을 개탄하면서 내키진 않지만 해밀턴의 연방파에 가담해 1793년 4월 22일 중립을 선언했다. 중립선언 발표후 에드몽 주네(Edmond Charles Genet, 1763~1834)가 주미 프랑스 특사로서 사우스캐롤라이나 찰스턴에 상륙했다. 주네는 미국 정부로부터 아무런 원조도 얻을 수 없음을 확인하자 미국 대통령을 제쳐놓고 미국민들에게 직접 호소하겠다고 선언했다. 그는 워싱턴이 참수당하는 모습이 그려진 판화를 출간했으며, 아메리카 도처에 급진적인 자코뱅 클럽을 조직하고 미군의 퇴역장교를 고용하는 등 전쟁준비에 돌입했다.

미국 정부는 프랑스 정부에 그의 소환을 요청했다. 1794년 프랑스 정부가 이 요청을 받아들임에 따라 후임자 조제프 포세(Joseph Fauchet, 1759~1820)가 주네를 체포해 프랑스에서 심문하도록 송환하는 임무를 띠고 미국에 도착했다. 워싱턴은 주네의 생명만은 구해야 한다고 생각하여 그의 인도는 거부했다. 주네는 미국에 귀화하여 뉴욕지사의 딸과 결혼했으나 상처하였고, 우정장관 오스굿의 딸과 재혼해서 허드슨강변에서 농장을 경영하며 살다가 1834년 사망했다.

'위스키 반란' '제이 조약' '핑크니 조약'

1794년 펜실베이니아 서부지역 농민들은 새로운 위스키 소비세의 납부를 거부하고 그 지역의 징세관들을 위협함으로써 연방정부의 권위에 도전하고 나섰다. 이른바 '위스키 반란(Whiskey Rebellion)'이다. 워싱턴 대통령이 직접 1만5000명의 군대를 이끌고 출동했다. 워싱턴이 도착하자마자 반란은 진압되었으며, 연방정부는 위스키 반란자들을 위협하여 충성서약을 받아냈다. 이 사건은 공화파와 연방파 사이에 쟁점이 되었다. 강경진압을 주장한 해밀턴과는 달리 제퍼슨은 연방정부의 경제정책이 소수의 특권계급을 만들고 다수 국민의 이익과 반대 방향으로 나아가고 있다고 비판했다.

1794년 초 영국 해군은 서인도 제도에서 무역에 종사하고 있는 수백 척의 미국 선박을 나포함으로써 미국의 여론을 격분시켰다. 연방정부는 연방파이며 연방대법원장이었던 뉴욕 출신의 존 제이를 특사로 영국에 파견해 영국과 조약을 체결토록 했다. 이 조약에서 선박 나포에 대한 보상, 미국 국경지역에서 영국함대의 철수 등은 이루지 못했지만, 북서부에 대한 미국 주권이 논란의 여지없이 인정되었고 미국은 무역상 중요한 국가와 만족할 만한 적정선에서 통상관계를 맺을 수 있게 되는 등 성과도 있었다.

그러나 많은 사람들이 이 조약이 미국보다는 영국에 유리하다며 '존 제이 인형 화형식'을 거행하는 등 분노를 표출했다. 특히 여러 남부지역에서는 전쟁 중 나포해간 흑인 노예의 송환에 대해 일체 언급이 없다는 점을 문제 삼았다. 제이는 영국 왕실 앞에서 비굴하게 굴복한 반역자로 몰렸다. 공화파는 이런 분위기를 연방파를 공격하기 위해 적극적으로 이용했다. 매디슨과 제퍼슨은 제이 조약이 영국의 악행을 계속 허용하는 초대장이 될 것이라며 해밀턴을 비난했다. 제퍼슨이 볼 때 제이 조약은 "미국에 거주하는 영국계 미국인(Anglomen)과 영국이 미국 국민을 배반하면서 체결한 동맹조약에 불과" 한 것이었다. 그럼에도 결국 상원은 조약을 비준하였고, 이는 제이 조약(Jay's Treaty)이라고 불리게 되었다.

1795년엔 10월 27일 토머스 핑크니(Thomas Pinckeny, 1750~1828)가 협의하여 조인한 '핑크니 조약'에 따라 스페인과의 갈등도 타개되었다. 이 조약에 따라 미국은 미시시피강의 하구까지 항해할 수 있을 뿐만 아니라 뉴올리언스에서 외양항해를 위해 재선적할 수 있는 권리를 인정받았다. 핑크니 조약은 미국인들에게 인기가 있어 1796년 3월 3일 상원은 만장일치로 핑크니 조약을 승인하였다.

1796년의 공유지불하법(Public Land Act)에 따라 이주자들은 1에이커(약 1200평)당 2달러에 토지를 구입할 수 있었고 전체 구입가의 절반을 1년 뒤에 갚을 수 있었다. 1800년 미국 정부는 320에이커의 땅을 매각하면서 구입자들에게 매입 가격의 25퍼센트만 지불하게 하고 나머지는 4년에 걸쳐 갚아가도록 했다. 이로써 이주자들은 160달러도 안 되는 돈으로 수백 에이커의 비옥한 땅을 구입할 수 있었다. 1811년 300만 에이커 이상의 토지가 이주 농민들에게 매각되었으며, 정부의 공유지 매각은 19세기 내내 계속되었다. 공유지 매각을 통해 본격적인 서부 개척의 역사가 열리며, 미국의 영토확장이 이루어진다.

참고문헌 Brinkley 1998, Davis 2004, Howe 1967, Hunt 2007, Rifkin 2005, Stevens 1982, 안윤모 2006, 이구한 2006, 이주영 1995, 장태한 2004, 정경희 2001, 차상철 외 1999, 최웅·김봉중 1997

제2대 대통령 존 애덤스
연방파와 공화파의 충돌

워싱턴의 고별사

1796년 가을 두 번의 대통령 임기를 마쳐가는 워싱턴은 고별사를 발표했다. 직접 연설은 하지 않고 1796년 9월 17일 필라델피아에서 발행되는 신문에 내용이 발표되었다. 더이상 대통령 선거에 출마하지 않겠다는 내용이었다. 그는 미국의 지역주의와 당파싸움에 지쳐왔음을 한탄하고 미국은 하루빨리 북부와 남부, 그리고 동부와 서부 간의 지역적인 편견과 파벌을 해소해야 한다고 역설했다. 또 그는 세계 어느 나라와도 '영원한 동맹'을 맺어선 안된다고 주장했다. 미국은 세계 모든 나라와 우호와 정의를 나누어야 하지만 특정 국가에 대한 '습관적인 미움이나 습관적인 우호감정'을 피해야 한다는 이유에서였다. 이는 향후 미국 외교의 주요원칙이 되었다.(최웅 · 김봉중 1997)

워싱턴의 고별사는 지난 8년간 공화파와 연방파 간 누적된 당파적인 적대관계가 공개적으로 드러나는 것을 막아주었던 최후의 방파제

존 애덤스. 1796년 대선에 연방파의 후보로 출마, 가까스로 공화파의 제퍼슨을 이기고 대통령 자리에 올랐다.

가 사라지게 되었다는 걸 의미했다. 아니나 다를까 그런 조짐은 곧 나타나기 시작했다. 1796년 대선에서 부통령 존 애덤스가 연방파의 대통령 후보로 지명되자, 해밀턴과 남부연방파는 애덤스의 후보 지명에 불만을 터뜨리며 토머스 핑크니를 지지하고 나섰다. 그럼에도 애덤스는 가까스로 공화파의 토머스 제퍼슨에게 승리를 거두었고, 제퍼슨은 선거에서 차석을 차지하였으므로 부통령이 되었다.

    당시 헌법은 선거인단 투표에서 1위를 한 사람이 대통령직을, 2위를 한 사람이 부통령직을 수행하도록 돼 있었다. 나중에(1804) 수정헌법 제12조에 의해 대통령 후보자와 부통령 후보자가 함께 러닝메이트로 나설 수 있게 되었다. 그러나 이미 이때부터 부통령직은 조롱의 대상이 되었다. 애덤스는 초대 부통령을 지내면서 부통령직에 대해 "나는 아무것(nothing)도 아니고 모든 것(everything)일 수도 있다"고 말했다. 대통령이 존재할 때 부통령은 아무 것도 아니지만 대통령에게 유고가 발생하면 부통령은 모든 권력을 얻게 된다는 뜻이었다. 바로 이 애덤스 밑에서 제2대 부통령을 하게 되는 토머스 제퍼슨은 부통령직을 "지구상에서 가장 하찮은 직책"이라는 말을 남긴다.

XYZ사건

제2대 대통령 애덤스가 취임하자마자 당면한 문제는 외교였다. 제이 조약과 핑크니 조약으로 영국과 스페인에 대한 미국의 관계는 개선되었으나 프랑스와의 관계가 악화된 상태였기 때문이다. 1797년 애덤스는 프랑스에 초당적인 위원회를 만들어 파리에 파견했다. 그러나 협상에 들어가기도 전에 프랑스 외무장관 샤를 탈레랑(Charles Maurice de Talleyrand, 1754~1833)의 세 협상대표가 프랑스에 대한 차관과 프랑스 공무원들을 위한 뇌물을 요구했다. 이에 미국 측 위원인 찰스 코티스워스 핑크니(Charles Cotesworth Pinckney, 1746~1825 · 토머스 핑크니의 동생)는 분노에 떨면서 단호하게 "안됩니다. 안됩니다. 6펜스의 은화 하나도 안됩니다"라고 응수하였다.

이 사건에 분노한 애덤스는 의회에 교서를 보내 프랑스의 모욕을 비난하며 선전포고준비를 요청했다. 애덤스는 의회에 위원들의 보고서를 전달하기 전 프랑스의 협상대표들의 이름을 삭제하고 그들을 익명의 X, Y, Z로 명명했다. 보고서가 공표되자 이른바 '엑스와이지(XYZ) 사건'이 신속하게 유포되면서 큰 반향을 불러일으켰다. 국민적 분노가 확산되면서 연방파에 대한 지지가 확고해졌다. 애덤스는 모든 미 함선들의 즉각적인 무장화를 통한 전쟁준비를 명령했으며, 이때 해군 창설 프로그램이 도입되어 1798년 해군부가 설립되었다. 1798년에서 1799년까지 거의 2년 동안 미국은 프랑스와 선전포고 없는 전쟁에 임하다가 1800년 새로운 통상협정을 맺음으로써 타협을 보았다.

선동금지법 파동

헌법에 권리장전이 추가된 지 7년밖에 지나지 않은 1798년 의회는 언론의 자유를 제한하는 법안을 통과시켰다. 이른바 외국인규제법과 선동금지법(Alien and Sedition Acts)이다. 외국인규제법은 이민을 차단하고 이미 들어와 있는 외국인들로 하여금 미국을 떠나도록 하였다. 특히 프랑스 이민자들은 그들의 고국에서 일어난 혁명에 동정적이며 미국 사회에 혁명적 사고를 퍼뜨리려 한다는 의심을 받았으며, 이들에 대한 공포는 히스테리로까지 발전하였다.

선동금지법은 연방정부에 대한 "그릇되고, 수치스럽고, 악의적인" 말을 범죄로 취급한다는 것을 주요 내용으로 삼았다. 프랑스와의 갈등으로 1798년 연방의회에서 더 많은 의석을 확보해 다수당으로서의 지위를 공고히 한 연방파가 공화파의 반대를 원천봉쇄하겠다는 목적이 컸다. 당시 공화파 신문들의 공격이 무자비할 정도로 극심했기 때문에, 오늘날에도 이를 어떻게 보느냐에 따라 이 법에 대한 평가도 달라진다.

애덤스 행정부는 선동금지법을 이용하여 10명을 체포하고 기소하였는데, 대부분 친공화파 신문편집인들이었다. 이에 공화파는 1798년

매튜 리온과 로저 그리스월드의 난투극. 1799년 연방의회와 주의회는 연방제정법의 효력에 대한 문제로 전쟁 직전까지 갔고, 결국 하원에서 난투극이 벌어졌다.

과 1799년 두 개의 결의안에서 연방제정법의 무효화에 대한 주의 권한에 관한 이론을 제시했다. 하나는 제퍼슨이 익명으로 작성한 것으로 켄터키주의회에서 채택되었으며, 다른 하나는 매디슨이 초안 작성한 것으로 버지니아주 의회가 승인했다. 제퍼슨은 '켄터키 결의안'에서 "자유정부는 질투 속에서 설립되는 것이지 신뢰 속에서 설립되는 것이 아니다"라고 주장했다.

'버지니아와 켄터키 결의안'으로 알려진 이 결의안은 존 로크(John Locke, 1632~1705)의 이론과 헌법수정조항 제10조를 원용한 것으로, 연방정부는 주들의 '계약(compact)'에 의하여 수립되었으며 위임된 일정한 권한만을 갖는다고 주장했다. 공화파는 연방제정법의 무효화라는 관념에 대하여 폭넓은 지지를 확보하진 못했으나, 연방파와 논쟁을 거듭하여 국가위기의 수준으로까지 상황을 비화시키는 데에 성공했다. 미국 전체가 열정적으로 정치화되었으며, 연방의회와 주의회는 전쟁터를 방불케 했다.

1798년에 벌어진 한 난투극을 보자. 하원에서 코네티컷주 출신의 연방파인 로저 그리스월드(Roger Griswold, 1762~1812)의 모욕적인 언동에 버몬트주 출신의 공화파인 매튜 리온(Matthew Lyon, 1749~1822)은 그리스월드의 눈에 침을 뱉었다. 그리스월드가 지팡이로 리온을 강타하자 리온은 화로집게로 반격하였고, 이내 그들은 바닥에 뒹굴면서 서로 뒤엉켜 싸웠다.

애비게일 애덤스의 여권운동

애덤스 대통령의 부인 애비게일 애덤스(Abigail Adams, 1744~1818)는 글을 통해 미국 여성의 권리를 주장한 최초의 여성으로 평가된다. 그녀가 1776년 3월 31일 대륙회의에 참가하기 위해 집을 떠나 있던 남편에게 보낸 편지는 미국 여성사에서 빠지지 않고 거론되는 역사적 기록이 되었다.

"저는 당신들이 이미 독립을 선언했다는 소식을 기다리고 있어요, 그리고 새로운 법 조항을 만들 때 반드시 당신들이 여성들을 기억하길 바랍니다. 또한 당신들의 조상이 그랬던 것보다는 여성들에게 훨씬 너그럽고 우호적이길 바랍니다. 남편들의 수중에 무제한적인 권력을 쥐어주지 마세요. 모든 남자들은 할 수만 있다면 압제자가 될 수도 있음을 명심해야 합니다. 만일 각별한 주의와 관심을 여성들에게 기울이지 않는다면, 우리 여성들은 반란을 일으키고 말 것입니다. 우리가 아무런 목소리를 낼 수 없고 대표를 뽑을 수 없게 하는 그 어떤 법에도 우리 자신을 얽매이게 하지 않을 것입니다."

애덤스의 답장(1776년 4월 14일)은 위 주장이 '뻔뻔' 하다는 것이었다. "남성적인 제도들을 폐지하지 않는 것은 다 이유가 있기 때문이오. 남자들의 힘이 막강하다는 것은 공론에 지나지 않는다는 것을 당신도 알 것이오. 우리는 감히 허용범위의 극한까지 우리의 권력을 행사하지 않아요. 우리는 공정하며 상냥해야 할 의무가 있지요." 이에 대해 애비게일은 다음과 같은 답장(1776년 5월 7일)을 보낸다.

"당신이 여성들에게 매우 관대하다고 말할 수는 없겠어요. 왜냐하면 인류를 위해 평화의 선의를 표방하고 모든 나라를 해방한다고 하면서 정작 아내들에 대한 전권은 여전히 유지하겠다고 고집하니 말이에요. 그러나 기억해두어야 할 겁니다. 전횡적인 권력이야말로 매우 견고하긴 하지만 아주 쉽게 부러지는 다른 대부분의 것들과 마찬가지라는 것을 말입니다. 또한 당신들의 그 모든 현명한 법령과 규훈에도 불구하고 우리는 우리 힘으로 스스로를 해방시키고 우리 '주인들' 을 굴복시킬 수 있으며, 폭력에 의존하지 않고도 당신들의 자연적 · 법적 권위를 우리 발아래 던져버릴 수 있다는 것을 기억하세요." (한국미국사학회 2006)

여성을 남성과 동등한 인간으로 보지 않는 시각은 유럽도 다를 바 없었다. 에드먼드 버크는 1790년 『프랑스혁명에 대한 성찰』에서 "여성이란 동물, 즉 높은 지위에는 앉을 수 없는 동물일 뿐이다"라고 주장했다. 메리 월스톤크래프트(Mary Wollstonecraft, 1759~1797)는 『여성 권리의 옹호(A Vindication of the Right of Women)』(1792)에서 버크의 주장을 반박했다. 이 책은 미국에서도 출판되었다. 하지만 미국에서 여성의 대학입학이 허용되는 건 1837년이니, 아직 갈 길이 멀었다. 다른 시급한 국가적 목표와 갈등 때문에 남녀평등의 이슈는 부각되기 어려운 시절이었다.

참고문헌 Brinkley 1998, Evans 1998, Persons 1999, Ridings & McIver 2000, Smith 1990, Zinn 1986·2001a, Zinn & Stefoff 2008, 임용순 2000, 조지형 2007, 최웅·김봉중 1997, 한국미국사학회 2006

"인구는 기하급수적, 식량은 산술급수적" 맬서스의 인구론

'성욕을 절제하라'

미국에서 선동금지법 파동이 벌어지고 있던 1798년 영국에선 토머스 맬서스(Thomas Malthus, 1766~1834)의 『인구의 원리에 관한 에세이(Essay on the Principle of Population)』가 출간돼 큰 논란을 불러일으켰다. "인구의 힘은 인간을 부양할 지구의 힘보다 항상 훨씬 더 크다"는 주장은 공포감마저 불러왔다. 출판사는 한정된 자원과 넘쳐나는 인구로 지구는 곧 멸망할 것이라는 포스터까지 등장시켜 홍보했고, 책은 날개 돋친 듯이 팔려나갔다.

맬서스는 성직활동을 한 일은 없었지만 목사의 자격으로 도덕적 권위를 갖고 이성 간의 정욕이 달라지지 않는 한 인구는 언제나 기하급수적으로 늘어가는 데 비해 식량의 공급은 산술급수적으로밖에는 늘어나지 않는다고 역설했다. 그는 자신의 이론을 입증하기 위해 벤저민 프랭클린의 『인구증가에 대한 고찰(Observations concerning the

Increase of Mankind)』을 참고했는데, 프랭클린은 이 책에서 미국의 인구는 25년마다 두 배로 늘어날 것이며 일부 외딴 정착촌의 경우에는 그 주기가 더욱 짧아져 15년마다 두 배로 늘어날 것이라고 예측했다. 이 수치에 이민자의 수가 포함돼 있다는 사실을 간과한 맬서스는 정욕을 도덕적인 억제의 대상으로 삼아야 한다고 생각했으며, 결혼식장에서 목사가 경고를 해야 한다고 제안했다. 그리고 도덕적인 억제가 아무런 효과를 갖지 못한다면 인구는 오직 기아나 전쟁, 자연재해와 같은 정기적으로 일어나는 무시무시한 방법에 의해서만 억제될 수밖에 없다는 무시무시한 결론을 내놓았다.

맬서스 이론에 적극 동조했던 사람들은 대부분 프로테스탄트 신학자들이었다. 그들은 맬서스를 따라 인간을 불행하게 하는 것은 절제

토머스 맬서스. 『인구의 원리에 관한 에세이』를 통해 인구의 기하급수적 증가와 이에 대한 도덕적 억제가 필요하다고 주장했다.

되지 않은 성욕이라고 주장했다. 맬서스가 37세에 27세의 여성과 결혼을 하자 많은 사람들은 놀라움을 금치 못했지만, 맬서스로선 결혼을 미루라는 자신의 주장을 충실히 이행한 셈이었다. 그러나 세 아이를 낳은 건 어떻게 보아야 할까?

맬서스의 책을 읽고 나서 토머스 칼라일(Thomas Carlyle, 1795~1881)은 그의 극단적인 비관론을 겨냥해 경제학을 '음울한 학문(the dismal science)'이라 했고, 윌리엄 고드윈(William Godwin, 1756~1836)은 맬서스가 진보를 믿는 동료들을 수백 명이나 전향시켜 반동주의자가 되게 했다고 개탄했다. 마르크스(Karl Marx, 1818~1883)는 다른 이유로 『자본론(Das Kapital)』(1867)의 세 페이지에 걸쳐 맬서스의 책에 담긴 극단적인 내용들을 인용하며 비난을 퍼부었다. 이는 그만큼 맬서스의 책이 미친 영향이 컸다는 뜻일 텐데, 그도 그럴 것이 당시 심각한 식량폭동이 일어나고 있었기 때문이다.

1790년대 프랑스와 전쟁을 치르던 영국은 계속된 흉작으로 식량난을 겪고 있었다. 1798년 밀 흉작으로 빵 가격이 폭등했고 전국적으로 식량부족에 항의하는 폭동이 일어났다. 영국 정부는 아일랜드에서 감자를 들여와 식량가격을 안정시키려고 했지만, 성직자들과 노동자들은 감자가 천연두를 발생시키는 불결한 식품이라고 믿고 있었기에 감자수입에 대한 항의는 폭력시위로 발전하였다. 오늘날의 관점에서 보자면 참으로 해괴한 일이 아닐 수 없었다. 왜 그런 일이 벌어진 걸까?

감자의 수난사

유럽에서 아메리카로 건너간 가축과는 달리, 콩·옥수수·감자 등 주요 식물은 아메리카에서 유럽으로 유입되었다. 감자는 어떠한 악조건에서도 잘 자라는 놀라운 식물이었다. 어떤 작물보다도 종류가 다양해 230종 이상이나 되며 그래서 적응력도 뛰어났다. 해발 4500미터 고지에서도 자라며, 기르는 데에 쟁기나 가축의 도움도 필요 없었다. 영양소도 풍부하고 조리도 쉬웠다. 땅속에서 자라나기 때문에 전쟁의 타격도 받지 않았다. 그러나 이런 장점들이 오히려 감자를 빈민의 음식, 비천한 자들의 음식으로 알려지게 하는 데에 기여했다.

아메리카의 감자는 1565년 스페인 국왕 필리페 2세(Philipe II, 1527~1598)에게 처음 헌상되었으며, 1586년 프랜시스 드레이크(Francis Drake, 1545?~1596)가 영국에 소개했다. 당시 유럽인들에겐 감자의 생김새가 문제였다. 지금 우리가 흔히 보는 감자는 개량된 것이며, 당시엔 울퉁불퉁, 거무튀튀하고 알도 작아서 볼품이 없었다. 게다가 자르면 하얀 속살을 드러내지만 그것도 시간이 지나면 거무스름하게 변색되었다.

그런 변색에서 괴사된 피부를 연상한 것인지 감자를 먹으면 한센병(leprosy)에 걸린다는 소문이 나돌았다. 1620년경 영국에서 시작된 이 소문은 유럽 전역으로 퍼져나갔다. 최음효과가 있다는 소문까지 돌아 1600년대 초 프랑스의 부르고뉴 지방에서는 감자 식용을 금하기도 했다. 이렇듯 감자는 더럽고 위험한 것으로 생각되었고, 남자의 고환이나 버섯과 비슷하다고 경멸하는 사람들도 있었다. 일부 기독교 종파는 감자가 성서에 언급되어 있지 않다는 이유로 그것을 기형식품이라고 단정해 식용을 금지하기도 했다.

프랑스의 편견이 가장 심했다. 1771년 파리대학에서는 감자는 무해하며 오히려 유용하다는 연구결과를 발표했지만, 감자에 대한 편견은 사라지지 않았다. 그런 편견의 흔적은 아직까지도 프랑스어에 남아 있다. 프랑스인들은 게으름뱅이를 말할 때 '감자로 된 피'를 가진 놈이라 하고, 일에 서툰 사람을 '감자자루가 춤추는 꼴'이라고 한다. 오늘날 세계에서 4위 감자생산국인 미국에도 감자에 대한 편견이 언어에 남아 있다. 예컨대, 감자대가리(potato head)는 얼간이란 뜻이다. 예술비평가이자 사회학자인 존 러스킨(John Ruskin, 1819~1900)은 1869년경 감자를 "마귀를 섬기는 부족의 불경한 땅속 식물"이라고 혹평했는데, 그야말로 '감자대가리' 같은 주장이라고 말해야 하는 건 아닌지 모르겠다.

전 유럽인들이 감자를 두려움과 경멸의 눈으로 바라보고 있을 때 감자를 전폭적으로 수용한 것은 아일랜드인이었다. 16세기 말경부터 감자를 수용한 이들은 감자애호가가 되었다. 아일랜드의 차고 습한 대기와 부석부석한 토양은 감자의 경작을 위한 완벽한 조건이었다. 같은 면적의 땅에서 감자는 밀을 재배해서 먹일 수 있는 사람의 수보다 2배나 많은 사람을 먹일 수 있었다. 이런 장점에 주목한 아일랜드인들은 다른 음식은 거의 취하지 않고 하루 4~5킬로그램 정도의 감자를 먹으며 살아갔다. 1724년 아일랜드 더블린 출신인 조너선 스위프트(Jonathan Swift, 1667~1745)는 특유의 씁쓰레한 어조로 그의 고향사람들을 "버터우유와 감자로 연명하며 오물 속에서 심술로 살아가는 이들"이라고 묘사하기도 했다.

맬서스는 죽었는가?

예수 탄생 당시 약 2억 5000만 명이었던 세계 인구는 1600년 약 5억 명,

1800년 약 10억 명, 1920년 약 20억 명, 1930년 약 30억 명, 현재 60억 명 이상으로 늘었다. 맬서스의 어두운 예측을 빗나가게 만든 결정적 원인은 신기술의 폭발적 등장이었다. 그러나 아프리카를 비롯하여 수많은 기아자(饑餓者)가 속출하는 빈곤국가에서는 맬서스의 어두운 예측이 꼭 빗나갔다고 말하기 어려운 것도 사실이다.

"(일정) 수준을 넘어서 태어난 아이들은 성인의 사망에 의해 여유가 생기지 않는 한 반드시 죽어야 한다. …… 도시의 거리는 더 좁게 만들고 집집마다 더 많은 사람이 북적거리게 하고, 전염병이 잘 돌도록 유인해야 한다. …… 이렇게 해서 매년 죽는 사람이 늘어나면 …… 굶어서 죽는 사람도 별로 없을 것이다."(안정숙 1993)

이런 막말로 인해 맬서스는 오늘날 많은 사람들에게 조롱과 경멸의 대상이 되었지만, 이것만으로 맬서스를 평가하는 건 온당치 않다. 그는 다른 경제 이론에선 탁월한 안목을 보여주기도 했으며, 찰스 다윈(Charles Robert Darwin, 1809~1882) 등 다른 이론가들에게도 큰 영향을 미쳤다. 훗날 피임과 산아제한이 전 지구적 차원의 과업으로 등장하고 신(新)맬서스주의가 나타나게 된 것은 맬서스의 주장에 귀를 기울일 대목이 있다는 것을 말해주는 것으로 보아야 할 것이다.

당시 문제는 맬서스가 촉발시킨 인구증가에 대한 공포감이 외국 이주민에 대한 시각에 미친 영향이었다. 이민을 차단하고 이미 들어와 있는 외국인들로 하여금 미국을 떠나도록 했던 애덤스 행정부의 외국인규제법은 혁명 가능성에 대한 우려에서만 비롯된 것은 아니었다. 이후부터 오늘에 이르기까지 미국에서 수시로 출몰하곤 하는 이민규제법의 바탕엔 백인이 아니거나 가난한 이민자들의 증가로 인해 나타날 수 있는 사회불안에 대한 공포가 깔려 있는 것이다. 그런 의미에서 맬서스는 아직 죽은 게 아니다.

워싱턴으로 수도 이전

애덤스 대통령 재임기의 마지막 해인 1800년 연방정부 수도는 미국의 어떤 주에도 속하지 않는 특별행정구역의 위상을 갖는 워싱턴 D.C.로 이전되었다. 11월 1일 존 애덤스와 부인 애비게일이 백악관으로 이사를 했다. 백악관의 역사는 8년 전으로 거슬러 올라간다.

1792년 초대 대통령 워싱턴이 '대통령 관저' 설계를 공모(公募)했다. 나중에 3대 대통령을 지낸 토머스 제퍼슨까지 익명으로 참가한 이 공모에서 뽑힌 설계는 아일랜드계 미국인 건축가 제임스 호반(James Hoban, 1758~1831)의 작품이었다. 1797년 외벽에 석회(石灰)가 발라져 흰빛을 띠자 사람들은 그 건물을 백악관(白堊館, White House)으로 부르기 시작했다.(공식명칭이 백악관이 된 것은 1902년 시어도어 루스벨트 대통령 때였다.)

백악관은 프랑스의 샤토성(城)을 흉내낸 건물로 이후로도 계속되는 미국인의 프랑스 콤플렉스를 반영했다. 이주민들이 유럽에 있을 때는 귀족행세를 하는 데엔 프랑스적인 것이 세련된 것으로 여겨졌기 때문이다.

대통령직에서 은퇴해 마운트 버논으로 돌아간 워싱턴은 68세 생일을 두 달 남겨놓은 1799년 12월 14일 사망함으로써 자신의 이름을 딴 수도로의 이전을 보지 못했다. 200명의 노예를 소유하고 있던 그는 유서에서 노예제 근절 희망을 피력했다. 워싱턴의 아내 마사는 1800년

백악관. 1792년 초대 대통령 워싱턴이 대통령 관저설계를 공모했고 1797년 외벽에 석회가 발라지면서 사람들은 이 건물을 백악관으로 부르기 시작했다.

남편의 노예들을 풀어주었다.

연방파는 워싱턴 D.C.가 대도시로 성장해 '미국의 파리'가 되길 원했다. 그러나 그동안 연방정부가 필요 이상으로 비대해졌다고 판단한 공화파의 철학에 따라 전혀 다른 길을 걷게 되었다. 1800년 대선에서 연방파인 애덤스가 재집권했더라면 워싱턴 D.C.의 운명은 크게 달라졌을지도 모른다. 워싱턴 D.C.는 정치원리상으론 연방파의 목표를 구현한 도시가 되었지만, 도시의 물리적 외관상으론 공화파의 승리를 말해주는 것이니, 둘 사이의 균형은 이상한 방식으로 이루어진 셈이다.

참고문헌 Bernstein 2005, Braudel 1995-1997, Brinkley 1998, Crosby 2006, Davis 2004, Fuentes 1997, Galbraith 1995, Heilbroner 2005, Kessler 1997, Nelson 1959, Stevens 1966, Strathern 2002, Zuckerman 2000, 김용관 2009, 안정숙 1993, 오치 미치오 외 1993, 21세기연구회 2008, 일본경제신문사 1995

제3대 대통령 토머스 제퍼슨
'제2차 미국혁명'

'1800년의 혁명' 또는 '제2차 미국혁명'

1800년의 대통령 선거는 선동금지법을 둘러싼 격렬한 논쟁 속에서 치러졌다. 대통령 후보는 4년 전과 동일했다. 토머스 제퍼슨이 현직 대통령 존 애덤스에게 재도전하고 나선 것이다. 연방주의자인 애덤스는 조지 워싱턴, 알렉산더 해밀턴과 더불어 중앙정부의 권력강화에 중점을 둔 연방당(Federalist Party)을 대표했다. 반면 제퍼슨은 제임스 매디슨과 더불어 중앙정부의 권력을 제한하고 주정부와 지방정부의 권력을 강화하는데 중점을 둔 민주공화당(Democratic-Republican Party)을 대표했다. 이 선거는 '1800년의 혁명' 또는 '제2차 미국혁명'으로 불리는데, 최초로 정당 간 정권교체가 일어났으며 두 정치적 관점이 전례 없이 첨예한 경쟁을 펼쳤기 때문이다.

1800년 대선은 '미국 역사상 진정한 의미의 첫 번째 정치 캠페인의 결과'로 불리지만, 증오로 인해 신생 공화국이 해체될 정도로 추악한 선거이기도 했다. 연방파는 제퍼슨을 "입에 칼을 물고 있는 무신론자이며 자코뱅당원"이라고 공격했다. 애덤스를 지지하는 연방파 신문 『코네티컷 쿠란트(Connecticut Curant)』는 제퍼슨이 당선된다면 "살인, 강도, 강간, 간통, 근친상간이 공개적으로 행해질 것이며, 하늘은 고통받는 자들의 울음으로 가득 찰 것이고, 땅은 피로 물들 것이며, 국가는 범죄로 온통 가득 찰 것이다"라고 주장했다. 심지어 이런 치졸한 전단지도 뿌려졌다. "토머스 제퍼슨은 인디언 엄마와 버지니아 물라토(혼혈인) 아빠 사이에서 태어난 교활하고 질 낮은 인간이다. …… 그는 비열하고, 천하디천한 자로, 황소개구리처럼 시시각각 변하며 남쪽의 척박한 땅에서 나는 옥수수와 베이컨을 넣어 구워낸 저질 옥수수빵 같은 인간이다."

반면 제퍼슨 진영은 애덤스의 대통령 재직기간을 "사악한 집착에 의한 격동의 시기"로 규정하면서 애덤스를 바보, 위선자, 범죄자, 독재자로 불렀다. 애덤스가 영국 통제하의 '미국식 왕실' 구축을 위해 자기 아들을 조지 3세(George III, 1738~1820)의 딸과 결혼시키려 한다는 비난마저 등장했다.

결국 애덤스는 탈락하고 공화파의 두 후보인 제퍼슨과 애런 버(Aaron Burr, 1756~1836)가 동률로 승리했다. 동률일 경우 하원이 선택하게 돼 있었다. 장기간의 심사숙고와 36번의 투표를 통하여 연방파들이 좌우하고 있던 연방하원이 마침내 제퍼슨을 대통령으로 선택했다. 제퍼슨은 자신의 대통령 당선 자체를 독립혁명에 비견되는 또 하나의 혁명으로 간주하면서 자신의 '새 자유주의'와 '헌 자유주의'를 대비시켰다. 그는 미국을 '자유인' '자유로운 토지소유' '자유제도'

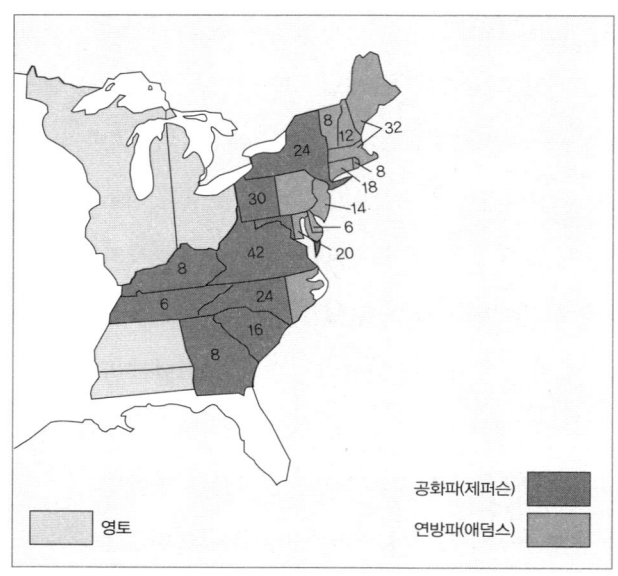

1800년 미국 대통령 선거결과.

'자유로운 선택'의 나라로 찬미했다.

제퍼슨의 대통령 취임식은 1801년 3월 4일 새로운 수도인 워싱턴 D.C.에서 처음으로 거행되었다. 그는 취임연설에서 통합을 외쳤다. "우리는 모두 민주공화당원입니다. 우리는 모두 연방당원입니다. 우리 중에 연합을 해체시키거나 공화주의체제를 바꾸려는 자가 있다면, 그들의 의견을 관용하되 이성으로 이를 물리칩시다." 취임식 하루 전인 1801년 3월 3일 외국인과 반란에 관한 법률은 폐지되었다. 제퍼슨은 이 법률로 인해 투옥된 모든 이들을 사면했고, 계류 중이던 모든 소송들은 취소되었다. 전 대통령 애덤스는 한때 친구였다가 선거를 하면서 원수로 변한 제퍼슨의 대통령 취임식에 불참한 채 고향으로 돌아갔다.

제퍼슨 행정부의 국무장관엔 제임스 매디슨, 재무장관엔 앨버트 갤러틴(Albert Gallatin, 1761~1849)이 임명되었다. 제퍼슨은 정부요직에 앉았던 연방파 인사들의 물갈이를 대대적으로 했지만, 사법부는 손을 댈 수 없었다. 애덤스가 대통령 재직 시 연방파인 존 마셜(John Marshall, 1755~1835)을 대법원장으로 임명하고, 퇴임 직전인 1801년 초에 사법부 개편법을 제정해 판사 수를 늘려 그 자리에 연방파를 앉혔기 때문이다. 마셜은 1801년부터 1835년까지 대법원장으로 있으면서 주에 대한 연방의 우월성을 강조했다.

이신교와 '제2차 신앙대각성'

제퍼슨의 대통령 당선은 그를 사로잡았던 계몽주의와 이신교(理神敎, Deism)의 성장과 맥을 같이 하였다. 계몽주의는 영어로는 Enlightenment인데, 근본의미는 프랑스어 lumière, 즉 '빛'에서 유래했다. 이성의 '빛'으로 어둠과 미망(迷妄)을 몰아내고 세상을 밝게 한다는 것이다. 계몽사상은 이성, 자연법, 진보에 대한 신념을 내세웠다. 인간은 이성적인 존재이며, 우주 속에는 사회의 움직임을 설명해줄 수 있는 자연법칙(natural law)이 있고, 인간은 사회를 개선할 수 있고 궁극적으로 완전한 사회의 건설을 향해 진보할 수 있다는 것이었다. 이미 미국혁명은 정부로부터 기성 종교를 분리시키고 개인의 자유와 이성을 고양하여 여러 종교적 전통에 의문을 제기하도록 함으로써 전통적인 종교관습을 약화시켰다. 1790년대에 이르러 약 10퍼센트의 미국인만이 정규교회의 교인으로 남아 있었다.

프랑스 계몽사상가들 사이에서 기원하였던 이신교는 제퍼슨과 프랭클린과 같은 학식 있는 미국인들의 마음을 사로잡았으며, 1800년에 이르러 온건한 일반대중에게까지도 영향력을 갖게 되었다. 이신교인은 하나님의 존재를 인정하지만 하나님은 천지창조를 한 후에 인간과 인간의 죄악에 직접 관여하지 않고 멀리 떨어져 있다고 생각했다.

그런 변화의 흐름을 타고 '보편구원주의(universalism)'와 '유니테리언주의(unitarianism, 일신론)'가 등장했다. 이러한 새로운 사상의 신봉자들은 전통적인 칼뱅주의의 예정설을 거부하고 구원은 모든 사람들에게 유효하다고 생각했다. 삼위일체론(Trinitarianism)도 거부했으며, 예수는 단지 위대한 종교적 교사일 뿐 하나님의 아들은 아니라고 주장했다. 보편구원교는 1779년 매사추세츠의 글로스터(Gloucester)에서 독립교파로 설립되었고, 유니테리언교는 3년 후 보스턴에서 설립되었다. 특히 유니테리언파는 거의 모든 인간이 성직자의 도움을 받지 않고도 스스로 종교적 진리를 찾아 낼 힘이 있다고 주장할 정도로 인간능력을 확신하였는데, 1805년에는 하버드대학까지 침투해 장악할 정도가 되었다. 그러나 영국에서 유니테리언교는 1813년까지 형사처벌을 받았다.

이런 흐름도 있었다는 것일 뿐 이게 지배적인 경향이었다는 것은 아니다. 1801년 이후 전통종교는 '제2차 신앙대각성'으로 알려진 부흥운동의 흐름을 타고 다시 번성하였다. 부흥운동에 가장 열성적인 교파였던 감리교, 침례교, 장로교의 교인 수도 폭발적으로 증가했다.

산업혁명과 면화 붐

1800년경 일어난 '면화 붐(cotton boom)'은 자연도태할 것 같았던 노예제도를 되살려내는 결과를 초래하고 말았다. 영국의 산업혁명 때문이었다. 산업혁명으로 기계화된 영국의 직물공장은 원면의 공급을 요구했기에 면화생산 노동력이 더 필요해진 것이다. 미국에서 독립전쟁 직전 남부 인구의 3분의 1이었던 흑인 노예가 면화 호황기였던 19세기 초중반 더욱 늘어난 것도 바로 그런 이유 때문이다.

산업혁명은 1760년에서 1830년까지의 시기를 가리키는데, 산업혁명이라는 말이 사용된 것은 1830년대부터였다. 이 말을 대중화시킨 사람은 맨체스터에서 행한 일련의 강의에서 그 용어를 사용한 역사가 아널드 토인비(Arnold Toynbee, 1852~1883)다. 영국이 산업혁명에서 앞설 수 있었던 결정적인 이유는 풍부한 석탄이었다. 경쟁 국가인 프랑스의 석탄 채굴량이 1820년 100만 톤, 1837년 200만 톤, 1846년 500만 톤이었던 데 비해, 영국의 석탄 채굴량은 1816년 1600만 톤, 1836년 3600만 톤, 1846년 4400만 톤, 1851년 5700만 톤으로 프랑스의 10배 이상이었다.

산업혁명의 결정적인 분기점은 제임스 와트(James Watt, 1736~1819)가 섬유공장의 신식 기계를 움직일 수 있는 강력한 증기기관을 개발하여 첫 특허를 얻은 1769년이었다. 석탄이 거의 공짜나 다름없는 탄광에서 석탄으로 가동되는 증기기관을 이용해 지하수를 퍼냄으로써 광부들은 점점 땅속 깊이 내려가 작업을 할 수 있었다. 1800년에는 30개 탄광, 22개 동광, 28개 제철소, 17개 양조장, 84개 면방적공장에서 와트의 증기기관이 사용되었다.

증기기관은 산업혁명의 기술적 핵심인 동시에 근대의 핵심기계로 평가받았다. 다른 의견도 있기는 하다. 루이스 멈포드(Lewis Mumford, 1895~1990)는 "근대의 핵심기계는 스팀 엔진이 아니라 시계"라고 주장했다. 서양에선 13세기에 근대적 시계가 발명돼 15세기 후반 도시 곳

제임스 와트의 증기기관. 강력한 증기기관은 산업혁명의 결정적 분기점이 되었다.

곳에 시계가 등장했다. 초기 시계에는 문자반(文字盤)이 없었고 단지 시간마다 종이 울렸다. 시계를 의미하는 영어 단어의 clock도 종을 뜻하는 중세 네덜란드어 clocke에서 나왔다. 멈포드가 시계를 근대의 핵심기계로 본 것은 시계가 인간 자신의 사유방식과 세계에 대한 인식을 변화시키는 힘을 갖는 이른바 '규정기술(defining technology)'이라는 이유에서였다.

미국에 처음 몰아닥친 산업혁명 바람은 방적공장으로 나타났다. 1790년 새뮤얼 슬레이터(Samuel Slater, 1768~1835)는 영국을 떠나기 전에 습득한 지식을 이용하여, 퀘이커교 상인인 모제스 브라운(Moses Brown, 1738~1836)을 위해 로드아일랜드의 퍼터킷(Pawtucket)에 방적공장을 건설했다. 이것이 미국에 세워진 최초의 근대적 공장이었다. 슬레이터는 리처드 아크라이트(Richard Arkwright, 1732~1792)가 발명한 면방직기의 주요특징을 암기하였는데, 오늘날의 관점에서 보자면 기밀을 유출한 산업스파이인 셈이다.

이후 미국에서도 자생적인 발명가들이 배출되었다. 1793년 예일대 출신인 일라이 휘트니(Eli Whitney, 1765~1825)는 면화로부터 재빠르고 효율적으로 씨를 제거하는 조면기(繰綿機, cotton gin)를 발명했다. 휘트니는 1798년엔 소총의 호환식생산법을 채택해 대량 생산의 길을 열어 1만 정을 정부에 납품하기도 했다.

조면기는 아시아에서 발명되었고 이미 1740년대에 산토도밍고에서 완성되었기에 사실상 개량의 수준이었지만, 그 파급효과는 발명 이상의 것이었다. 조면기는 면화가 남부 전역에 확산되는 결과를 초래해 10년 내 면화의 총 수확량이 8배로 증가했다.

덩달아 수송수단 기술도 발전했다. 1792년 한 회사가 필라델피아에서 랭카스터까지 60마일의 유료도로(turnpike)를 건설했다. 턴파이크는 1678년 영국에서 생긴 단어로 길을 막고 있는 장대(pike) 앞에서 요금을 지불해야 통과할 수 있었기 때문에 그런 이름이 붙었다. 유료도료는 다른 지역에도 확산되었다. 산업혁명은 교통혁명과 손에 손을 맞잡고 이루어졌으며, 미국처럼 국토가 방대한 지역에서 교통혁명은 국토개척을 위한 전제조건이었다. 이제 우리는 곧 증기선과 철도를 비롯한 교통혁명의 역사를 보게 된다.

참고문헌 Bernstein 2005, Boorstin 1991, Brinkley 1998, Bryson 2009, Huberman 2000, Mark 2009, McNeill & McNeill 2007, Schivelbusch 1999, Shenkman 2003, Swint 2007, Thompson 2000, 강준만 2005a, 권용립 2003, 권홍우 2008, 김병걸 1999, 김형인 2003, 이주영 1995, 임용순 1995, 최웅·김봉중 1997

제퍼슨과 해밀턴 중 누가 이겼는가?
미국의 루이지애나 구입

아이티의 독립투쟁

'좀비(zombie)'라는 말이 있다. 영어사전을 찾아보면, '살아 있는 시체' '얼간이' '바보' '로봇처럼 움직이는 사람'이란 뜻이 있다. 왜 이런 뜻을 갖게 되었을까? 그 기원은 18세기 초로 거슬러 올라간다. 당시 스페인의 국력이 약해지자 프랑스는 카리브해의 산토도밍고(아이티)를 점령해 노예기지로 활용했다. 노예무역이 금지되자 노예상인들은 악랄한 방법을 사용했다. 건강한 아이티 사람들을 골라 몰래 약을 먹여 취하게 한 다음 죽은 것처럼 위장시켜 본국으로 실어 날았다. 캄캄한 선실 밑바닥에서 그들이 고통을 호소하면 마약을 주었다. 깨어 있는 것도 아니고 잠에 취한 것도 아닌 상태에서 실려온 그들이 정신을 차려보면 그곳은 프랑스였다. 도착 후에도 노예상인들은 계속 마약을 주입했다. 이들 노예들은 약물 때문에 기억을 상실한 채 멍하니 유럽 도시 이곳저곳을 마치 살아 있는 시체처럼 떠돌아 다녔고, 바로

1791년 프랑스의 압제에 항거해 일어난 아이티 노예폭동의 지도자 투생 루베르튀르.

이런 모습에서 좀비라는 말이 생겨났다.(김용관 2009)

그러나 인내에도 한계가 있는 법. 1791년 8월 아이티에서 프랑스의 압제에 항거하는 노예들의 폭동이 일어났다. 저항이 시작된 1790년만 하더라도 '독립'이 아니라 '정치적 평등'이 목표였지만, 저항의 과정 속에서 목표는 '독립'으로 발전되었다. 당시 흑인 노예 50만 명이 4만여 명의 백인이 운영하는 사탕수수 농장 수천 개와 793개의 설탕공장에서 일하고 있었는데, 이는 프랑스 무역의 3분의 1을 차지할 정도로 규모가 컸다. 아프리카에서 잡혀온 노예들의 평균수명은 7년일 정도로 백인들의 노예착취는 가혹했기에 이래 죽으나 저래 죽으나 마찬가지였다. 여기에 미국혁명과 1789년 프랑스혁명이 노예들의 봉기 성공을 도운 요인이 되었다.

폭동의 지도자 투생 루베르튀르(Toussaint L'ouverture, 1742~1803)는 전직 마차꾼으로 전투에 천부적인 재능을 갖고 있는 인물이었다. 반란의 결과 6만여 명이 사망한 가운데 혁명세력은 영국의 적극적인 지원을 받아 1793년 노예제도 폐지를 선언하고 소수파인 백인들을 다독여 신생 공화국에 그들을 편입시키는 데 성공했다. 프랑스도 아이티의 독립을 인정했다.

그러나 1799년 나폴레옹이 쿠데타를 일으켜 혁명 주도 세력을 타도하고 국가권력을 장악하면서 아이티에 다시 비극이 찾아올 조짐을 보이기 시작했다. 제퍼슨이 미국 대통령으로 당선된 1800년에 나폴레옹은 제1집정관이라는 이름 아래 프랑스의 지배자가 되었다. 대영제국으로부터 인도를 강탈하려는 계획이 수포로 돌아간 후 나폴레옹은 아메리카에 눈독을 들였다.

나폴레옹의 프랑스는 1800년 스페인과 비밀리에 체결한 상일데광소(San Ildefonso) 조약으로 미시시피강의 서쪽 강변에까지 이르는 거의 대부분 미시시피 유역을 포함하는 루이지애나에 대한 권리, 그리고 미시시피강 하구 부근의 뉴올리언스에 대한 권리를 회복했다. 그리고 1801년 아이티에 4만8000명의 병력을 보내 재정복을 시도했다. 프랑스군은 성공을 거두지 못하자 휴전을 알리는 깃발로 꾀어 혁명 지도부를 프랑스군 사령부로 오게 만든 뒤 체포하여 알프스에 구금했다. 그곳 감옥에서 숨진 투생은 프랑스로 끌려가면서 다음과 같은 말을 남겼다. "내가 무너진다면 산토도밍고의 단 하나뿐인 자유의 나무는 쓰러지고 말리라. 그래도 자유의 나무는 다시 살아나 땅 속 깊이 수많은 새로운 뿌리들을 내리리니."

아이티는 결국 프랑스군을 물리치고 1804년 1월 1일 역사상 최초의 흑인 독립공화국인 아이티를 세웠다. 독립선언 당시 데살린(Jean Jacques Dessaline, 1758~1806)은 "우리는 백인들의 해골을 잉크병으로, 백인의 살을 양피지로, 그리고 칼을 펜으로 하여 독립선언문을 작성할 것이다"고 말했다. 프랑스는 1825년에서야 아이티의 독립을 인정한다. 그러나 아이티는 정치적 독립은 이루었으나 경제적으론 독립하지 못한 채 이후 거의 100년 동안 혼란과 반목의 역사를 거듭하게 된다.

루이지애나 구입 논쟁

아이티 독립의 반사이익은 미국이 챙겼다. 북아메리카 루이지애나 식민지에 '제2의 프랑스'를 건설하겠다는 나폴레옹의 야망을 뒷받침할 병력이 아이티에 묶이게 되었기 때문이다. 돈까지 궁해진 나폴레옹은 루이지애나 땅을 미국에 1500만 달러에 팔아넘겼다. 에이커당 4센트의 값이었다.

1803년 4월 20일 매매계약이 체결되었고, 그해 12월 뉴올리언스에 프랑스의 삼색기가 내려지고 미국의 성조기가 올랐다. 당시의 루이지애나는 지금의 루이지애나, 미시시피, 아이오와, 미네소타, 캔자스, 네브래스카, 사우스다코타, 노스다코타, 와이오밍주 등 중남부를 합친 엄청난 크기의 땅덩어리였다. 루이지애나 지역은 나중에 여러 주로 편성되며, 이 지역에서 연방으로 편입된 최초의 주는 1812년 루이지애나주다.

루이지애나 구입으로 미국의 영토가 2배나 증가했음에도 뉴잉글랜드의 연방파는 강하게 반발하고 나섰다. 그들은 서부가 점점 팽창해 새로운 주가 더 많이 연방에 가입할수록 연방파와 그들이 장악하고 있는 지역의 권력이 축소된다고 생각했다. 매사추세츠에서 에섹스 결사(Essex Junto)라고 알려진 가장 극렬한 연방파 집단은 독립된 북부연합(Nothern Confederacy)을 만들자고 주장했다. 그러나 뉴욕주의 연방파 지도자 알렉산더 해밀턴은 이 분리주의 계획을 거부했다. 연방파의 원조로서 그런 분리주의 계획은 연방주의에 대한 배신이라고 여기지 않았을까?

이에 뉴욕주의 연방파는 해밀턴의 가장 강력한 정적이었던 애런 버 부통령에게 관심을 돌리게 되었다. 제퍼슨이 1800년의 선거로 그를 결코 용서하지 않을 것이기 때문에 버는 공화파 내에서는 사실상 희망을 상실한 정치인이었다. 버는 1804년에 뉴욕의 주지사 후보가 되어달라는 연방파의 제의를 수락했다. 그가 연방파의 연방탈퇴계획을 지지하기로 하였다는 근거 없는 소문이 퍼지자, 해밀턴은 버가 반역을 모의하였다고 비난하면서 인신공격을 퍼부었다. 해밀턴은 "버는 위험한 사람이며 그에게 권력의 고삐를 넘겨주면 안된다"고 말한 것으로 신문에 보도됐다. 선거전에서 패배한 버는 패배의 원인을 해밀턴의 증오 때문이라고 비난하고 신문보도가 사실인지 아닌지를 묻는 공개편지를 보냈으나 해밀턴은 확답을 피했다. 버는 해밀턴에게 권총 결투를 신청했다.

결투문화는 명예를 소중히 하는 기사제도가 뿌리내린 유럽에서 들어온 것으로 당시 미국에서도 성행하고 있었다. 국민의 호전성을 키운다는 이유로 결투를 방관했던 프랑스 앙리 4세(Henry IV, 1553~1610)의 통치하에 있던 1589년부터 1610년까지의 21년 동안 거의 1만 명의 남성이 명예를 위해 죽음을 선택했다. 새뮤얼 존슨은 "결투는 세간의 모욕을 막고 사회에서 소외되지 않으려는 행위"였다고 했지만, 습관성 결투도 적지 않았다. 심지어 누가 용감하다는 소리를 들으면 그를 찾아가서 누가 더 용감한지 알아보자며 결투를 신청하는 이들도 있었다. 각국에서 결투를 처벌하는 법령이 제정되었어도 결투 붐은 좀처럼 식지 않았다.

미국에서도 대부분의 지역이 결투를 금지하고 엄격한 처벌규정을 만들었지만, 잘 지켜지지 않았다. 해밀턴은 "결투라는 행위를 극도로 싫어한다"고 썼지만 "요청을 거절할 필요까지는 없다"고 느꼈다. 거절하면 겁쟁이라고 손가락질 당할까봐 그게 두렵기도 했다. 참 다 큰 어른들이 애들 싸움도 아니고! 아니 애들 싸움이야 목숨까진 걸지 않으니 그것보다 못해도 한참 못한 짓이라고 할 수 있겠다.

1804년 7월 11일 아침 두 사람은 뉴저지주의 위호큰(Weehawken)강

해밀턴과 버의 결투. 버가 쏜 총탄에 상복부를 맞은 해밀턴은 이튿날 병원에서 숨졌고 버는 살인죄 기소를 피해 뉴욕을 떠났다.

변 언덕에서 권총결투를 벌이게 됐다. 결투는 입회인의 '조준' 구호로 시작되는데 영어론 '프리젠트(Present)!'라고 한다. 이 외침으로부터 결투자는 임의의 시각에 발사할 수 있다. 먼저 해밀턴이 쏘았으나 빗나갔고 이어 버가 쏜 총탄이 해밀턴의 상복부에 맞았다. 중상을 당한 해밀턴은 이틀 후 병원에서 49세를 일기로 숨졌다. 버는 살인죄목의 기소를 피하기 위해 뉴욕을 떠났다.

결투 직전에 버는 루이지애나 총독인 제임스 윌킨슨(James Wilkinson, 1757~1825) 장군과 서신을 주고받았는데, 두 사람은 스페인으로부터 멕시코를 탈취하려는 원정을 계획하고 있었다. 두 사람이 연방으로부터 남서부를 분리시켜 버가 통치할 수 있는 서부제국을 세우려고 한다는 소문이 떠돌았다. 온갖 소문이 떠도는 가운데 윌킨슨은 버에게 등을 돌리고 반역이 진행 중이라고 대통령에게 보고했다. 제퍼슨은 반역죄로 버와 그의 추종자들의 체포를 명령했으며, 버는 재판을 위해 버지니아주의 리치먼드로 호송되었다. 버는 결국 무죄선고를 받긴 했지만, 이는 당시의 혼란상을 말해주는 사건이었다.

해밀턴은 당시엔 심각했을 망정 지금 보기엔 어이없는 싸움질로 죽고 말았지만, 재무장관으로서 식민지에서 유통되고 있던 수많은 화폐를 달러로 통합한 공을 인정받아 10달러 지폐의 초상화 주인공으로 거듭 났다. (1달러 지폐의 모델은 워싱턴, 100달러 지폐의 모델은 벤저민 프랭클린이다.) 해밀턴과 버의 결투가 벌어진 지 딱 200년 만인 2004년 7월 11일 양가의 후손들은 화해를 위해 이 결투장면을 재연하고 누대의 원한을 풀었다고 한다.

샐리 해밍스 사건

1804년 대선은 제퍼슨 행정부의 루이지애나 구입에 대한 평가의 의미가 컸다. 재선을 노리는 제퍼슨의 상대는 연방파의 찰스 핑크니였다. 제퍼슨은 선거인단 투표에서 162 대 14라는 압도적인 차이로 재선에 성공함으로써 대부분의 국민이 루이지애나 구입에 찬성했다는 걸 보여주었다.

이 선거에선 '샐리 해밍스 사건'이 터졌지만 선거판도엔 별 영향을 미치지 못했다. 이 사건은 제퍼슨이 파리에 외교관으로 있을 때 28세 연하인 샐리 해밍스(Sally Hemings, 1773~1835)라는 젊은 흑인 노예와 관계를 가졌고, 그녀가 제퍼슨의 사생아를 낳았으며, 샐리 해밍스는 제퍼슨의 아내 마사 웨일스 스켈튼 제퍼슨(Martha Wayles Skelton Jefferson, 1748~1782)의 이복동생이라는 내용의 스캔들이었다.

말이 나온 김에 후대에 다뤄진 이 사건의 전말을 살펴보기로 하자. 1970년대에 폰 브로디(Fawn B. Brodie, 1915~1981)의 『제퍼슨: 상세한 역사(Thomas Jefferson: An Intimate History)』(1974), 바바라 체이스 리보드(Barbara Chase-Riboud)의 소설 『샐리 해밍스(Sally Hemings)』(1979)가 출간되면서 이 사건은 다시 화제가 되었다. 백인들은 이 사건을 무시했으나 흑인들은 "계속 역사를 부인할 것인가?"라며 목소리를 높였다. 그 결과 1998년 제퍼슨 자손과 해밍스 자손에 대한 DNA 검사까지 이루어졌다. 검사는 영국 옥스퍼드대학에서 이루어졌다. 검사결과가 알려지자 미국 사회가 발칵 뒤집어졌다. 소문이 사실로 확인되었기 때문이다. 하나도 아니고 7명이라는 점에 대해 한 백인 역사학자는 "한두 번의 실수는 있을 수도 있겠지만 7남매를 낳을 정도로 오랫동안 한 노예를 사랑했다는 사실은 받아들일 수 없다"고 털어놓기도 했다. 이로 인해 국부(國父)로 추앙받는 워싱턴도 흑인 노예와의 사이에 아들을 뒀다는 주장도 사실이 아니냐는 분위기가 확산되었다.

이 검사결과가 나온 때는 빌 클린턴(Bill Clinton) 대통령이 백악관 인턴 직원 모니카 르윈스키(Monica Lewinsky)와 부적절한 관계를 맺었다는 섹스 스캔들이 떠들썩하던 때였다. 르윈스키의 푸른 드레스에 묻은 '관계의 흔적'이 과연 클린턴의 것이냐 여부를 놓고 DNA검사가 실시되었다. 그런데 이 곤욕을 치른 클린턴이 가장 존경하는 인물이 제퍼슨이었으니 이 어찌 재미있는 일이 아니랴.

세인트루이스의 게이트웨이 아치

제퍼슨은 루이지애나 구입 이전에 이미 태평양까지 대륙을 횡단하여 지리학적 정보를 수집하고 인디언들과의 교역에 대한 전망을 타진하기 위해 탐사계획을 추진하고 있었다. 그는 탐사단의 대장으로 자신의 개인 비서인 메리웨더 루이스(Meriwether Lewis, 1774~1809) 대위를 임명했는데, 루이스는 "상업적 목적을 위해 북미 대륙을 가로지르는 가장 빠르고 가장 실용적인 수상교통"을 찾아내라는 명령을 받았다. 루이스는 이 탐사에 윌리엄 클라크(William Clark, 1770~1838) 중위를 합류시켰다. 루이스는 클라크를 동일한 지위의 지휘관으로서 대동했기 때문에, 이 탐사대는 흔히 '루이스와 클라크의 탐험'이라고 불린다. 1803년 5월 14일 이들은 48명의 대원을 이끌고 세인트루이스에서 출발하여 미주리강을 거슬러 올라갔다.

세인트루이스는 어떤 도시인가? 아메리카 원주민들의 무덤으로 가

세인트루이스의 게이트웨이 아치. 서부개척의 공격적 상징물이다.

득했던 이 지역을 1673년 처음 탐사한 백인은 루이 졸리에(Louis Jolliet, 1645~1700)라는 프랑스인이었다. 그래서 지금도 여기저기 프랑스풍이 남아 있으며, '무덤도시(Mound City)'라는 별칭도 갖고 있다. '거룩한 루이'라는 뜻의 도시 이름은 '거룩한 왕'이라 불렸던 프랑스 카페 왕조의 루이 9세(Louis IX, 1214~1270, 재위 1226~1270)에 연원을 두고 있다. 1763년 프랑스령 뉴올리언스에서 미시시피강을 따라 올라온 피에르 라클레드(Pierre Laclède, 1729~1778)라는 사내가 교역지로 개척한 것이다.

도시의 초석을 놓은 라클레드의 이름은 미시시피강변의 라클레드 랜딩(Laclede's Landing)이라는 구역에 살아남았다. 레스토랑, 나이트클럽, 상점들이 몰려 있는 곳이다. 여기서 멀지 않은 곳에 세워진 거대한 게이트웨이 아치(Gateway Arch)는 서부개척의 공격적 상징물이다. 미국인들이 바로 여기를 통해 서부개척의 길로 들어섰기 때문이다. 그래서 '관문도시(Gateway City)'라거나 '서부로 가는 관문(Gateway to the West)'이라는 별칭도 있다. 이와 관련, 어느 신문의 2009년 3월 19일자 기사에 눈길이 간다.

"이재오 전 한나라당 의원이 미국 역대 대통령들의 기념관을 돌아보며 '미국 역사 배우기'에 나섰다. 그는 10개월간의 워싱턴 생활을 마무리하면서 지난 12일부터 대륙횡단여행을 하고 있다. 카니발 승합차를 운전하면서 여행 중에 느낀 여행기를 인터넷 팬카페 '재오사랑'에 실시간 올리고 있다. 첫 방문지는 미국 독립선언서를 작성한 토머스 제퍼슨의 생가였다. 이어 노예해방을 선언한 에이브러햄 링컨의 어린 시절 오두막과 남북전쟁의 영웅인 율리시스 그랜트 대통령의 생가를 방문했다. 한국전쟁으로 우리와 인연이 깊은 해리 트루먼, 드와이트 아이젠하워 대통령의 기념관도 둘러봤다. 그는 세인트루이스의 게이트웨이 아치도 찾았다. 그러면서 '미국의 영토확장과 서부 개척의 역사를 상징하는 기념물처럼 우리도 대한민국 하면 떠오르는 상징물이 있어야 한다'고 말했다."(정효식 2009)

이 기사를 읽으면서 좁은 땅에 사는 한국인들의 한(恨) 비슷한 게 느껴졌다. 미국은 정말이지 자연적으로 축복받은 나라다. 북미대륙 본토만 해도 동서로 약 4300킬로미터, 남북으로 약 3000킬로미터나 된다. 동부와 서부 사이엔 4시간의 시차가 있고 텍사스처럼 큰 주에서는 2시간의 시차가 있다. 비좁은 국토에 사는 한국인들로선 그저 입이 딱 벌어질 수밖에 없다. 많은 한국인들이 미국만 가면 꼭 자동차로 대륙

횡단여행을 하는 것도 그런 이유가 아니겠는가. 그래서 세인트루이스의 게이트웨이 아치를 보면서도 백인들의 서부개척과정에서 희생당한 인디언들은 좀처럼 생각나지 않는 건지도 모르겠다. 이렇게 생각해볼 수도 있겠지만 한국인의 자동차 대륙횡단여행은 한국적 패기와 호기심의 발현으로 긍정 평가하는 게 좋을 것 같다. 우리 모두 기회가 되는대로 미국에 가서 자동차 대륙횡단여행을 해보자.

서부탐사와 풀턴의 증기선

세인트루이스에서 출발한 루이스와 클라크는 로키산맥을 건너 스네이크강과 컬럼비아강으로 내려와 1805년 11월 20일 태평양 연안에 도착했다. 2년 6개월의 여정 끝에 4000마일을 주파한, 미국 역사상 최초의 대륙횡단이었다. 1806년 9월 그들은 탐사를 통해 그들이 관찰한 지역과 인디언 문명에 대한 자세한 기록을 가지고 세인트루이스로 돌아왔다.

1804년 11월 현 노스다코타주 비즈마크에서부터 이들의 탐사에 동행해 길 안내 역을 맡은 인디언 여성이 있었으니, 그녀가 바로 2000년도에 발행된 1달러 신권 모델로 등장한 사카가위아(Sacagawea, 1787?~1812)다. 당시 프랑스계 캐나다인 모피교역인의 부인이었던 그녀는 탐사 도중에 아이를 출산함으로써 루이스와 클라크의 탐험을 안전하게 만들어주었다. 젖먹이 아이를 업은 인디언 여성이 동행하는 탐험대를 누가 위험하게 볼 것인가! 탐사대가 인디언들로부터 우호적인 대접을 받을 수 있었던 가장 큰 이유였다. 1달러 지폐의 모델이 될 만하다! 비즈마크엔 그녀를 기리는 동상이 세워져 있다. 반면 인디언 측에서는 그녀가 백인들의 토지침략에 힘을 빌려줬다는 비판을 하기도 한다.

루이스와 클라크가 탐사를 하고 있는 동안 제퍼슨은 또다른 탐사단을 파견했는데, 바로 파이크 탐사단이다. 1805년 가을 26세의 제불런 몽고메리 파이크(Zebulon Montgomery Pike, 1778~1813) 중위는 탐사단을 이끌고 세인트루이스를 출발하여 미시시피강 상류 유역을 탐사했다. 1806년 여름 그는 다시 출발하여 아칸소강 유역으로 나아갔다가 후에 콜라라도주가 될 지역을 탐사했다.

지금이야 그게 무슨 대단한 탐사냐 하겠지만, 당시 제퍼슨은 미국이 아메리카 대륙을 가로질러 태평양 연안에 정착하기까지는 천 년이 걸릴 것이라 예상하고 탐사단을 파견했었다는 걸 상기할 필요가 있겠다.

풀턴의 증기선 클러먼트호. 1807년 길이 40.5미터인 이 증기선은 240킬로미터를 32시간 만에 거슬러 올라가는 데 성공했다.

제퍼슨이 미처 예상하지 못한 건 기술발전이었다. 이 시기엔 증기선의 발전이 이동을 신속하게 만들어주었다. 최초의 증기선은 1784년 버지니아의 제임스 럼지(James Rumsey, 1743~1792)가 제작했으나 겨우 시속 4마일이었다. 1787년 존 피치(John Fitch, 1743~1798)가 개량해 시속 8마일을 기록했고, 이걸 더 발전시킨 게 1807년에 나타났다.

1807년 로버트 풀턴(Robert Fulton, 1765~1815)은 상업적으로 성공한 힘 좋은 증기선을 만들어냈다. 그는 뉴욕에서 바다로 흘러나가는 허드슨강에 외륜 증기선 클러먼트(Clemont) 호를 띄워 증기선 실용화를 시험했다. 총길이 40.5미터인 이 증기선은 뉴욕주의 주도(州都)인 올버니까지 240킬로미터를 32시간 만에 거슬러 올라가는 데 성공했다. 굴뚝에서 무시무시한 연기와 불꽃을 씩씩거리며 내뿜는 이 배를 보고 근처의 농민들은 악마가 나타난 줄 알고 깜짝 놀랐다고 한다.

미시시피 수로망과 오하이로 수로망에 집중된 증기선은 1850년에 이르러 모두 1000척에 이를 정도로 급증하게 된다. 그에 따라 미시시피강 연변에 피츠버그, 신시내티, 루이빌 같은 대도시들이 발달하고, 강 어귀에 있는 뉴올리언스는 거대한 항구로 발전하게 된다.

체사피크호 사건

1805년 10월 스페인 남서해안의 트라팔가(Trafalgar) 해전에서 호레이쇼 넬슨(Horatio Nelson, 1758~1805) 제독이 이끄는 영국 함대는 프랑스와 스페인 연합함대를 격파했다. 넬슨은 조선의 이순신(1545~1598)처럼 전투현장에서 승리의 마지막 순간에 날아온 포탄을 맞고 사망했다. 이 패배 이후 나폴레옹은 해전이 아니라 경제적 제재조치로 영국을 압박하기 위해 영국에 대한 유럽 대륙의 무역을 금지했다. 그는 1806년 베를린에서, 1807년 밀라노에서 포고령을 내려 영국 선박 뿐 아니라 영국에 기항하는 중립국 선박들이 프랑스 혹은 프랑스 연합국이 통치하고 있는 유럽의 어떤 항구에서도 화물을 하적하지 못하도록 하였다. 이에 영국은 일련의 긴급칙령을 내려 유럽 해안의 봉쇄를 실시했다.

이 전쟁의 와중에서 미국 선박은 진퇴양난에 처하게 되었지만, 강력한 해군력을 가지고 있는 영국이 미국의 중립권을 더 침해하고 있다고 보았기에 영국에 대한 반감이 더 높아졌다. 게다가 영국 함대는 공해상에서 미국 선박을 정지시켜 선원들을 갑판에서 내리게 하고 영국 수병으로 차출하였기 때문에 미국 선원들은 '강제징용(impressment)'의 피해자가 되었다.

왜 이런 일이 벌어졌던가? 영국 수병의 함대생활은 '떠다니는 지옥'으로 표현될 만큼 열악했기 때문에 기회가 있을 때마다 탈영자가 발생했다. 1807년 탈영병 가운데 많은 이들이 미국 상선 함대나 미국 해군에 입대했다. 영국 해군은 탈영병 재징용 권리를 주장하며 그렇게 미국 선박에 대한 수색을 한 것이다. 그러나 영국 탈영병과 미국 태생의 미국인을 엄격하게 구분하는 게 쉽지 않아 수천 명의 미국 선원이 사실상 납치되는 결과를 초래했다.

1807년 6월 22일 영국 함선 레퍼드호(Leopard)는 미국 해군의 소형 구축함 체사피크호(Chesapeake)를 정지시키고 수색을 시도했다. 체사피크호는 버지니아주 노포크에서 출항해 지중해로 향하는 도중이었다. 미국 함장 제임스 배런(James Barron, 1768~1851)이 수색을 거부하자 레퍼드호는 포문을 열어 발사했고 미군 3명이 사망, 18명이 부상했다. 이에 배런이 굴복했고, 레퍼드호에서 건너온 영국군이 미국 구축함에서 네 사람을 끌어내렸다.

이 소식이 미국에 알려지자 보복을 주장하는 목소리가 높아졌다. 그러나 제퍼슨과 매디슨은 평화노선을 취했다. 제퍼슨은 분쟁의 예방조치로 출항금지법(Embargo Act)을 입법화했다. 미국 선박으로 하여금 세계 어느 곳의 외국항에도 가지 못하도록 하는 금지령을 내린 것이다. 그러나 출항금지법은 미국 전체를 심각한 불황에 빠뜨릴 만큼 치명적인 것이었다. 뉴욕시에서만 5개월 동안에 125개의 회사가 파산했다. 이는 1808년 대선에서 뜨거운 쟁점이 되었으며, 훗날에도 미국 역사상 가장 실패한 정책 중의 하나로 평가받는다.

제퍼슨과 해밀턴 중 누가 이겼는가?

제퍼슨은 1807년 "1808년 1월 1일부터 노예무역을 폐지한다"는 내용의 법안에 서명했지만, 200명의 노예 소유주로서의 제퍼슨은 결코 좋은 주인은 아니었다. 그는 노예들이 채소를 훔쳐갈까봐 걱정돼 밭 주위에 304미터의 담장을 세웠고, 노예가 도망가지 못하도록 글공부를 금지시켰고, 노예들에게 혹독한 채찍질을 가하기도 한 주인이었다.

1809년 3월 4일 대통령직을 떠난 이 '다재다능한 철학자 왕' 제퍼슨은 책을 좋아해 '걸어다니는 도서관'이라는 별명을 얻었으며, 자신의 집에 넓은 도서관을 만들어 6000여 권의 장서를 보유하고 있었다. 그는 1년에 평균 1000통의 편지를 썼고 1만9000여 통의 편지를 남겼다. 그는 문화적으로 사치스러운 생활을 하느라 빚을 졌으며, 1815년 개인 도서관을 1814년 영국군의 워싱턴 침공으로 불탄 의회 도서관에 팔아 부채를 탕감했다. 그래도 사치벽은 사라지지 않아 죽을 때는 많은 빚을 진 상태였다.

제퍼슨은 1819년 샤롯트빌에 버지니아대학을 설립했다. '미국에서 태어난 최초의 위대한 건축학자'라는 말을 들을 정도로 건축에 깊은 관심을 보인 그는 대학 건물을 손수 디자인했으며, 교육과정 구성에도 참여했다. 1825년 3월에 개교해 최초로 학생 30명을 받아들이면서 제퍼슨은 82세의 고령에 첫 학장이 되었다.

여기서 잠시 대학이야기를 해보자. 식민지시대에 9개의 대학 중 남부에 소재한 건 단 하나뿐이었다. 1693년 버지니아의 윌리엄스버그에 설립된 윌리엄앤메리대학(the College of William and Mary)이다. 이 대학의 학생 수는 1712년에도 고작 22명에 불과했다. 이 대학은 식민지 말기에 가서 성장해 토머스 제퍼슨, 존 마셜, 에드먼드 랜돌프, 제임스 먼로(James Monroe, 1758~1831) 같은 미국 초기의 지도자들을 배출했다. 그래서 '미국의 모교'라고도 불린다. 최초의 주립대학은 1789년 노스캐롤라이나에 창설되었지만 실질적으로 개교를 한 건 1795년이었다. 육군사관학교인 웨스트포인트는 1802년 허드슨강 언덕에 설립되었다. 제퍼슨이 세운 버지니아대학은 스코틀랜드의 영향을 받아 담임교수제보다는 강의를 강조했다. 1837년 개교한 미시간주립대는 독일의 영향력을 받는 등 미국 대학들은 유럽의 어떤 나라의 영향을 받았느냐에 따라 다양한 모습을 갖게 된다.

오늘날 제퍼슨의 생가인 몬티셀로(Monticello)는 관광 명소다. 이태리어로 '작은 산'이라는 뜻의 몬티셀로는 그가 직접 설계하여 지은

토머스 제퍼슨의 생가 몬티셀로. 제퍼슨이 직접 설계해 지은 것으로 현재 미국의 '주택관람지' 중 하나이다.

것으로 미국의 '주택관람지' 중 하나가 되었으며, 인간의 삶과 주거 공간을 가장 이상적으로 결합시킨 건축물로 평가돼 유네스코 세계문화유산으로 지정, 보존되고 있다. 제퍼슨은 1772년 부유한 과부 마사 스켈턴과 결혼했는데, 마사가 10년 만에 죽어 제퍼슨은 홀아비로 대통령 취임선서를 했으며, 두 번의 임기 동안 딸 마사(Martha Jefferson Randolph, 1772~1836)가 백악관 안주인 역을 담당했다. 제퍼슨은 버지니아대학을 세우고 민주적 교육을 보급하는데 노력해 '몬티셀로의 성인'으로 불린다.

제퍼슨과 해밀턴의 경쟁에서 누가 이겼을까? 이름은 제퍼슨이 훨씬 더 빛났는지 모르지만, 최종결과를 보자면 해밀턴의 손을 들어줘야 할 것 같다. 제퍼슨은 "부지런한 사람들이 일하는 데 붙어사는 너무 많은 기생충들"이라고 할 정도로 관료주의를 비판하는 등 거대한 중앙집권체제를 혐오하였지만, 제퍼슨 시대에도 강력한 중앙정부를 전제로 한 해밀턴 식 미국 정치체제는 지속되었다. 루이지애나 영토 매입도 해밀턴 식 행위가 아닌가. 게다가 루이지애나 매입은 제퍼슨이 헌법에 위배된다고 반대한 해밀턴의 국립은행 창설제의로 발행된 미국 채권으로 이루어졌지 않은가. 사실상 해밀턴의 승리였다.

제퍼슨은 1787년 "신문이 없는 정부보다 정부가 없는 신문을 택하겠다"는 명언을 남겼다. 지금도 언론의 자유를 역설할 때에 자주 인용되는 명언이다. 그는 신문을 "국가의 유일무이한 경종(the only tocsin of a nation)"이라고도 했다. 그러나 제퍼슨은 대통령이 되고 나자 언론에 대해 혹독한 비판을 서슴지 않았음은 물론 실제로 적지 않은 언론탄압을 했다. 제퍼슨은 신문을 읽고 이 세상 돌아가는 것을 조금이라고 안다고 믿는 사람들을 불쌍히 여겼을 뿐만 아니라, "신문을 읽지 않는 사람이 신문을 읽는 사람보다 세상 돌아가는 일을 더 잘 안다"고 까지 이야기했다.

이는 무엇을 말하는가? 이론과 현실의 차이를 말하는 걸까? 아니면 당파성의 논리에 따른 언론자유론은 아전인수(我田引水)가 될 수밖에 없다는 걸 말하는 걸까? 오늘날 제퍼슨은 미국적 '평등'의 설계자로 널리 인정받고 있지만, 이는 "87년 뒤에 에이브러햄 링컨이 그에게 그 역할을 부여했다"는 주장도 나오고 있다.(Raphael 2005) 그럼에도 워싱턴에 있는 제퍼슨 기념관의 돌 위에 새겨져 있는 제퍼슨의 다음과 같은 글은 우리 인간이 영원히 지켜야 할 금언이라는 걸 어찌 부인할 수 있으랴. "나는 인간의 정신에 대한 어떠한 형태의 압제에 대해서도 영원히 적대할 것임을 하나님의 제단 앞에서 맹세했습니다."

다만 제퍼슨이 역지사지(易地思之)를 염두에 두었을지는 의문이다. 미국이 압제의 피해자가 될 가능성보다는 이제 점점 더 압제의 가해자가 될 가능성이 높아진 상황에서, 미국은 다른 국가와 민족들의 '압제에 대한 영원한 적대'를 어떻게 대해야 할 것인가? 이는 이후 미국의 지도자들에 의해서도 한 번도 제기되지 않은 숙제로 남아 있다.

참고문헌 Altschull 1993, Anderson 1997, Brinkley 1998, CCTV 2007, Charle & Verger 1999, Chomsky 2000, Davis 2004, Dole 2007, Edwards & Wayne 1985, Fernandez-Armesto 1997, Goetzman 1989, Hunt 2007, Kranz 1975, Mackay 2004, Parker 2009, Raphael 2005, Ridings & McIver 2000, Schiller 1981, Shenkman 2003, Smith 1990, Solove 2008, Staples 1997, Young & Jesser 2005, 고종석 2008, 권홍우 2008, 김봉중 2001·2006, 김성호 2004, 김용관 2009, 나윤도 1997-98, 사루야 가나메 2007, 손세호 2007, 송기도 2003, 아루가·유이 2008, 우석훈 2009, 우수근 2004, 이주영 1995, 임용순 1995, 정재연 1998, 정효식 2009

"성조기여 영원하라"
1812년 미-영전쟁

제4대 대통령 제임스 매디슨

1808년 대선은 제퍼슨의 출항금지법이 초래한 불황 속에서 치러졌다. 제퍼슨의 국무장관이며 정치적 동맹자였던 제임스 매디슨과 또 출마한 연방파 찰스 핑크니와의 대결이었다. 매디슨이 불리한 조건이었지만, 그에겐 명성이 있었다. 그는 헌법과 권리장전을 작성하고 검토하는 등 헌법이해의 최고 수준을 자랑하는 '헌법의 아버지(Father of the Constitution)'였다. 선거결과는 제4대 대통령 제임스 매디슨의 탄생이었다.

출항금지법의 부담이 너무 크다고 판단한 제퍼슨은 매디슨의 대통령 취임 전 출항금지법을 철회하고 통상금지법(Non-Intercourse Act)을 통과시켰다. 이 법으로 미국은 영국과 프랑스를 제외한 모든 국가와 무역을 재개하였다. 1810년 통상금지법이 만기가 돼 효력을 상실하자 메이컨 제2법안(Macon's No. 2 Bill)으로 대체되었다.

제임스 매디슨. 미국의 4대 대통령으로 제퍼슨의 정치적 동맹자이며 헌법과 권리장전을 작성, 검토해 '헌법의 아버지'라고 불린다.

이 법안은 영국과 프랑스와의 자유로운 통상관계를 재개하되 전시국 가운데 한 국가가 중립국 권리의 침해를 중단하였는데도 다른 한 국가가 계속 그 권리를 침해하는 경우, 그 국가와의 통상을 금지시킬 수 있도록 하는 권한을 대통령에게 위임한다는 내용이었다. 결국 프랑스, 다음에 영국이 미국의 해상운송을 간섭하지 않는 성과를 거뒀지만, 이로 인해 영국과 미국 사이의 긴장상태가 초래되었다.

인디언과의 분쟁에서 캐나다에 있는 영국 관리들은 인디언들의 반란을 고무하고 필요한 물자를 공급해주었다. 이것도 미국을 화나게 만들었지만, 미국이 영국과의 전쟁을 결심하게 된 결정적인 원인은 스페인령 플로리다에 대한 근심과 욕심 때문이었다.

당시 스페인령 플로리다는 현재의 플로리다주를 포함하여 앨라배마주, 미시시피주, 루이지애나주의 남부지역을 포함하는 광대한 지역이었다. 플로리다지역은 남부 미국 백인에게 끊임없는 위협이었다. 노예들이 플로리다 국경을 넘어 도망갔으며, 플로리다에 있는 인디언들은 국경 북쪽에 있는 백인 정착촌을 자주 기습했기 때문이다. 플로리다는 위협인 동시에 꼭 갖고 싶은 보물단지처럼 여겨졌다. 플로리다에 여러 강이 흐르고 있어 남서부 주민들에게 멕시코만의 매우 유용한 항구를 이용할 수 있도록 해주었기 때문이다.

1810년 미국 정착민들은 루이지애나 배튼루지(Baton Rouge)의 스페인 항구를 장악하고 연방정부에 이 지역을 미국에 합병시킬 것을 요구했다. 매디슨은 기꺼이 동의하였으며 플로리다의 나머지 지역까지도 확보하려는 계획을 세우기 시작했다. 당시 스페인은 영국의 동맹국이었기 때문에 영국과의 전쟁은 영국의 영토뿐 아니라 스페인의 영토를 탈취할 수 있는 구실을 제공해줄 것이라는 속셈이었다.

1810년 중간선거에서 유권자들은 영국과의 전쟁을 요구하는 많은 의원들을 초당적으로 선출했다. 이들의 지도자는 켄터키주 출신의 헨리 클레이(Henry Clay, 1774~1852)와 사우스캐롤라이나주 출신의 존 칼훈(John C. Calhoun, 1782~1850)이었다. 이들은 호전파로서 영국과의 전쟁을 촉구하고 나섰다. 클레이는 1811년 하원의장으로 선출되자 자신의 주전론을 지지하는 사람들로 각종 하원위원회를 구성하고 자신처럼 호전적인 칼훈을 외교위원회에 임명했다. 이들은 캐나다의 정복까지 선동했다. 미국의 북부 국경지역과 남부 국경지역에선 전쟁의 열기가 뜨겁게 달아올랐다. 매디슨은 평화를 선호했지만 의회와 민심에 대한 통제력을 잃고 1812년 6월 의회에 영국에 대한 선전포고를 요청했다. 이에 의회는 하원에서 79표 대 49표, 상원에서 19표 대 14표로 선전포고를 통과시켰으며, 매디슨은 18일 영국에 대한 선전포고를 승인했다. 이 전쟁은 반대파들에 의해 '매디슨의 전쟁'으로 불렸지만, 역사적으론 '제2의 독립전쟁'으로서의 의미를 갖게 된다.

미국에서 1812년전쟁이 전개되고 있을 때, 조선에선 민란이 잇따라 일어나고 있었다. 1811년(순조 11년) 12월 8일 평안도에서 일어난 홍경래(1771~1812)의 난은 1812년 3월에 진압되었지만, 1813년 11월엔 제주에서 민란이 일어났고, 1814년 5월엔 서울에서 식량난으로 인한 폭동이 일어났다. 그 와중에 수많은 사람들이 죽었고, 특히 홍경래의 난 때엔 붙잡힌 농민군 3000명 중 약 2000명이 처형되었다.

"성조기여 영원하라"

미국의 입장에서 '매디슨의 전쟁'은 이성보다는 감성이 앞선 전쟁이었다. 전쟁의 현실은 그리 녹록치 않았다. 1812년 여름 미국은 디트로이트를 거쳐 캐나다를 침략했으나 곧 디트로이트로 철수해야 했고 8월에는 그곳에서도 항복하고 말았다. 다른 침략전도 실패로 돌아갔다. 디어본 요새(Fort Dearborn)에선 인디언의 공격에 굴복했다. 디어본 요새는 오늘날의 시카고가 된 지역으로, 시카고는 '양파 냄새가 나는 곳'이라는 인디언 말에서 유래했다.

전세가 불리하건 유리하건 전쟁 시 민심은 집권자의 편이기 마련이다. 1812년 대선에서 매디슨은 재선에 성공했다. 선거에서 이기기 위해 매디슨이 의도적으로 전쟁을 연장했다는 말까지 나왔다. 부통령이 된 매사추세츠 주지사 엘브리지 게리(Elbridge Gerry, 1744~1814)는 이 선거에서 역사에 남은 용어 하나를 만들어냈다. 그는 새로운 상원선거구법을 입안하여 몇 개의 선거구에 연방당의 지지표를 집중시킴으로써 민주공화당이 다수의 의석을 차지하도록 만들었는데, 이렇게 나누어진 선거구들 가운데 하나의 윤곽이 불도마뱀(salamander)을 닮은 것으로 생각되어 게리와 샐러맨더를 합성한 '게리맨더링(gerrymander-

1812년 벌어진 영국와 미국의 전쟁. 매디슨의 전쟁이라고도 하며 역사적으로는 제2의 독립전쟁이라는 의미를 갖는다.

ing)'이란 용어가 생겨났다. 오늘날 '게리맨더링'은 자의적인 선거구 획정을 의미한다.

미국은 1813년 오대호에서 주요 군사적 승리를 거두었다. 미국은 온타리오호를 장악해 오늘날 토론토가 된 당시 영국 식민지 캐나다의 수도 요크를 기습하여 불태워버리고 호수를 건너 미국으로 되돌아왔다. 이후 미국은 일련의 승리를 거두었지만, 유럽의 전세는 미국에 불리하게 돌아가고 있었다.

유럽에서 나폴레옹과의 전쟁에 몰두하고 있던 영국은 미국의 선전 포고를 무시하려고 했지만, 1812년 가을 나폴레옹이 러시아와 자멸적인 전투를 벌여 프랑스군이 산산조각이 나자 여유가 생겼다. 1813년 말에 이르러 나폴레옹의 프랑스 제국이 최후의 패전을 맞이하고 1814

년 나폴레옹이 항복하자, 영국은 주요 군사력을 미국과의 전쟁에 투입하였다.

1814년 8월 24일 영국군은 미국 수도 워싱턴 D.C.에 진입하여 백악관을 비롯한 여러 정부청사들을 불태웠다. 요크를 불태운 것에 대한 복수였다. 영국군은 볼티모어를 향해 체사피크만으로 나아갔다. 영국 함대의 접근을 막기 위해 미국 수비대는 볼티모어의 항구 입구인 패탭스코(Patapsco)강에 선박 여러 척을 침몰시켜 놓았다. 따라서 영국군은 요새를 원거리에서 포격할 수밖에 없었다.

9월 13일 밤 어떤 미국인 포로의 석방을 요청하기 위해 영국 함선에 타고 있던 워싱턴 법률가 프랜시스 스캇 키(Francis Scott Key, 1779~1843)는 이 포격을 목격하였다. 다음날 아침 그는 '새벽 여명까지' 요새에서 성조기가 여전히 휘날리고 있는 것을 보고 감동한 나머지 그 자리에서 자랑스럽게 편지봉투 뒷면에 '성조기여 영원하라(The Star-Spangled Banner)'라는 시를 지어 적었다. 이 시는 9월 20일자 볼티모어 신문에 발표돼 큰 반향을 불러일으켰으며, 곧바로 영국 아마추어 음악가 클럽의 애창곡조에 실려 미국인들 사이에서 널리 불려졌다. 이 노래는 훗날(1931) 미국의 국가(國歌)로 채택되었다. 노랫말은 '포화의 붉은 섬광'이라거나 '공중에 작열하는 폭탄' 등 전투장면을 묘사하는 호전성이 두드러지는데, 이후 미국이 이 노랫말을 따라가는 노선을 취했던 건 아닐까?

'성조기여 영원하라'가 가장 먼저 발표된 볼티모어의 당시 민심이 어떠했을지는 짐작하기 어렵지 않다. 민주주의를 긍정하면서도 '다수의 횡포'를 염려했던 토크빌(Alexis de Tocqueville, 1805~1859)은 '다수의 횡포로 일어날 수 있는 폐단의 놀라운 사례가 1812년의 전쟁기간 동안에 볼티모어에서 발생했다. 당시에 볼티모어에서는 그 전쟁이 대단한 지지를 받고 있었다"며 다음과 같이 썼다.

"그렇지 않은 입장을 취한 어느 신문은 그 반대입장 때문에 주민들의 분노를 샀다. 군중들은 인쇄시설을 부수고 편집인들의 가옥을 습격했다. 민병대가 소집되었으나 그들은 소집령에 응하지 않았다. 미처서 날뛰는 군중들로부터 생명의 위협을 받은 가련한 신문인들을 구하는 유일한 길은 그들을 형사범으로 수감하는 것이었다. 그러나 이런 예방조처마저 효과를 거둘 수 없었다. 군중들은 그날 밤 다시 운집했다. 관리들은 다시 민병대 소집령을 내렸지만 헛일이었다. 감옥이 강제로 열려 편집인들 가운데 한 사람이 현장에서 피살되고 나머지 사람들은 죽도록 구타당했다. 재판에 회부된 범인들은 배심원들에 의해서 형 사면을 받았다." (Toqueville 1997)

호스슈벤드전투

1812년전쟁을 통해 미국은 캐나다와 플로리다와 인디언들의 영역까지 진출할 수 있었다. 18세기 많은 백인들은 인디언을 '고상한 야만인(noble savage)'으로 파악한 토머스 제퍼슨의 견해를 어느 정도 공유했었다. 진정한 문명을 갖고 있지 않지만 문명의 성취를 이룩할 수 있는 선천적인 존엄성을 가지고 있는 존재로 인디언을 인식한 것이다. 그러나 19세기 초에 이르러 이러한 모호한 박애주의적 태도는, 특히 서부의 백인들 사이에서 사라져갔다. 문명화될 수 없는 단순한 야만인으로 보기 시작한 것이다. 제퍼슨도 정책상으론 인디언을 제거대상으

1814년 호스슈벤드전투를 재현한 디오라마. 앤드루 잭슨은 인디언을 제거대상으로 보았던 당시 관점의 군사적 구현자였다. 호스슈벤드전투를 통해 그는 1000명의 크리크족 중 800명을 학살했다.

로 보았다.

이런 시각을 군사적으로 구현한 주인공은 앤드루 잭슨(Andrew Jackson, 1767~1845) 장군이었다. 그가 처음 인디언과 교전한 것은 1813년 조지아 전역에 퍼져 살고 있던 크리크족(Creeks)과의 싸움이었다. 크리크족은 앨라배마 요새에 있던 백인 250명을 죽였는데, 이에 잭슨의 부대는 크리크족의 마을을 불태웠으며 남녀노소를 막론하고 살해하는 걸로 대응했다. 잭슨은 무자비한 인디언 소탕자로 이름을 떨쳤다.

1814년 호스슈벤드전투(Battle of Horseshoe Bend)에선 1000명의 크리크족과 싸웠는데, 잭슨은 체로키족(Cherokees)을 꼬드겨 배후에서 공격하도록 했다. 그 덕분에 800명이 사망한 크리크족과 달리 잭슨 부대의 사상자는 거의 없었다. 잭슨은 크리크족 영토의 절반을 차지한 다음 자기 친구들과 함께 유리한 조건으로 사들였지만, 당시엔 이런 게

흥이 되지 않았다.

영국의 러다이트 운동

1812년전쟁이 미국에서 벌어지고 있던 중 영국에선 산업혁명이 가져올 실업의 위험에 반대해 기계를 파괴하는 러다이트(Luddite) 운동이 벌어지고 있었다. '러다이트'라는 이름을 낳게 한 제너럴 러드(General Ludd)는 1811년부터 1817년까지 영국 중북부의 직물공업지대에서 일어났던 기계파괴운동을 이끌었던 지도자로, 가상의 인물이라는 설도 있고, 1779년부터 직조기계를 파괴해왔던 네드 러드(Ned Ludd)라는 실존 인물이라는 설도 있다.

기계에게 일자리를 빼앗긴 노동자들의 기계파괴폭동은 1811년부터 일어났는데, 1812년 2월 의회는 기계를 파괴하는 노동자는 사형에 처할 수 있다는 법안을 통과시켰다. 그럼에도 이 문제를 토의할 때 한 상원의원이 최초의 연설을 통해 법안에 반대했다는 건 밝혀둘 필요가 있겠다. 그는 바로 시인이자 상원의원인 바이런(George Gordon Byron, 1788~1824)이었다. 그는 1812년 2월 27일 의회연설에서 인간이 파괴됐기 때문에 기계파괴가 일어났다는 걸 상기시키면서 다음과 같이 주장했다.

"이러한 난폭행위가 우려스러울 정도였다는 점을 인정하지 않을 수는 없지만 이 행위들이 미증유의 빈곤상태에서 유발됐다는 점도 부정할 수 없는 일입니다. 그 과정에서 이 불쌍한 사람들이 보여준 억척스러움을 생각해보면, 한때는 정직하고 근면했던 이 많은 사람들이 절대적 빈곤만 아니었다면 그들 자신과 가족과 사회에 그토록 위험한 비이성적 범죄를 저지르지는 않았을 것임을 수긍할 수도 있을 것입니다. …… 그들은 어리석은 마음에서, 근면하고 가난한 사람들의 생계와 안녕이 산업도구의 개선 덕택에 소수 개인들이 부유해지는 것보다 더 중요하다고 생각했던 것입니다. 그러한 도구 개선으로 말미암아 노동자들은 고용할 만한 가치가 없어져 일자리에서 쫓겨났기 때문입니다. …… 여러분은 이 사람들을 폭도, 난동분자, 위험분자, 무식꾼이라고 부릅니다. …… 우리는 그 폭도들에 대한 위의 의무를 알고 있는 걸까요? 우리의 농지에서 노동하고 우리의 집에서 시중을 드는 것은 바로 그 폭도들입니다. 여러분의 해군과 육군에 인원을 제공함으로써 여러분이 전 세계에 도전할 수 있도록 해줄 뿐 아니라, 무관심과 재난으로 절망에 빠지면 우리에게도 도전할 수 있는 것이 바로 그 폭도들입니다." (Huberman 2000)

그러나 이런 주장은 극소수의 목소리에 지나지 않았고, 러다이트 운동을 하는 노동자들에겐 가혹한 처벌이 내려졌다. 1813년 2월 러다이트 운동을 주동한 14명의 노동자들은 교수형에 처해졌지만, 이들이 제기한 우려는 유럽 전역에서 공유되고 있었다. 예컨대, 1818년 『쾰른신문(Kölnische Zeitung)』은 다음과 같이 주장했다.

"증기기관 하나가 때로는 천 명의 사람을 실업자로 만들고, 모든 노동자들에게 나누어질 이익을 한 사람의 수중에 넘긴다. 기계가 새롭게 개선될 때마다 숱한 가정의 빵이 강탈된다. 증기기관이 하나 만들어질 때마다 거지들의 숫자가 늘어난다. 머지않아 모든 돈이 수천 가문의 수중에 들어가고, 나머지 사람들은 그들에게 잘 보이려고 애걸하게 되는 사태를 예상할 수도 있다." (Rietbergen 2003)

기계적 인간에 대한 우려도 나타났다. 메리 고드윈 셀리(Mary Godwin Shelley, 1797~1851)의 『프랑켄슈타인 또는 현대의 프로메테우스(Frankenstein, or the Modern Prometheus)』(1817)는 이 계열의 대표적 소설이다. 러다이트 운동은 오랫동안 시대착오적인 광기로 매도돼왔지만, 그 의미가 재평가되면서 오늘날 '신(新)러다이트(Neo-Luddite)' 운동으로 부활하고 있다. 신러다이트는 컴퓨터, 인터넷 등 20세기의 신기술에 대해 비판적인 시각을 보여주는 사람들, 혹은 이념을 가리킨다.

겐트 조약과 뉴올리언스전투

미국은 1814년 9월 11일 플랫츠버그(Plattsburgh)에서 수적으로 우세한 영국 육해군을 무찌르고 미국의 북쪽 국경선을 확보하기도 했지만, 전반적으로 몇몇 예외를 제외하곤 1812년에서 1815년까지 미국의 군사작전은 굴욕적인 패배로 점철되었다. 전쟁에 대한 여론도 나빠진 데다 연방파의 전쟁반대 목소리도 높아졌다. 특히 뉴잉글랜드의 반대가 격렬했다. 1814년 12월 15일 뉴잉글랜드의 주대표들이 코네티컷주의 하트포드(Hartford)에 모여 매디슨 행정부에 대한 이 지역의 불만을 논의했다. 회의 보고서는 뉴잉글랜드의 분리에 대해서는 암시적으로 언급하였지만 연방의회 법률의 무효화 권리를 재천명하고, 확대일로에 있던 남부와 서부의 영향력으로부터 뉴잉글랜드를 보호하기 위해 마련된 수정조항들을 제안했다.

게다가 미국은 유럽에서 나폴레옹의 패배로 영국이 더이상 미국의 통상을 방해할 동기를 가지고 있지 않다는 사실을 깨닫게 되었던 바, 전쟁을 계속해야 할 이유가 없었다. 영국도 나폴레옹과의 오랜 전쟁

뉴올리언스전투를 이끄는 앤드루 잭슨(오른쪽 상단). 뉴올리언스전투는 미-영전쟁 중 미국에 최대의 승리를 안겨주었다.

으로 지쳐 있었고 빚더미 위에 올라서게 되어 별 의미도 없는 전쟁에 매달리고 싶은 마음이 없었다. 벨기에의 겐트(Ghent)에서 미-영 평화협상이 개최된 이유다. 미국은 존 퀸시 애덤스(John Quincy Adams, 1767~1848), 헨리 클레이, 앨버트 갤러틴이 이끄는 대표단을 파견했다. 양측은 8월부터 본격적인 협상에 들어가 크리스마스이브에 조인했다. 이렇다 할 내용도 없이 그저 전쟁종식이 주요목적이었다.

그러나 아직 평화조약 서명 소식을 듣지 못한 미국에선 여전히 전쟁이 벌어지고 있었다. 미국에게 최대 규모의 승리를 안겨준 지상전이 1815년 1월 8일 뉴올리언스에서 일어났다. 이 전투에서 앤드루 잭슨

장군은 대승을 거두어 미국인들의 자긍심을 한껏 드높였다. 영국군은 사망자 700명, 부상자 1400명, 포로 500명의 손실을 입은 반면, 잭슨 부대의 손실은 8명의 사망자와 13명의 부상자가 전부였다.

하트포드 회의가 폐회한 직후 뉴올리언스에서의 잭슨의 승리소식이 전해졌고, 곧 이어 평화조약의 소식이 해외로부터 들려왔다. 브링클리(Brinkley 1998)에 따르면, "이런 분명한 승리에 도취된 상황 속에서, 하트포드 회의와 연방파는 쓸모없으며 시대적 상황과 전혀 맞지 않고 심지어는 반역적인 것처럼 보이게 되었다."

'엉클 샘'과 'eat crow'

늘 전쟁은 새로운 용어를 만들어내는 법이다. 1812년 전쟁으로 인해 탄생한 여러 용어 중엔 '엉클 샘(Uncle Sam)'과 'eat crow'가 있다.

엉클 샘은 샘 윌슨(Samuel Wilson, 1766~1854)이라는 이름을 가진 실존 인물이다. 1812년전쟁 때 윌슨은 뉴욕의 트로이에 주둔했던 군부대에 고기를 납품했는데, 병사들에게 보낸 고기에는 미국을 표시하는 U.S.라는 도장이 찍혀 있었다. 정부 검사관이 'U.S.'가 무엇을 의미하느냐고 묻자, 상상력이 풍부한 윌슨 상점의 직원은 그것이 윌슨의 별명인 엉클 샘을 의미한다고 대답했다. 이때부터 연방정부에 납품하는 모든 군수물자엔 엉클 샘이라는 이름이 붙게 되었다. 엉클 샘은 1852년 그림으로 형상화되는데, 염소수염을 가진 백발노인의 모습으로 1812년 전쟁의 영웅인 앤드루 잭슨을 닮았다. 이후 엉클 샘은 미국을 의인화한 인물의 위상을 갖게 된다. 샘 윌슨이라는 인물의 실존 여부에 대한 진위 논란이 있었는데, 1960년대 초 미국 의회는 윌슨이 진짜 엉클 샘이라고 공식 선언했다.

eat crow란 '앞서 한 말을 취소하거나 잘못을 인정하다' '하기 싫은 일을 하다' '굴욕을 당하다' 라는 뜻인데, 1812년전쟁에서 영국과 미국 간 휴전이 성립되었을 때 발생한 일에서 유래되었다. 어떤 미국 군인이 영국령 초소를 지나 나이아가라강을 건너서 한 마리의 까마귀를 총으로 쏘았다. 총소리를 들은 영국군은 국경을 침범한 미국인을 혼내주기로 결심하고 까마귀를 입으로 뜯어 먹으라고 명령했다. 미국인은 굴욕을 참고 까마귀를 한 입 뜯어먹고 나서야 총을 돌려받았다. 돌려받은 총으로 이번에는 미국인이 영국인에게 총을 겨누고 남은 까마귀를 마저 먹게 했다. 이런 일화가 전해지기 전부터 이 숙어가 존재했다는 설도 있지만, 1877년에 처음으로 문장 속에서 묘사되었으며 1888년에 이 유래가 기록되었다.

엉클 샘과 eat crow는 1812년전쟁의 결과를 놀라울 정도로 잘 상징해준다. 엉클 샘의 얼굴을 제공한 앤드루 잭슨은 전쟁영웅이 되어 얼마 후 대통령 자리에 오르게 된다. 1812년전쟁은 사실상 제2차 독립전쟁으로, 이제 미국은 영국에 대해 그 어떤 경우에도 eat crow를 해야 할 필요가 없어졌다.

또한 이 전쟁을 통해 서부로의 팽창을 방해해온 전통적인 억제력, 즉 인디언 침입에 대한 공포가 사라졌다. 이제 서부로의 진군나팔이 울려 퍼지는 가운데 애팔래치아 산맥 서쪽 지역 거주자는 1810년 백인 7명 중 1명꼴에서 1820년 4명 중 1명꼴로 늘게 되며, 미국 전체인구는 1790년의 400만 명에서 30년 만인 1820년 1000만 명을 돌파하게 된다. 이제 미국은 곧 플로리다도 먹고 텍사스도 먹어 치우는 엄청난 식욕을 과시하면서 "성조기여 영원하라"를 외치는 제국으로 발돋움 하게 된다. 미국은 신생국가로서 세계사에서 보기 드문 놀라운 압축성장(condensed economic growth)을 기록하게 되는데, 그 비결은 끊임없는 인구의 유입이었다.

나폴레옹과 유럽의 민족주의

미국이 1812년전쟁을 계기로 국운이 상승일로를 걷기 시작한 반면, 나폴레옹의 영광은 1812년 봄 러시아 원정의 참담한 패배로 무너지기 시작했다. 그는 1814년 4월 파리로 들이닥친 유럽 동맹군 앞에서 황제 퇴위 선언을 하고 엘바(Elva)섬에 유배되었다. 나폴레옹은 유배 10여 개월 만인 1815년 2월 엘바섬을 지키던 영국 해군의 눈을 피해 프랑스로 몰래 잠입하는 데에 성공했고, 잠시 왕권을 회복했던 루이 18세(Louis XVIII, 1755~1824 · 루이 16세의 동생)는 영국으로 도망쳤다. 다시 권력을 장악한 나폴레옹은 1815년 6월 18일 일요일 아침 프랑스 북부(지금은 벨기에 중부) 워털루(Waterloo) 평원에서 영국군과 최후의 일전을 벌였다.

이때 영국군을 이끈 인물은 웰링턴 공이라고도 하는 아서 웰즐리(Arthur Wellesley, 1769~1852)였다. 워털루 전역에 웰링턴은 6만7661명의 병사와 156문의 대포를 배치했고, 나폴레옹은 7만1947명의 병사와 246문의 대포를 배치했다. 전투에 동원된 말만도 3만 마리나 됐다. 나폴레옹은 "간단히 점심을 먹는 것 정도로 쉬울 것"이라고 생각했고, 바로 이런 방심 때문에 전투는 반나절 만에 영국의 승리로 끝나고 말았다.

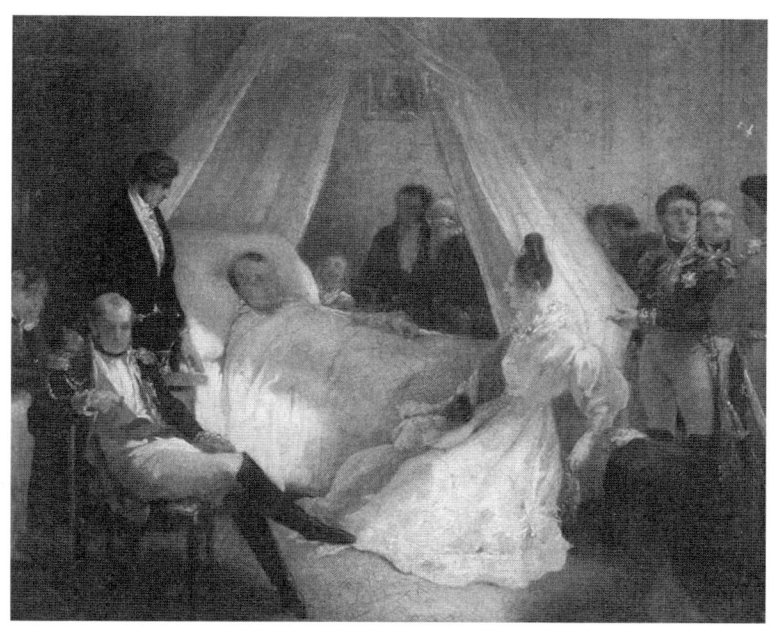
임종을 맞는 나폴레옹. 백일천하 후 세인트헬레나섬으로 유배된 그는 1821년 5월 5일 그곳에서 사망했다.

전서구 한 마리가 이 소식을 물고 영국 해협을 건너고 있었다. 이 중요하고도 결정적인 뉴스는 언론은 물론 영국 정부에도 전해지지 않았다. 오직 한 사람, 금융가인 네이선 로스차일드(Nathan Rothschild, 1777~1836)에게만 전달되었다. 그 덕분에 그는 주식시장에서 막대한 이익을 챙겼다.

나폴레옹은 '백일천하'를 누리다 다시 세인트헬레나(Saint Helena)섬으로 유배되었다. 아프리카 해안에서 1800킬로미터, 아메리카 대륙에서 4000킬로미터나 떨어져 있는 대서양의 머나먼 고도(孤島)였다. 나폴레옹은 1821년 5월 5일 그곳에서 사망했다. 자신이 영웅임을 믿어 의심치 않았던 나폴레옹은 자신의 머리를 깎아서 그 머리카락을 끝까지 자신을 보필했던 사람들에게 나눠주라는 유언을 남겼다. 지금까지도 전해지는 이 머리카락을 현대 의학으로 분석한 결과 비소·안티몬·납 등이 발견돼, 그가 독살됐다는 설이 제기되기도 했다.

나폴레옹은 죽기 전 "나는 오직 한 사람, 참으로 완전무결한 배반자를 알았다. 그 사람은 푸셰다!"라는 말을 남겼다. 푸셰는 프랑스혁명사에서 가장 흥미로운 인물이다. 프랑스혁명 시기에 가장 왼쪽에서 활동하다가 나폴레옹에게 붙어 그의 경무대신을 지내며 정보정치를 구사하다가, 그 다음엔 다시 루이 18세에게 붙었지만 결국엔 쫓겨난 인물이다. 프랑스혁명의 전 시기에 걸쳐 활동하면서 살아남은 거의 유일한 인물이다. 슈테판 츠바이크(Stefan Zweig, 1881~1942)의 『어느 정치적 인간의 초상: 프랑스혁명을 배후조종한 패덕자 푸셰의 기묘한 생애(Joseph Fouché: Portrait of Political Humans)』(1998)는 프랑스혁명의 이면을 들여다보는 데에 매우 재미있는 구경거리를 제공하고 있다.

푸셰는 "나폴레옹을 배반한 것은 내가 아니라 워털루이다"라는 말을 남겼다던가. 워털루전투는 워낙 유명하고 중요한 역사적 계기였기에, 오늘날 '워털루'만으로도 참패의 뜻을 갖게 되었다. 'meet one's Waterloo'는 결정적인 패배, 참패라는 뜻이다. 이 전투로 유명해진 웰링턴은 "워털루전투의 승리는 이튼의 운동장에서 시작됐다"라는 말을 남겼다고 하는데, 존슨(Johnson 2009)에 따르면, 그건 날조된 것이며, 공부를 못하는 아들에 대해 어머니가 "말 안 듣는 우리 아들 아서는 총알받이밖에 못 된다"라고 한 적은 있다고 한다.

어머니에게 총알받이감으로 평가받았던 웰링턴이 그런 공적을 세울 수 있었던 이유는 무엇일까? 그건 바로 '민족주의'였다. 나폴레옹이 유럽을 10년 동안이나 정복할 수 있었던 힘의 근원이 프랑스혁명을 통해 탄생한 '국민'과 그들의 민족주의였듯이, 그러한 정복에 반대하여 들고 일어선 힘도 바로 다른 나라들의 민족주의였다. 나폴레옹 법전(1804)으로 절정을 이룬 법률의 통일, 유럽 대륙의 대부분에서 서서히 채택한 도량형제도, 표준통화제 등 유럽 통일을 향한 많은 제도들이 나폴레옹 집권시기에 도입되었지만, 민족주의 의식만큼은 통일되기 어려웠다. 거의 없다시피 했던 독일 민족주의를 일깨운 피히테(Johann Gottlieb Fichte, 1762~1814)의 그 유명한 '독일 국민에게 고함'(1807)이라는 연속강연이 상징하듯이, 나폴레옹의 정복은 잠자고 있던 유럽의 민족주의를 흔들어 깨운 역사적 사건이기도 했다. 미국이 어찌 이 흐름으로부터 자유로울 수 있었으랴. 이제 곧 민족주의와 국가주의의 시대가 펼쳐지게 된다.

참고문헌 Bernstein 2005, Burns 2006, Brinkley 1998, Brown 1996, Bryson 2009, Burns 2006, Dahl 2004, Davis 2004, Dyer-Witheford 2003, Huberman 2000, Johnson 2009, Panati 1998, Ridings & McIver 2000, Rietbergen 2003, Shenkman 2003, Tocqueville 1997, Yates 2008, Zinn & Stefoff 2007, Zweig 1998, 강만길 1994, 김상현 2000, 김용관 2009, 손세호 2007, 양홍석 2008, 이용재 2005, 장석정 2003, 진인숙 1997, 최성일 2003, 홍사중 1997

제3장
대중민주주의의 등장

제5대 대통령 제임스 먼로
플로리다 합병, 먼로 독트린

"화합의 시대"

1816년 대통령 선거에서는 매디슨 행정부의 국무장관인 제임스 먼로가 선거인단 투표에서 183표를 얻어 제5대 대통령으로 당선되었다. 경쟁자인 뉴욕주 출신의 연방파 루퍼스 킹(Rufus King, 1755~1827)은 매사추세츠, 코네티컷, 델라웨어 등 겨우 34표를 얻는 데에 그쳤다. 계속 버지니아인들이 대통령을 차지함으로써 '버지니아 왕조(Virginia Dynasty)'라는 말까지 생겨났다. 먼로는 처음 5명의 대통령 중 '버지니아 왕조'라고 불리는 4명의 대통령 가운데 마지막 대통령인 동시에 '건국의 아버지'라고 부를 수 있는 사람들 중 마지막으로 대통령직을 수행한 사람이다. 물론 이후에도 윌리엄 헨리 해리슨(William Henry Harrison, 1773~1841), 존 타일러(John Tyler, 1790~1862), 재커리 테일러(Zachary Taylor, 1784~1850), 우드로 윌슨(Woodrow Wilson, 1856~1924) 등 버지니아 출신 대통령은 계속 나오게 된다.

먼로는 국무장관에 뉴잉글랜드인이며 연방파였던 존 퀸시 애덤스(존 애덤스의 아들), 육군장관에 사우스캐롤라이나 출신의 존 칼훈을 임명하는 등 지역 간 화합을 고려하여 초당파적 내각을 구성했다. 그는 과거 그 어떤 대통령도 하지 않았던 전국 친선여행을 다녔으며, 연방파가 느끼는 강력한 불만의 중심지였던 뉴잉글랜드에서조차 열광적인 환영을 받았다. 먼로는 "우리의 체제에 불화란 없습니다. 미국 국민들은 공통의 이해관계에 있는 하나의 대가족입니다"라고 선언했다. 보스턴의 연방파계열 신문인 『컬럼비아 센티널(Columbia Sentinel)』은 "화합의 시대(Era of Good Feeling)"가 도래했다고 썼는데, 이는 먼로 시대를 지칭하는 어구가 되었다.

1812년전쟁 직후 인디애나(1816), 미시시피(1817), 일리노이(1818), 앨라배마(1819) 등 4개의 주가 연방에 가입했다. 이즈음 미국은 플로리다 서부를 합병했으나 소유권은 계속 분쟁 중이었다. 대부분의 미국인들은 미국이 플로리다 반도 전부를 차지해야 한다고 생각하고 있었으며, 플로리다 국경선을 따라 군을 지휘하던 앤드루 잭슨은 전 플로리다 지역을 미국 영토로 만들려는 야심을 품고 있었다. 잭슨은 국경의 남쪽에 있는 세미놀족(Seminoles) 인디언들의 미국 영토침범에 대해 "적절한 조치를 취하라"는 존 칼훈 육군장관의 명령을 플로리다를 침략하기 위한 구실로 삼았다. 세미놀족과의 갈등은 도망친 흑인 노예를 세미놀족이 받아들였기 때문에 불거진 것이었다. 잭슨은 세인트 마크스(St. Marks)와 펜사콜라(Pensacola)에 있는 스페인 바란카스(Barrancas) 요새를 장악한 뒤, 인디언들을 선동하고 그들에게 물자를 공급했다는 죄목으로 두 영국인을 교수형에 처했다.

스페인은 이때 남미 식민지 전역에서의 반란으로 정신이 없는 상태였다. 국무장관 존 퀸시 애덤스는 미국의 2대 대통령이었던 아버지와 마찬가지로 외교전문가였다. 그는 1817년 스페인공사 뤼드 오니스(Luis de Onis)와 협상을 시작했다. 잭슨의 기습은 스페인에게 미국이 무력으로 플로리다 전체를 손쉽게 장악할 수 있는 능력이 있다는 걸 과시한 셈인데, 애덤스는 미국이 실제로 그렇게 할 의사가 있다는 걸 암시함으로써 사실상의 협박을 가했다. 그 결과 1819년 맺어진 애덤스-오니스 조약에 의해 스페인은 플로리다 전체를 미국에 양도했다. 그 대가로 미국 정부는 텍사스에 대한 권리주장을 포기했다. 먼로 대통령은 1821년 잭슨을 최초의 플로리다 주지사로 임명했다. 얼마후 잭슨은 플로리다주 상원의원으로서 워싱턴 정가로 돌아와 1824년 대선에 출마하게 된다.

1820년 미주리 타협

미 연방이 날로 팽창해갈 조짐을 보이던 당시 최대의 정치적 현안은 노예문제였다. 건국 이래로 새로운 주들이 우연히 또는 계획적으로 남부와 북부에서 각각 균형을 이루면서 연방에 가입했기 때문에, 노예제가 없는 자유주와 노예제를 유지하는 노예주 사이의 힘의 균형이 새로운 주를 받아들이는 데에 최우선 고려사항이었다.

이미 1763년에서 1767년 사이에 형성된 '메이슨딕슨선(Mason-Dixon Line)'은 남과 북, 노예제도와 자유를 가르는 경계선 역할을 해왔다. 측량기사 찰스 메이슨(Charles Mason, 1728~1786)과 제레미아 딕슨(Jeremiah Dixon, 1733~1779)의 이름을 따서 지은 '메이슨딕슨선'은

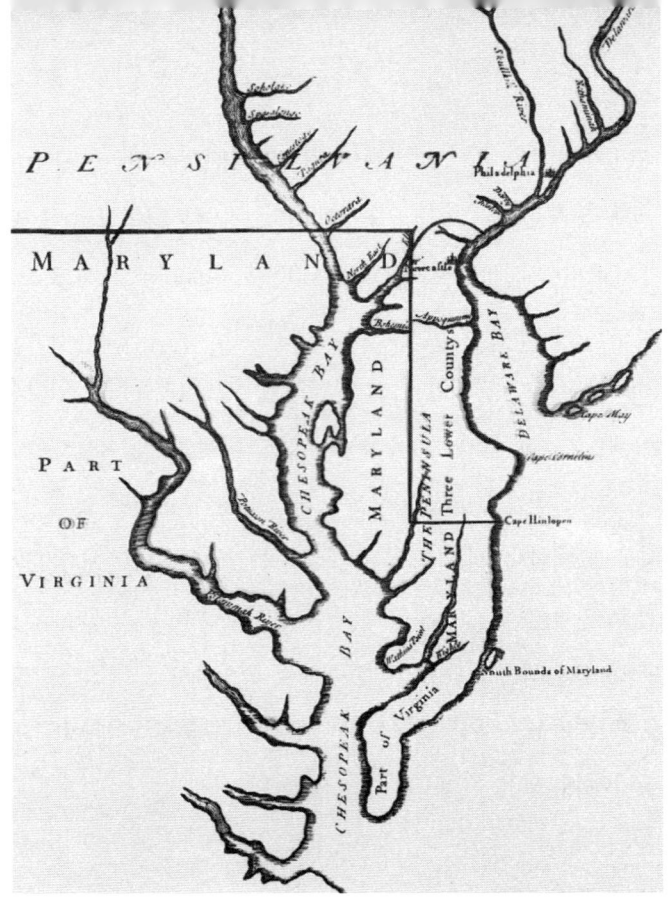

1732년 협의된 메릴랜드의 볼티모어 경 조지 캘버트와 펜실페이니아의 윌리엄 펜 사이의 토지 경계선이 이후 메이슨딕슨선이 되었다. (존 세넥스의 지도)

메릴랜드와 펜실베이니아를 나누는 경계선으로 오늘날에도 미국의 북부와 남부를 정치적·사회적으로 구분하는 상징적인 경계선으로 남아 있다.

1810년대 말 그간 암묵적으로 지켜져 온 메이슨딕슨선이 허물어지는 사태가 발생하기 시작했다. 1819년 미국에는 11개의 자유주와 11개의 노예주가 있었는데, 그해에 미주리주가 연방에 가입하려고 신청했을 때 미주리에는 노예제가 이미 정착된 상태였다. 미주리의 연방가입은 기존균형을 깰 우려가 있었다. 이에 뉴욕주 하원의원 제임스 톨미지 2세(James Tallmadge, Jr.)는 미주리주 연방가입법안에 수정조항을 첨가할 것을 제안했다. 미주리에 더이상의 노예가 유입되는 것을 금지하고 기존 노예들도 점진적으로 해방하는 것을 골자로 한 것이었다. 이는 이후 2년간 맹렬한 논쟁을 불러일으켰다.

미주리주 문제는 메인주의 연방가입신청으로 복잡한 상황에 놓이게 되었다. 하원의장 헨리 클레이는 북부의원들에게 만약 미주리가 노예주로서 연방에 가입하는 것을 막는다면 남부인들이 메인의 연방가입을 봉쇄할 것이라고 알려주었다. 상원은 메인의 신청과 미주리의 신청을 하나의 법안으로 통합했다. 일리노이 상원의원 제시 B. 토머스(Jesse B. Thomas, 1777~1853)는 미주리를 제외한 루이지애나 지역에서 미주리 남부경계선인 위도 36도 30분의 북부지역에 노예제를 금지하는 수정조항을 제안했다. 상원은 토머스 수정조항을 채택하고 하원의장 클레이는 많은 어려움을 거쳐 수정된 메인-미주리법안이 하원에서 통과할 수 있도록 조정했다. 이 의미에 대해 브링클리(Brinkley 1998)는 이렇게 말한다.

"남부와 북부의 국민주의자들은 미주리 타협에 대하여 연방을 위협했던 위협에 관한 만족스러운 해결이라고 간주하고 환호했다. 그러나 비록 이면에서 솟아오르고 있던 지역주의가 국민주의의 강력한 흐름을 그 순간에는 전복하지 못했지만, 미주리 타협에 관련된 논쟁은 지역주의가 국민주의와 경합하고 있었다는 사실을 보여주었다."

먼로는 남부와 서부 등을 광범위하게 여행하며 국민으로부터 열렬한 환영을 받아 1820년 실시된 두 번째 선거에서는 선거인단 232표 중

231표를 얻어 만장일치로 당선된 조지 워싱턴에 이어 최다득표로 재선되는 기록을 세웠다. 한 명이 먼로를 찍지 않은 이유는 만장일치로 당선된 워싱턴의 기록을 깨지 않기 위해서였다는 설과 더불어, 국무장관 존 퀸시 애덤스를 존경해 애덤스의 1824년 대선출마를 미리 홍보하자는 뜻이었다는 설이 있다.

1823년 먼로 독트린

미국의 독립은 중남미에도 영향을 미쳐 1810년부터 중남미 전역에서 독립전쟁이 벌어졌다. 스페인을 상대로 한 독립전쟁의 직접적인 계기는 1807년 나폴레옹이 스페인과 포르투갈을 침입함으로써 야기된 혼란이었다. 1808년 스페인을 점령한 나폴레옹은 사촌형인 조제프 보나파르트(Joseph Bonaparte, 1768~1844)를 스페인 국왕으로 세웠으나 식민지에서는 이를 인정하지 않았다. 또한 미국독립과 프랑스대혁명의 영향으로 본토인에 대한 크리올료(criollos)의 저항도 거셌다.

300여 년간의 스페인 식민통치기를 거치면서 백인들 사이에서는 페닌술라레스(peninsulares)와 크리올료라는 신분구분이 생겨났다. 페닌술라레스는 스페인(이베리아반도)에서 태어난 백인으로 지배계층으로 군림한 반면, 크리올료는 아메리카 태생의 백인으로 경제적 풍요는 누려도 고위공직에는 오를 수 없었다. 그래서 지배층의 부인들은 자식을 낳기 위해 수개월간의 고통을 참으며 스페인으로 가기도 했다. 크리올료는 스페인과 경쟁관계에 있는 영국의 지원을 받아 독립전쟁의 선봉에 섰다.

남미의 영구독립을 위한 운동의 시발점이 된 곳은 베네수엘라의 수도 카라카스와 아르헨티나의 수도 부에노스아이레스였다. 두 곳의 운동은 모두 1810년 초에 시작되었다. 베네수엘라전쟁을 대부분 진두지휘한 독립지도자는 카카오 농장을 소유하고 있는 부유한 크리올료 집안 출신인 시몬 볼리바르(Simon Bolivar, 1783~1830)였다. 그는 1821년 중순 베네수엘라에서 스페인 군대를 격파한 이후 4년 동안 지금의 콜롬비아, 에콰도르, 페루, 볼리비아 등의 독립운동을 지휘하며 헌신했다. 아이티 정부가 볼리바르에게 도움을 주기도 했다. '남미의 조지 워싱턴'으로 불린 볼리바르는 미합중국처럼 남미연방을 구상했지만 뜻을 이루진 못했다. 그는 콜롬비아(1821~1830)와 페루(1823~1829)의 대통령이자 실질적인 독재자로 군림했지만, 말년에 조국인 베네수엘라에서 추방돼 불행하게 죽었다. 페루 남부에 새로 세워진 볼리비아 공화국은 그의 이름을 딴 것이다.

남미 독립운동의 또다른 영웅은 산마르틴(José de San Martin, 1778~1850)이었다. 볼리바르가 북부의 해방자라면, 산마르틴은 남부의 해방자였다. 산마르틴은 아르헨티나의 독립을 달성한 후 해발 4000미터의 안데스산맥을 넘어 진격하여 칠레를 독립시키고 페루를 거쳐 에콰도르까지 진격하여 이들 독립의 초석을 세웠다. 독립전쟁의 와중에 이루어진 역사적 만남에서 산마르틴이 볼리바르에게 지도자의 지위를 공유하자고 제안하자 볼리바르는 자기 군대가 더 강하다는 이유로 이를 거절했다. 그러자 산마르틴은 자기가 한 단계 아래로 내려가겠다고 다시 제안했지만 이마저 거절당했다. 결국 산마르틴은 모든 지휘권을 볼리바르에게 넘긴 뒤 남미를 영원히 떠나 유럽으로 돌아갔다.

중남미 독립전쟁은 1824년 페루의 아야쿠초(Ayacucho) 전투를 끝으로 마무리되었는데, 전쟁기간 중 미국의 정책은 어떠했던가? 1815년 미국은 스페인과 반란 중인 스페인 식민지 사이에서 일어난 전쟁에서 중립을 선언했지만, 혁명군에게 선박과 물품을 판매함으로써 사실상 반란군에 호의적인 중립을 유지했다. 1822년 먼로 대통령은 세계 다른 국가들의 외교정책에 구애받지 않고 다섯 국가들, 즉 라 플라타(현재 아르헨티나), 칠레, 페루, 콜롬비아, 멕시코와 외교관계를 수립함으로써 미국은 최초로 이들 나라를 인정한 국가가 되었다.

1823년 12월 3일 먼로는 의회에 제출한 연두교서에서 더 나아가 결국 약 30년 후에 '먼로 독트린(Monroe Doctrine)'으로 알려진 정책을 공표했다. 먼로는 "유럽에 대하여 우리는 유럽 열강의 어떤 국내문제에도 간섭하지 않을 것이다"라고 전제하면서 "미국 대륙은 이제부터 어떤 유럽 열강에 의해서도 미래의 식민화대상으로 간주되지 않아야 한다"고 선언했다. 또한 먼로는 "라틴아메리카에 있는 기존의 유럽 열강들의 식민지에 대해서는 간섭하지 않겠다"면서도 "미국이 승인한 라틴아메리카의 독립국가들을 억압할 목적으로 또는 어떤 방식으로든 통제하려고 유럽 열강이 개입할 경우 미국은 이를 미국에 대한 비우호적 행위로 간주하겠다"고 밝혔다. 고립주의와 개입주의의 혼합이면서도 사실상 개입주의를 앞세운 선언이었다.

왜 이런 선언이 나온 것인가? 1815년 나폴레옹이 영국, 러시아, 오스트리아, 프로이센으로 구성된 유럽 연합군에 패하여 몰락한 후 유럽은 이 네 나라로 구성된 '신성동맹(Holy Alliance)' 체제의 지배하에 놓이게 되었다. 먼로선언은 이 신성동맹에 대항하기 위한 것이었는데, 구체적으로는 러시아가 스페인을 통해 아메리카 대륙에 영향을 행사하려는 의도와 더불어 프랑스가 스페인의 아메리카 구 식민지에 영향력을 행사하려는 시도에 맞서 나온 것이었다.

먼로 독트린은 유럽인들로부터는 교만하고 철면피한 조치라는 비난을 받았지만, 유럽인들에게 그렇게 말할 수 있는 자격은 없었다. 국제관계에서 약육강식(弱肉强食)의 논리를 신봉하는 나라들 사이에 웬 도덕이란 말인가. 속된 말로 쉽게 이야기하자면, 먼로 독트린은 중남미가 '미국의 뒷마당'임을 만천하에 선언한 '나와바리(구역) 선포식'이었다. 미국이 그만큼 힘이 커졌다는 뜻이기도 했다. 제국주의 열강들의 '땅 따먹기' 경쟁에서 지정학이 중요한 역할을 했는데, '미국과 중남미'의 관계는 '유럽과 아프리카'의 관계와 비슷했다. 10여 년 후에 일어날 텍사스 독립, 20여 년 후에 일어날 멕시코전쟁은 바로 그런 '나와바리 정치학'의 산물이다.

참고문헌 Brinkley 1998, Davis 2004, Dobyns 2000, Dole 2007, Elliott 2003, Englert 2006, Hart 1993, Moore 2009, Ridings & McIver 2000, 김용구 2006, 나윤도 1997-1998, 손세호 2007, 송기도 2003, 이삼성 2001, 이주영 1995, 정경원 외 2000, 최웅·김봉중 1997

제7대 대통령 앤드루 잭슨
'보통사람들의 시대'

제6대 대통령 존 퀸시 애덤스

1824년 대선은 존 퀸시 애덤스와 앤드루 잭슨의 대결구도로 치러졌다. 애덤스는 제2대 대통령인 존 애덤스의 아들로 정치귀족계급 출신인 반면, 잭슨은 가난한 아일랜드 이민의 후손이며 정규교육을 받지 못한 변방의 군인 출신으로 1812년 뉴올리언스전투에서 영국군을 패주시키면서 전국적인 관심을 받은 인물이었다. 잭슨은 일반대중에게 지지를 호소했는데, 그에겐 '살인자'라는 별명이 붙어 있었다. 그가 여러 번 결투를 치렀고, 군법회의를 유난히 좋아한 그의 명령에 의해 다수의 병사들이 교수형을 당했기 때문에 붙은 별명이었다.

선거인단 투표에서 앤드루 잭슨은 99표, 존 퀸시 애덤스는 84표, 윌리엄 크로포드는 41표, 헨리 클레이는 37표를 얻었다. 잭슨이 1위를 했지만 과반수 미달이었기 때문에 최종적인 결정은 하원에 위임되었다. 하원은 3명의 최다득표자 가운데 한 명을 선출하게 돼 있었다. 클레이의 지지로 애덤스가 제6대 대통령에 당선되었다. 새로운 대통령 애덤스가 클레이를 국무장관으로 임명하자 잭슨 추종자들은 '부정거래'라며 분노했으며, 잭슨은 클레이를 '서부의 유다'로 비난했다. 이런 갈등으로 인해 애덤스는 재임기간 동안 좌절의 연속을 겪게 되는데, 데이비스(Davis 2004)는 다음과 같이 말한다.

존 퀸시 애덤스 대통령. 제2대 대통령 존 애덤스의 아들이다.

"투표 전에 거래가 있었는지의 여부는 중요하지 않았다. 피해는 돌이킬 수 없는 것이었다. 대중들은 의회가 교묘한 계략으로 국민의 선택을 농락했다고 생각했다. 애덤스는 여러 면에서 훌륭했고 의도 역시 좋았으나 정치인으로서는 서툴렀다. 그의 정부는 '더러운 거래'를 둘러싼 정쟁에 휘말려 시작부터 무능력상태에 빠져들었고 애덤스는 이 정쟁에서 결코 빠져나오지 못했다. 테네시 주의회는 즉각 잭슨을 차기 선거후보자로 지명했다. 1828년의 대통령 선거는 1825년부터 이미 시작되고 있었다."

1825년 3월 4일 워싱턴 국회의사당 앞의 대통령 취임식장에서 제6대 대통령 존 퀸시 애덤스의 취임선서가 끝나자 군중들은 환호했고 새 대통령은 줄곧 뒤에서 지켜보던 백발노인의 손을 번쩍 치켜들어

답했다. 89세의 이 노인은 제2대 대통령 존 애덤스였다. 미 역사상 최초의 부자대통령이 탄생한 순간이었다.

존 퀸시 애덤스는 아버지처럼 당파정치로부터 한 발짝 물러났다. "나는 밑바닥을 모르는 당파주의의 쓰레기 속으로 뛰어들기보다는 청소부가 되어 거리의 오물을 쓸어내며 살아가겠습니다." 그는 신문기자들이 "장전된 나팔총으로 무장하고 길 구석에 앉아 살인청부로나, 아니면 놀이 삼아 자기들이 선택한 아무 통행자에게 총을 쏴대는 일종의 암살자"라고 비난했다. 그러나 그는 아버지처럼 적들뿐 아니라 심지어 지지자들에게까지 적대감을 형성해 관계를 소원하게 만들고 마는 지독한 독자노선을 추구함으로써 아버지처럼 격렬한 인신공격의 대상이 되었다. 이게 아버지처럼 재선에 실패한 주요이유가 되었다. 훗날 해리 트루먼은 "애덤스에 관해서 한 가지 정말 흥미로운 것은, 미안하지만 그가 우리 역사에서 유일하게 대통령이 된, 대통령의 아들이라는 점이다"라고 꼬집었다.

1828년 대통령 선거

1828년 대선은 대통령 선거운동의 분수령이 되었다. 여성, 흑인, 인디언을 제외한 백인 남자의 보통선거제 실시로 투표자는 이전보다 3배 이상 늘어났으며, 이 선거에서 최초로 유권자들은 특정후보 지지를 공표한 선거인단을 선출했기 때문이다. 또한 4년 전에 맞붙었던 존 퀸시 애덤스와 앤드루 잭슨이 다시 격돌한 이 선거에서 공화파 내 분열로 새로운 양대 정당제도가 출현했는데, 애덤스 측은 국민공화당(National Republicans), 잭슨 측은 민주공화당(Democratic Republicans)이라는 이름을 채택했다.

1828년 대선은 격렬한 인신공격의 대잔치가 벌어진 것으로도 유명하다. 앤드루 잭슨은 살인자, 술꾼, 난봉꾼, 좀도둑, 거짓말쟁이라고 공격당한 반면, 존 퀸시 애덤스는 폭군, 도박꾼, 방탕아, 군주제주의자, 귀족주의자, 러시아 차르를 위한 포주라고 공격당했다.

애덤스를 지지하는 어떤 신문은 잭슨의 어머니는 영국 병사들이 미국으로 데려온 매춘부였고 물라토와 결혼했다고 주장했다. 애덤스의 지지자들은 잭슨의 어머니를 '매춘부'로, 아버지를 '혼혈 물라토'로, 아내를 '간부(姦婦)'로 불렀다. 잭슨은 1791년 이혼녀 레이첼 로바즈(Rachel Robards, 1767~1828)와 결혼했는데, 로바즈는 잭슨과 결혼하면서 전 남편과의 혼인관계를 법적으로 정리하지 않아 정식으로 이혼을 한 뒤에 다시 결혼했다. 애덤스의 지지자들은 "간통녀와 정부(情夫)도 대통령이 될 수 있는가?"라고 비난했으며, 선거 캠페인송은 "오 앤디! 오 앤디! 평생 몇 명이나 교수형을 시키셨는지요? 몇 번이나 결혼을 하셨는지요?"라고 노래했다.(이때 큰 상처를 받은 로바즈는 선거가 끝나고 백악관에 들어간 며칠 만에 병들어 죽고 말았다. 잭슨은 애덤스가 아내를 죽게 했다며 비난했다.)

앤드루 잭슨은 대통령이 되기 전 백 번 이상 결투를 했고, 결투로 사람을 죽인 적도 있었다. 이것이 그가 '살인자'로 비난받은 이유 가운데 하나였다. 애덤스 쪽 전단은 "미합중국 대통령이 술이 거나하게 취한 채 권총을 들고 상원으로 뛰어들어가 정적들을 사살하는 것을 보고 싶으십니까?"라고 물었다. 잭슨의 반대자들은 '죽음의 관'이라는 전단도 뿌렸다. 잭슨이 6명의 군인을 사형시켰다고 비난하는 내용이었다. 전단은 사형당한 군인 중 한 명은 뉴올리언스전투 후 도망간 침례교 목사였으며, 그들은 3개월 동안의 군복무 후 고향에 돌아갈 권리가 있다고 생각했다고 주장했다. 1828년 7월 보스턴에서 인쇄된 전단은 '구슬픈 비극'이라는 시를 게재해 잭슨을 공격했다.

"우리는 군복무가 끝났다고 생각했지만 / 고향에 돌아가는 것은 우리의 권리이건만/법을 위반할 생각은 조금도 없었는데도 / 더욱이 적을 피해 도망갈 생각은 정말 없었네 / 잭슨은 해리스를 처형하라고 명령했네 / 그리고 5명을 더! / 6명의 젊은이가 인생의 절정에서 / 피바다 속에 뒹구네!"

존 퀸시 애덤스도 인신공격에 시달렸다. 매디슨 행정부 시절인 1809년부터 1811년까지 러시아 공사로 재직할 때 그가 미국의 젊은 매춘부를 러시아의 황제 알렉산드르 1세(Alexander I, 1777~1825)에게 알선해주었다는 비난이었다. 1825년 아메리카를 사랑하던 라파예트가 미국을 재차 방문했을 때 애덤스 대통령은 그와 프랑스어로 이야기를 나눈 적이 있는데, 이것마저 "애덤스 대통령의 비미국적인 행태"라고 비난받았다. 잭슨이 압도하고 있었음에도 잭슨 측은 애덤스의 부인 루이사 애덤스(Louisa Adams, 1775~1852)가 남편과의 성관계에 집착하는 여자이며, 혼전에 이미 2명의 아이를 부도덕하게 낳았다고 주장했다. 또 유니테리언파인 애덤스가 종교적 신명이 부족하고, 주일에 로드아일랜드와 매사추세츠를 공개적으로 돌아다녀 안식일을 모독했다고 비난했다. 잭슨의 지지자들은 애덤스가 백악관에 당구대를 구입했다며 비난하기도 했다.

"당구대는 점잖고 유행감각이 뛰어난 상류사회의 도박사들이 돈과

시간을 쓰고 뽐내며 노는 기구이다. 그 의미는 '미국 대통령'이 돈을 쓰면서 상류사회 또는 도박취향을 즐기는 것을 목격하는 것이다. 당구대와 공은 오로지 도박하는 목적 외에는 쓰이지 않는다. 그리고 구입하는 데 쓰이는 돈은 국민 호주머니에서 나온다."

취임식 날 백악관의 난장판

잭슨의 별명은 '올드 히커리(Old Hickory)'였다. 히커리는 북미산 호두나무로 매우 단단하기 때문에 그 뿌리로 담배 파이프를 만들기도 했다. 1813년 한 병사가 그를 일컬어 히커리 나무와 같이 굴하지 않는 사람이라고 하자, 다른 병사가 그가 나이가 들었다는 의미에서 '올드 히커리'라고 불렀다고 한다. 이 별명은 너무 고집이 세다는 뜻으로 해석되기도 하지만, 강인함 또는 단단함의 상징으로 잭슨의 불굴의 의지를 찬양하는 의미로 사용되었다.

당시 잭슨은 그의 군대가 상관들에 의해 곤경에 빠졌을 때, 자기 말을 포기하고 자기 돈으로 보급물자를 사서 지치고 열병에 걸린 병사들을 무사히 고향으로 귀대시켰다. 올드 히커리라는 별명은 의리의 사나이라는 의미뿐만 아니라 형식에 구애받지 않고 정의를 위해 싸우는 사나이라는 의미도 내포돼 있었다. 히커리 기장과 히커리 막대기는 잭슨 선거운동의 강력한 상징물이 되었다. 프랑스 정부대표단으로 미국을 방문한 미셸 슈발리에(Michel Chevalier, 1806~1879)는 다음과 같이 말했다.

"거대한 히커리 막대기들을 보는 순간 나도 모르는 사이에 걸음을 멈추었다. 막대기 중 하나는 꼭대기가 월계관으로 장식되어 있었으며, 그들 앞에는 파이프와 드럼 소리 웅장한 가운데 머리에 히커리 가지장식을 한 민주당원들이 행진하고 있었다. 막대기 사이에는 12명의 잭슨 부대원이 깃발을 흔들면서 잭슨 만세를 외치고 있었다."

선거 내내 잭슨 지지자들은 그를 '현대의 킨키나투스(Cincinnatus, 2번 호민관을 역임한 로마 장군)' '테네시의 농부' '제2의 워싱턴' '양대 전쟁의 영웅'으로 묘사했다. 말을 탄 장군복 차림의 초상화와 테네시 농부 옷차림에 손에는 히커리 막대기를 든 잭슨의 초상화를 행진 중에 들고 다녔다. 잭슨 쪽 전단은 이와 대조적으로 존 퀸시 애덤스를 구호품을 달라고 하소연하는 나이든 불구병사에게 말채찍을 휘두르는 사람으로 묘사했다.

잭슨은 일반 선거에서 56퍼센트를 얻었고 선거인단 투표에서 178대 83으로 과반수 이상 얻어 제7대 대통령에 당선되었다. 그러나 애덤스가 사실상 뉴잉글랜드의 모든 지역을 석권함으로써 지역구도가 확연하게 드러났다. 잭슨의 지지자들은 잭슨의 승리는 '부자와 기득권 계층'을 상대로 한 '농부와 기능공들'의 승리라고 환호하면서 미국이 '보통사람들의 시대(the era of the common man)'에 들어섰다고 주장했다.

1829년 3월 4일 미국 전역에서 온 농부, 노동자 등 보통사람들이 잭슨의 취임식을 구경하기 위해 연방의회 의사당 앞에 집결했다. 취임식이 끝난 뒤 이들은 신임대통령과 악수하려고 백악관의 공개환영회에 몰려들어와 회의장을 가득 메웠다. 흙투성이 장화를 신은 군중들은 이 방 저 방으로 몰려다니면서 카펫을 더럽히고 실내장식품을 훼손했다. 술에 취한 남자들, 기절한 숙녀들로 백악관은 난장판이 되었다. 밀려드는 사람들로 인해 압사지경에 처한 잭슨은 뒷문으로 빠져나가 사설숙소로 피해야만 했다. 잭슨의 정치동료 애모스 켄들(Amos Kendall, 1789~1869)은 "이날은 국민들이 자랑스럽게 생각했던 날이었다"고 회고한 반면 연방대법원 판사 조지프 스토리(Joseph Story, 1779~1845)는 "'폭도'의 왕의 시대가 승리한 것 같다"고 비난했다.

아버지가 그랬던 것처럼 애덤스도 잭슨의 취임식에 참석하지 않고 워싱턴을 떠났다. 토머스 제퍼슨이 자신의 아버지를 대우한 방식을 결코 용서하지 않았던 존 퀸시 애덤스는 제퍼슨을 "신앙심이 결여된 철학과 쾌락주의적 도덕관, 불타는 야망, 스토아주의적 자기통제, 깊은 이중성 그리고 관대한 감수성의 사례가 드문 혼합체"라고 불렀다. 그러나 90세까지 장수한 아버지 애덤스는 제퍼슨과 절교한 지 11년 만에 화해했으며, 두 사람은 이후 14년간 이어진 서신교류를 했다. 애덤스가 1826년 7월 4일 죽으면서 남긴 마지막 말은 "토머스 제퍼슨은 아직 건재하겠지"였지만, 사실 제퍼슨은 바로 그날 그보다 조금 일찍 죽었다. 아들 애덤스는 백악관을 떠난 뒤에 매사추세츠주 의원으로 정치에 복귀하여 전직 대통령으로 의원이 되는 최초의 선례를 남겼다.

잭슨의 '식탁내각'

잭슨의 대통령 취임식 날 백악관에서 벌어진 난장판은 미국 정치의 전환장면이었다. 앞서 말했듯이, 재산소유자라는 비교적 소규모의 집단에게만 허용되었던 정치가 이제 실제로 미국의 모든 백인 남성에게 개방되었기 때문이다. 거의 대부분의 주에서 백인 남성 재산소유자나 납세자 또는 두 가지 조건을 충족하는 사람에 한하여 선거권을 부여했는데, 그 기준이 점점 느슨해지기 시작한 것이다. 전체 성인 백인 남성 가운데 대통령 선거투표에 참여할 수 있었던 비율은 1824년 27퍼센트, 1828년 58퍼센트, 1840년 80퍼센트로 늘었다.

보수파는 백악관의 난장판에 대해 "혹시 이것이 프랑스혁명의 개막이 아닌가"라고 우려했지만, 이것이 바로 소위 '잭슨 식 민주주의'의 출발이었다. 사람들은 그가 영어철자를 틀리게 쓰는 것마저 좋게 보아서 이것이 그를 '민주주의자' 혹은 '우리와 같은 사람'이라고 치켜세우는 이유가 되었다.

잭슨은 자신이 신뢰하는 조언자들로 구성된 이른바 '식탁내각(Kitchen Cabinet)'으로 알려진 비공식 정치고문단을 이용하여 공식적인 내각을 단순히 정책을 집행하는 부서의 장으로 격하시켰다. 이는 현대 대통령들이 따르는 모델이 되었다. 국무장관에 임명된 마틴 밴뷰런(Martin Van Buren, 1782~1862)만이 공식적인 내각과 비공식적인 고문단의 일원으로 활약해 나중에 잭슨의 후계자가 되어 제8대 대통령 자리에 오르게 된다.

잭슨의 사설고문단의 유력 멤버는 언론인들이어서 이는 이른바 '권언유착'의 대표적인 선례가 되었다. 사실 잭슨은 신문을 정부운용의 실질적인 수단으로 격상시킨 최초의 대통령으로, 그가 공식적으로 기용했던 언론인만 57명이나 되었다. 선거 때에 애덤스의 혼전 성관계를 폭로하는 기사를 신문에 게재한 이도 잭슨의 신임을 받은 더프 그린(Duff Green, 1791~1875)이었다. 이런 권언유착의 대표적 인물은 애모스 켄들인데, 나중에 전 대통령 애덤스는 잭슨과 밴뷰런이 "켄들의 꼭두각시"였다고 주장했다.

이러한 주장은 달리 보면 보통사람의 목소리가 높아지고 국가경영이 복잡해지면서 정치의 전문화·분업화가 이루어지기 시작했다는 걸 의미한다. 이전에는 없었던 이런 식의 비판이 이후 미국 정치에서 수시로 제기되곤 한다는 게 이걸 잘 말해준다. 최고지도자의 가장 중요한 역할은 대중을 상대하는 기술이 되고, 실무적인 국가운영은 참모들에 의해 관장되는 게 새로 출현한 대중민주주의의 문법이었다.

참고문헌 Baldasty 1984, Brinkley 1998, CCTV 2007, Davis 2004, Dole 2007, Emery & Emery 1996, Jamieson 2002, Mark 2009, Mayo 1979, Ridings & McIver 2000, Schwartz 1997, Shenkman 2003, Smith 1990, Solove 2008, Swint 2007, 김형인 2003b, 나윤도 1997-1998, 박경재 1995, 양홍석 1999, 이구한 2006, 임용순 1995

기술의 진보, 흑인인권의 퇴보
최초의 기차 출현, 터너의 반란

1830년 최초의 기차 출현

1825년 10월 26일 허드슨(Hudson)강과 이리(Erie)호를 연결하는 이리운하 개통식이 열렸다. 존 퀸시 애덤스 대통령, 앤드루 잭슨, 존 애덤스, 토머스 제퍼슨, 제임스 매디슨, 제임스 먼로 등 미국의 지도자들이 참석한 가운데 운하를 건설한 듀윗 클린턴(Dewitt Clinton, 1769~1828)은 뉴욕항 바다에 이리호 물 한 통을 쏟았다. 해군의 퍼레이드와 더불어 개통식이 성대하게 치러지면서 뉴욕은 축제분위기에 휩싸였다. 길이 364마일(580킬로미터, 1마일은 약 1.6킬로미터), 넓이 12미터, 깊이 12미터에 이르는 이리운하의 개통은 뉴욕의 오대호 지방과 뉴욕을 수로로 연결시켜 동부와 중서부의 물자유통에 혁명을 몰고 왔다. 화물수송비를 10분의 1로 줄였으며, 운송시간도 20일에서 6일로 단축되었다.

오대호는 슈피리어호, 휴런호, 미시건호, 이리호, 온타리오호로 각 크기가 8만2360, 5만9570, 5만8020, 2만6720, 1만9680 제곱킬로미터나 됐다. 오대호 주변엔 버펄로, 클리블랜드, 디트로이트, 시카고 같은 대도시가 출현했다. 이리운하는 서부로 가는 새로운 통로를 마련했을 뿐 아니라 뉴욕항을 더욱 번창하게 만들었다. 덩달아 뉴욕의 땅값도 뛰었다. 운하가 생기기 이전에 뉴욕은 보스턴, 필라델피아보다 중요하지 않은 도시였지만 이 운하 덕택에 뉴욕은 중서부에서 오는 방대한 농산물의 집산지가 되었다.

이후에도 여러 운하가 건설돼 총 운하의 길이는 1830년 2000킬로미터, 1840년 5000킬로미터에 달하게 되지만, 겨울엔 북쪽 지방의 운하가 얼어붙기 때문에 다른 대체 수송수단이 필요했다. 이런 문제를 보완해준 것이 바로 철도다. 뉴욕 출신의 기술자이자 사업가였던 피터 쿠퍼(Peter Cooper, 1791~1883)는 1830년 잡동사니부품을 활용해 톰 섬(Tom Thumb)이라는 운송기관을 개발했다. 톰 섬은 볼티모어-오하이오구간을 시속 18마일로 달리는 데 성공했다. 지금 기준으론 매우 느린 속도지만, 터덜거리는 마차속도에 익숙해 있던 미국인들에게 이 속도는 충격으로 다가왔다.

이게 미국 역사상 최초의 철도인데, 세계 최초의 기차가 출현한 건 영국의 조지 스티븐슨(George Stephenson, 1781~1848)이 손수 제작한 증기기관차 로코모션호가 약 40킬로미터 구간을 시속 7~13킬로미터로 달린 1825년 9월 27일이었다. 아버지의 작업을 이어받아 아들 로버트 스티븐슨(Robert Stephenson, 1803~1859)이 기차를 더욱 발전시켜나갔다. 승객과 화물을 실어나르는 철도는 1830년 9월 15일에 운행을 개시했다. 이날 스티븐슨의 로켓호가 승객 36명을 태우고 항구도시 리버풀과 면화도시 맨체스터 사이 50킬로미터를 시속 46.8킬로미터로 달렸다. 10년 후 영국에서는 2000마일의 노선이 운영되었다. 미국에서도 철도건설 붐이 일어 1835년 미국에 건설된 철도 길이는 수천 마일에 이르렀다.

영국 역사학자 에릭 홉스봄(Eric Hobsbawm 1998)은 "철도의 도래는 그 자체가 혁명적 상징이자 혁명적 성취였다"며 다음과 같이 말했다. "연기를 내뿜는 거대한 뱀처럼 생긴 철도가 바람 같은 속도로 여러 국가와 대륙을 가로질러 미끄러져 달리는 모습은 기술을 통한 인간 승리의 상징이었다. 철도의 개착(開鑿), 다리와 역, 제방들 앞에서 피라미드, 로마의 수로, 중국의 만리장성마저 빛을 잃었다."

투생·프로서·베시

철도와 같은 기술의 진보는 끊임없이 이루어졌지만, 흑인노예 문제만큼은 퇴보를 거듭했다. 미국의 백인들은 흑인노예들이 1791년에 봉기해 1804년 역사상 최초의 흑인 독립공화국으로 태어난 아이티를 두려운 눈길로 바라보고 있었다. 한 연방 하원의원은 아이티공화국은 기껏해야 "흑인독재요 흑인에 의한 권력강탈"이라며 문명국들은 이 공화국을 천민, 부랑자로 대해야 한다고 주장하기도 했다. 실제로 이런 이유 때문에 반세기에 걸쳐 미국의 대통령들은 아이티공화국에 대한 승인을 보류하게 된다. 미국의 노예소유주들은 아이티의 독립지도자인 투생의 소식과 그가 일으킨 반란소식을 노예들이 듣지 못하도록 몇 년 동안 쉬쉬하며 지냈다. 그러나 노예들은 고통을 받을 때마다 이미 그들 사이에 널리 알려진 투생의 이름을 속삭이곤 했다.

그런 속삭임은 몇 차례의 반란으로 발전되었다. 1800년 가브리엘

1835년 노예 판매 광고 전단.

　프로서(Gabriel Prosser, 1776~1800)는 버지니아 리치먼드 외곽에서 1000명의 노예들을 규합하여 반란을 일으켰으나 두 명의 흑인이 반란계획을 누설하여 곧 진압되고 말았다. 프로서 등 35명의 노예가 처형되었다. 1811년 뉴올리언스 근방에서 400~500명의 노예가 가담한 반란이 있어났으나 이 또한 곧 진압되고 말았다.

　1822년 찰스턴(Charleston)의 자유흑인 덴마크 베시(Denmark Vesey)는 성서를 통해 모세가 이스라엘의 자손들을 이집트로부터 탈출시킨 것처럼 자신도 노예들을 해방하겠다는 꿈을 품고 총 9000명에 달했던 추종자들과 함께 반란을 준비했다. 그러나 계획이 새어나가 실패로 돌아가고 말았으며, 베시를 포함한 35명이 교수형을 당했다.

　흑인 노예들의 가장 큰 고통은 가족이 뿔뿔이 흩어지는 것이었다. 노예들의 약 4분의 1은 배우자와 강제로 헤어져야만 했다. "흑인판매.(Negroes for Sale.) 여자 흑인 24세, 아이 8세, 3세. 원하는 대로 하나씩, 아니면 한꺼번에 구입가능"은 흔히 볼 수 있었던 광고였다. 또『찰스턴 커리어(Charleston Courier)』지 1828년 4월 12일자 광고에 따르면,

"판매사상 유례없이 쓸모 있는 노예가족. 35세가량의 여자요리사와 14세가량의 딸, 8세가량의 아들. 사실 분이 원하시는 대로 한 가족 모두 또는 일부 따로 팝니다."

1830년 아프리카 라이베리아 건국

인종차별주의자이면서도 스스로 양심적이라고 믿는 일부 백인들은 흑인들을 카리브해 지역이나 아프리카로 이주시키려는 식민화를 시도했다. 1817년 일부 버지니아 백인들이 조직한 미국식민협회(American Colonization Society)가 바로 그런 시도를 한 대표적 단체였다. 창립 멤버인 헨리 클레이는 1852년 죽을 때까지 협회의 회장을 지냈는데, 토머스 제퍼슨, 제임스 매디슨, 존 랜돌프, 에이브러햄 링컨(Abraham Lincoln, 1809~1865) 등 많은 지도자들이 이런 시도를 지지했다.

이 단체는 남부인들의 감정이나 재산권을 건드리지 않고 노예제만을 비판의 대상으로 삼으면서 노예주인들에게 보상금을 주면서 점진적으로 노예를 해방할 것을 제안했다. 이들은 미국 정부의 후원하에 상당한 영향력을 가지고 기금을 모아 상당수 흑인을 미국 밖으로 수송하고 그 일부는 아프리카 서부해안으로 가도록 조치했다. 그 결과 1822년 아프리카 서해안에 자유를 뜻하는 리버티(liberty)에서 비롯된 라이베리아(Liberia)라는 식민지가 탄생했으며, 이 식민지의 흑인들은 1830년 같은 이름으로 나라를 세웠다. 1846년 라이베리아는 정식으로 흑인 독립공화국이 되었으며, 수도 이름은 초기정착을 주도했던 미국 대통령 제임스 먼로의 이름을 따 몬로비아(Monrovia)라고 붙였다. 미국은 1847년 라이베리아 독립을 공인했다.

그러나 라이베리아 건국은 성공과는 거리가 멀었다. 지원이 충분치 않은 데다 흑인들도 반대하고 나섰기 때문이다. 흑인들의 다수는 이미 아프리카에서 이주한 지 서너 세대가 지난 사람들로서 노예제는 증오해도 다른 곳으로 이주할 생각은 없었다. 게다가 1830년경 남부의 면화 붐으로 노예제 노동이 더욱 필요하게 돼 대규모 이주는 무산되고 말았다. 1852년까지 라이베리아로 간 흑인은 8000명 이하였으며, 이중 자유흑인은 2800명뿐이고 3600은 라이베리아 행을 조건으로 해방된 노예였으며, 1000명은 노예선에서 석방된 아프리카인이었다. 사실상 실패였다.

라이베리아로 이주한 흑인 중에는 미국 독립혁명 때 영국군에 투항한 흑인들도 있었다. 당시 영국군은 식민지의 흑인 노예들이 영국군 진영으로 도망오면 해방시켜주겠다고 선포했었다. 영국군은 도망온 노예들을 캐나다의 노바스코시아에 주둔시켰다가 전쟁이 끝나자 이들을 라이베리아로 이주시켰다. 이후 라이베리아에선 미국 영어를 쓰는 라이베리아인과 영국 영어를 쓰는 라이베리아인 사이에 국가권력의 주도권을 잡기 위한 경쟁과 갈등이 치열하게 벌어진다. 라이베리아는 훗날 제1·2차 세계대전시 미국과 연합해서 싸우는 등 미국과 긴밀한 우호관계를 맺지만, 14년간의 내전으로 6000여 명이 목숨을 잃는 등 '리버티'와는 거리가 먼 나라로 전락하고 만다.

'워커의 호소'와 '터너의 반란'

1830년 당시 북부에는 자유를 얻은 약 13만 명의 흑인들이 살고 있었다. 노예의 자식으로 태어나 보스턴에서 낡은 옷가지를 팔던 데이비드 워커(David Walker, 1785~1830)는 흑인들에게 자유를 찾아 싸우라는 내용의 『워커의 호소(Walker's Appeal to the Coloured Citizens of the World)』(1829)라는 책을 출간해 다음과 같이 주장했다.

"우리의 적들이 백정 같은 짓을 계속해서 그들의 잔을 피로 가득 채우도록 하자. 당신이 가야 할 길이 명확히 보이기 전까지는 절대로 우리의 자유나 자연권을 얻으려는 시도를 하지 마라. …… 때가 되어 당신이 행동하게 되면 두려워하지도 말고 당황해하지도 마라. …… 하나님은 기꺼이 우리에게 (백인들에게 주신 것처럼) 두 개의 눈과 두 개의 손과 두 개의 발과 머릿속의 몇 가지 감각을 주셨다. 우리가 그들을 노예로 삼을 수 없는 것처럼 그들도 우리를 노예로 삼을 수 없다. …… '쥐구멍에도 볕들 날이 있다.' 미국인들(백인들)의 시대는 이제 끝나고 있다."

이 책은 남부 노예소유주들을 격노하게 만들었다. 그들 가운데 한 명이 워커를 사살하거나 생포할 경우 사례하겠다고 공언하고 나섰다. 1830년 어느 여름날, 워커는 자신의 가게 앞에서 시체로 발견되었다.

그러나 그런 죽음의 위협에도 아랑곳하지 않고, 워커에 이어 노예 전도사인 냇 터너(Nat Turner, 1800~1831)가 나타났다. 그는 신비주의자이자 설교자로 통찰력과 성서의 권위를 이용하여 열렬한 추종자들을 모았다. 1831년 8월 터너와 70여 명의 부하들이 대대적인 반란을 시작했다. 터너는 자신의 주인을 시작으로 단 한 명의 목숨도 살려놓지 않는 죽음의 행진을 시작했고 총과 도끼로 무장한 흑인들을 이끌고 여름날 밤 버지니아주 사우샘프턴 카운티의 여러 가구를 습격했다. 그들은 백인 남성, 여성, 어린이 등 모두 60여 명을 학살한 뒤 주 민병대

1831년 버지니아에 배포되었던 '무서운 학살'이라는 제목의 목판 인쇄물. 터너의 반란에 대한 지역사회의 반응을 보여준다.

와 연방군에 의해 진압되었다. 도주한 터너를 찾기 위해 병사 수천 명이 동원되었지만, 터너는 두 달여 동안 포위망을 교묘히 피해다니며 남부인들을 공포에 떨게 했다.

노예들은 물론 백인들도 터너가 초자연적인 능력을 지녔다고 여겼기에 그가 붙잡혀 교수형을 당한 뒤에도 백인들은 그가 남긴 영향력을 두려워했다. 백인 소설가 윌리엄 C. 스타이런(William C. Styron, 1925~

2006)이 1967년 출판하여 퓰리처상을 탄 역사소설 『냇 터너의 고백(The Confessions of Nat Turner)』은 처형 전의 터너에 대한 인터뷰를 토대로 이 사건을 자세히 묘사했다. 터너의 반란은 19세기 남부에서 발생한 유일한 실제 노예폭동이었다. 백여 명 이상의 흑인들이 이 일로 처형당했다. 이후 노예에게 읽기와 쓰기 등을 가르치는 것까지 금지하는 엄격한 노예법이 새로 제정되었고, 노예제 철폐론자들을 겨냥한 검열법도 통과되었다.

개리슨의 『리버레이터』

그러나 자유를 향한 흑인들의 저항이 그런 법으로 저지될 수는 없는 일이었다. 1831년 노예제 폐지론자(abolitionist)의 주간지인 『리버레이터(Liberator)』가 창간되었다. 윌리엄 로이드 개리슨의 작품이었다. 1805년 매사추세츠에서 태어난 그는 1820년대에 선도적인 노예제 폐지 신문을 출판하던 뉴저지의 퀘이커교도 벤저민 런디(Benjamin Lundy, 1789~1839)의 조수로 일하다가 런디의 온건한 입장을 참을 수

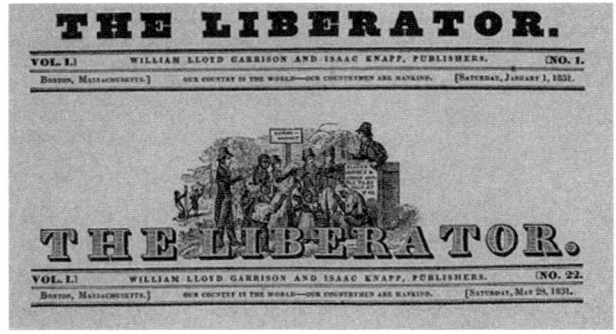

노예제 폐지론자 윌리엄 로이드 개리슨이 창간한 신문 『리버레이터』의 제호들.

없어, 보스턴에 돌아와 『리버레이터』를 창간한 것이다. '점진주의(gradualism)'를 거부하고 즉각적이고 무조건적인 노예제 폐지를 역설한 그는 창간호에 이렇게 썼다.

"이 문제와 관련해서 나는 온건하게 생각하지도 말하지도 쓰지도 않을 것이다. 못한다. 그렇게는 못한다! 그것은 불났다는 사실을 조용히 알려주는 말이며, 강간범에게 아내를 구해달라고 점잖게 타이르는 것이며, 불속에 떨어진 아이를 천천히 꺼내라고 그 어미에게 말하는 것과 같다. 하지만 내게는 그렇게 말하지 말라. 이런 일에 어떻게 온건할 수 있냐고 질책해달라. 이 말은 진심이다. 나는 회색분자는 되지 않을 것이다. 용서하지도 않을 것이다. 한 치의 양보도 하지 않을 것이다. 그리고 사람들은 내 말을 들을 것이다."

개리슨은 1832년 뉴잉글랜드노예제폐지협회(New England Antislavery Society)를 조직하고 1년 뒤 필라델피아에서의 총회 이후 미국노예제폐지협회(American Antislavery)를 창립했다. 이 조직은 1835년 400개 이상의 지회를 거느렸고, 1838년에는 1350개의 지회에 25만 명의 회원을 조직했다. 25명의 정기구독자로 시작한 『리버레이터』를 1850년대 무렵에는 10만 명 이상이 구독하게 된다.

개리슨과 같은 노예제 폐지론자들은 늘 폭도들의 폭력위협에 시달렸다. 필라델피아의 한 폭도는 1834년 노예제 폐지론자들의 본부를 공격하여 완전히 불태워버렸고, 또다른 폭도들은 1835년 보스턴 거리에서 개리슨을 붙잡아 그를 목매달겠다고 위협했다. 개리슨은 쇠사슬과 더불어 밧줄로 목이 묶인 채 보스턴 거리를 끌려다니다가 감옥에 갇힘으로써 가까스로 죽음을 면할 수 있었다.

일리노이주 알톤(Alton)에서 노예제 폐지론을 표방한 신문 『옵저버(Observer)』를 발행하던 일라이자 D. 러브조이(Elijah D. Lovejoy, 1802~1837)도 폭도들의 폭력에 계속 시달렸는데, 그들의 공격으로부터 신문사를 방어하려고 노력하다가 결국 1837년 11월 7일 살해당하고 말았다. 노예제 폐지운동가들은 그의 죽음을 다음과 같은 슬로건으로 표현함으로써 운동에 박차를 가하고자 했다. "러브조이는 미국 자유의 최초 순교자로서 언론의 자유를 주장하다가 알톤에서 1837년 11월 7일 살해되었다.(LOVEJOY the first MARTYR to American LIBERTY. MURDERED for asserting the FREEDOM of the PRESS. Alton, November 7, 1837.)"

'짐 크로'의 등장

1830년대 중반 반(反)노예제 신문들은 거의 예외 없이 폭도들의 폭력에 시달렸는데, 폭도들은 상인, 의사, 변호사 등 상당한 재산과 지위를 가진 지역의 지도급 인사들이었다. 이들은 자신들을 독립혁명 시절의 '자유의 아들들(Sons of Liberty)' 이나 '민병대(Minute Men)' 로 여기면서 자신들의 폭력행위에 확신과 더불어 긍지를 느끼는 자들이었다.

흑인을 짐 크로(Jim Crow)로 부르는 것도 바로 이 시기의 산물이다. 1830년대에 토머스 다트머스 라이스(Thomas Dartmouth Rice, 1808~1806)라는 이름의 한 백인 연예인이 송앤댄스(Song and Dance) 곡을 하나 썼는데, 대히트를 기록하면서 이 노래에 등장하는 짐 크로가 니그로와 동의어로 쓰이게 되었다. 천방지축으로 뛰어다니는 멍청이 봉제인형의 모습으로 표현된 짐 크로는 crow(까마귀)에서 나온 표현으로 가난과 어리석음의 대명사였다. 남북전쟁 후 남부인들은 노예해방을 사실상 무효화하기 위해 일련의 인종차별법을 제정하는데, 이 법들을 '짐 크로 법'으로 부르게 된다.

일부 백인 지식인과 정치인들은 짐 크로를 노예로 부려야 하는 이론을 공급하는 역할을 수행했다. 윌리엄앤메리대학의 교수인 토머스 R. 듀(Thomas R. Dew, 1802~1846)는 1832년 초 버지니아 주의회의 의뢰를 받아 노예제 지지자들의 주장을 세련되게 정리해 노예제를 변호하는 글의 개요를 작성했다. 이런 내용이다.

"예로부터 문명은 노예노동이 있는 곳에서 발달해왔다. …… 흑인은 본디 자유와는 거리가 멀고 보호와 안전보장을 필요로 한다. 언제 해고될지 모르는 북부의 노동자에 비해 의식주가 보장되는 남부의 노예제도는 지극히 자연의 섭리에 충실한 것이다. 때문에 성경의 어느 부분에도, 노예제도가 신의 뜻을 거스른다고는 적혀 있지 않다. 노예 소유주들은 양심의 가책 따위를 느낄 필요가 없는 것이다. 주님께서 허락하신 제도니까."

1837년 존 칼훈은 듀의 주장에 맞장구를 치면서 "남부인들은 노예제가 필요악이었다고 사죄할 것이 아니라 그것을 '적극적인 선'으로 방어해야 한다"고 주장했다. 칼훈은 모든 인간이 자유를 부여받는 평등한 존재라는 가정은 위험한 오류라고 단언했다. 듀의 작업은 1852년에 글 모음집으로 발간되었는데, 그는 노예제 지지자들의 이념을 '노예제 지지론(Pro-Slavery Argument)'이라 칭했다. 요지는 열등한 흑인들에게는 백인 주인의 가르침이 필요하기 때문에 노예제는 흑인들에게도 좋다는 것이다.

그러나 빠른 속도로 이루어진 기술발전은 그런 흑인열등론을 궁극적으로 분쇄하게 되었다. 흑인의 자질과 역량이 백인보다 못할 게 없다는 걸 보여주는 데에 기술의 개발과 이용은 기술이 아니면 확인할 길이 없는 기회를 제공해주기 때문이다. 1830년대 초반 기술의 진보가 이루어진 시기에 흑인인권의 퇴보가 나타난 건 분명한 사실이지만, 이는 오래 지속될 수 없는 과도기적 현상이었음을 역사는 말해준다.

참고문헌 Beatty 2002, Bernstein 2005, Brinkley 1998, Bryson 2009, Chomsky 2004, Davis 2004, Folkerts & Teeter 1998, Gordon 2002, Hobsbawm 1998, Huberman 2001, Hunt 2007, Huntington 2004, Klemm 1992, Quarles 2002, Richards 1970, Shenkman 2003, Vardaman 2004, Weil 2003, Zinn 2001a, Zinn & Stefoff 2008, 김동길 1987, 김동춘 2004, 김형인 2003a, 노무현 2001, 박천홍 2003, 사루야 가나메 2007, 오치 미치오 외 1993, 유종선 1995, 이석호 2007, 이주영 1995, 최웅·김봉중 1997

'미국의 민주주의'
알렉시스 토크빌의 미국 방문

'미국사와 미국 정치이론의 필독서'

1831년 5월 프랑스의 젊은 귀족 알렉시스 드 토크빌이 구스타브 보몽(Gustave de Beaumont, 1802~1866)이라는 친구와 함께 미국 뉴욕에 도착했다. 미국식 민주주의를 연구하기 위해 온 토크빌은 9개월에 걸쳐 미국 전역을 돌면서 앤드루 잭슨 대통령을 포함해 개척자, 인디언에 이르기까지 다양한 미국인들을 만나 인터뷰를 했다.

토크빌이 프랑스로 돌아가 1835년 1월 출간한 『미국의 민주주의(De la démocratie en Amerique)』는 "몽테스키외 이래의 명저"라는 칭송을 받았다. 영국의 존 스튜어트 밀(John Stuart Mill, 1806~1873)도 장문의 서평에서 극찬했으며, 이 책은 곧 영어와 독일어로 번역돼 널리 읽혔다. 파리에서는 1848년 2월경까지 12쇄나 출간되는 성공을 거두었다. 그는 1840년 『미국의 민주주의』 제2권을 출간했는데, 이 책들은 오늘날까지도 민주주의에 관한 고전으로 널리 읽히고 있다. 데이비스

(Davis 2004)는 "이 책은 나온 지 150년이 지난 지금까지도 미국사와 미국 정치이론의 필독서가 되고 있다"며 다음과 같이 말한다.

"토크빌 역시 미국의 특성을 예리하게 꿰뚫어보는 안목과 비범한 통찰력으로 지금까지도 여전히 미국 정치와 민주주의 전반에 대한 중요한 논평가로 대접을 받고 있다. …… 토크빌의 논평과 관찰력은 놀라울 정도로 정확해서 1831년이 아니라 지금 적용해도 전혀 손색이 없을 정도이다. …… 오류보다는 정곡을 찌르는 내용이 더 많았다."

알렉시스 드 토크빌. 프랑스의 정치학자이며 역사가이다.

미국인의 물질주의와 순응주의

1831년에서 1832년까지 토크빌(Tocqueville 1997)의 눈에 비친 미국은 어떠했던가? 그는 미국에서 서부(西部)가 갖는 중요한 의미를 포착했다. 그는 서부에서 '민주주의'를 보았다. 생전 처음 보는 사람들이 떼를 지어 서부로 몰려가는 과정에서 신분과 경제력의 차이는 있을 수 없었다. 모두가 평등했다. 민주주의에 대한 건강한 정신과 태도가 서부개척사에서 형성되었다는 것이다.

  토크빌은 "미국인들이 이루지 못한 것은 아직 시도하지 않은 것일 뿐"이라며 미국인들의 신앙심에서 그 어떤 희망을 보았다. 그는 미국의 경우를 들어서 그 당시 유럽 자유주의자들 사이에 팽배했던 종교무용론에 일격을 가했다. 김봉중(2001)의 해설에 따르면, "인간의 본능에 따라 생활수준이 향상되면 더 많은 물질적 안락을 요구하게 되는데, 인간의 끝없는 욕망은 채워지지 않고 인간은 혁명과 같은 과격한 돌파구를 찾게 된다. 이러한 역사의 필연적인 고리를 단절시킬 수 있는 것이 바로 종교이다. 격동의 프랑스 역사를 지켜보면서 토크빌은 가능한 한 처절한 혁명을 거치지 않고 민주주의로 비상하는 것을 가장 이상적인 역사의 과정으로 보았다. 프랑스는 하지 못했지만 미국이 하고 있었던 것이다."

  또 토크빌은 도시에서는 사람들이 지극히 격정적이어서 소수의 구성원들이 충동적으로 일을 결정하고 집행할 가능성이 높다면서 미국 전체에 "직접으로 또는 간접으로 영향을 미치는 대도시가 없다"는 사실이 미국의 행운이라고 주장했다.

  토크빌은 미국의 사법제도도 신기한 눈으로 바라보았다. 그는 "미국에서 귀족들이 어디에 있느냐라고 묻는다면, 나는 주저 없이 법원의 판사석에 있다고 대답할 것이다"라고 했다. 미국의 법관은 직무를 충실히 수행하는 한 종신직이기 때문에 나온 말이다. 미국 헌법 제3조 제1절은 "연방대법원 및 하급법원의 판사는 직무를 충실히 수행하는 한 그 직을 보유"한다고 선언했다. 이는 사법부의 독립을 실질적으로 보장하기 위해서였지만 동시에 인재확보의 목적도 있었다. 임기제로

하면 법관보다는 돈을 많이 벌 수 있는 변호사를 선호하기 때문이다.

한국은 어떤가? 한국의 대법관과 헌법재판소 재판관의 정년은 65세이지만, 일반법관은 63세이고 대법원장과 헌법재판소장의 정년은 70세다. 무슨 특별한 이유가 있는가? 사법부의 서열위계 때문에 그렇게 한 것이다. 한국에서 법관 임기제의 중요한 정치적 의미는 사법부 통제다.(조지형 2007)

토크빌이 미국을 좋게만 본 것은 아니다. 그는 미국인들이 철학보다는 실용에 치중한다면서 일편단심 부만 좇는 미국인들을 꼬집어 지적했다. 그는 "돈에 대한 숭배가 인간에 대한 애정을 압도하는 나라를 나는 미국 이외의 어느 곳에서도 본 적이 없다"고 했다. "미국 국민성 깊은 곳에 들어가보면 그들은 '그게 돈이 되나'라는 한 가지 관심만으로 세상의 모든 가치를 평가한다. 이 국민들을 하나로 만들어주는 것은 바로 '이해관계'이며 모든 순간을 관통하는 사적 이해는 때로는 공공연하게 선포되기도 하고 심지어는 사회이론으로까지 승격되어 모습을 드러내기도 한다."

그런데 이런 지적은 토크빌만 한 건 아니다. 수많은 외국인들이 미국인들의 지극한 돈사랑에 주목했다. 1790년대에 미국을 여행한 프랑스 사회개혁가 로쇼푸코 리앙쿠르(François de La Rochefoucauld-Liancourt, 1747~1827)는 "미국은 부자가 되고 싶은 욕망이 지배적인 나라다"라고 했고, 1805년 영국인 리처드 파킨슨(Richard Parkinson)은 "미국 사람들은 모두 돈을 추구한다"고 했다. 영국의 존 스튜어트 밀은 "미국에는 두 가지 성(性)이 있는데 하나는 오직 달러 사냥하는 데 모든 시간을 보내고, 다른 하나는 달러 사냥꾼 밥해 먹이는 데 모든 시간을 보낸다"고 했다. 또 1850년대에 러시아 작가 미하일 포고딘(Mikhail Pogodin, 1800~1875)은 "미국은 현시대 사람들에게 한동안 희망이었지만, 결국 현시대의 사생아에 불과했다. 미국은 국가라기보다는 차라리 무역회사에 가깝다"고 한탄했다. 얼마 후엔 막스 베버(Max Weber, 1864~1920)까지 가세해 "미국인들의 최고선은 더 많은 돈을 버는 것이다"라고 주장한다.

토크빌은 미국인의 돈사랑과 연결시켜 "나는 미국만큼 독립적 정신과 진정한 토론의 자유가 적은 나라를 알지 못한다"고 했다. 미국 특유의 물질주의와 순응주의를 지적한 것이다. 그가 미국 민주주의와 관련해 '다수의 독재'에 대한 공포를 표현한 건 당연한 귀결이다. 그는 민주주의가 아첨의 정신을 전파하는 경향에 대해서도 우려했다. 그러나 그는 순응주의와 물질주의가 미국의 특성이 되는 것만큼이나 개인주의와 이상주의도 두드러진 특징이라고 보았다.

미국인의 '역사 콤플렉스'

"아메리카여, 너는 우리 오래된 대륙에 비하면 운이 좋구나. 파괴된 성도 없고 원시시대부터 존재하던 돌도 없구나. 너의 영혼, 너의 내면의 삶은 쓸데없는 기억들로 인해 고통받지 않는구나." 괴테가 1812년에 쓴 시(詩)다. 그러나 미국에겐 전혀 다른 종류의 '고통'이 있었다. 토크빌은 그것도 날카롭게 포착했다.

"처음으로 뉴욕에 도착하여 이스트 리버(the East River)라고 불리는 대서양 연안에 다다랐을 때, 나는 그 도시에서 멀지 않은 해변가를 따라 고전건축술로 된 것도 포함된 수많은 흰 대리석으로 된 소궁전들을 보고 놀라지 않을 수 없었다. 그런데 다음날 나의 시선을 특별히 끌었던 것을 좀더 자세히 관찰해보기 위해 그곳에 가본즉, 그 벽은 흰 벽돌로 되어 있었고, 그 기둥은 채색된 나무로 되어 있었다. 내가 전날 밤 찬탄해 마지않았던 모든 건축물들이 다 마찬가지였다."

미국판 키치(kitsch)라고나 할까? 도대체 미국인들은 왜 그랬던 걸까? 그건 바로 '역사 콤플렉스' 때문이었다. 토크빌은 계속 그걸 아프게 지적한다. "정확하게 말하자면 현재 아메리카합중국 주민들은 문학이란 것을 가지고 있지 못하다. 내가 아는 한 아메리카인으로 작가라고 하는 사람들은 모두 저널리스트들이다. 그들은 사실상 훌륭한 작가는 되지 못하고 그들 나라의 말을 하면서 자기의 의사를 표현하고 있을 뿐이다."

이미 1820년 영국의 만담가인 시드니 스미스(Sydney Smith, 1771~1845)는 "지구상에서 누가 미국 책을 읽거나 미국 연극을 보러 가겠는가? 혹은 누가 미국 그림이나 조각을 보겠는가?"라고 비웃었다. 미국인들은 유럽의 이런 비아냥거림에 콤플렉스를 느꼈고, 이를 극복하기 위한 대대적인 시도를 하게 된다.

독특한 미국 문학을 창조하려는 노력은 19세기 초에 『스케치북(The Sketch Book)』(1819~1820)의 작가인 워싱턴 어빙을 비롯한 문인들에 의해 시작되었다. 미국인들은 어빙을 그런 시도를 한 인물로 평가하지만 영국인들은 달리 본다. 영국인 존슨(Johnson 1999)은 이렇게 말한다.

"워싱턴 어빙을 비롯한 건국 직후의 미국 지식인들은 유럽을 자주 왕래하면서 유럽인의 어조와 태도 그리고 문체와 그 내용들을 흉내냈다. 말하자면 그들은 문화적 식민주의의 산물이다. 어빙 식의 떳떳하지 못한 자세에 대한 반동으로 독립국가 아메리카니즘이 태어났다. 이러한 사상의 최초의 대표적 완성자이며 19세기 미국 지식인의 원형이 된 인물은 랠프 왈도 에머슨(Ralph Waldo Emerson, 1803~1882)이다."

에머슨이 미국의 '지적 독립선언'을 하게 되는 건 나중에 살펴보겠지만, 적어도 1820년대부터 미국적 색깔을 강조한 문학작품들이 선을 보이기 시작한 건 분명한 사실이다. 예컨대, 1820년대 소설가 제임스 페니모어 쿠퍼(James Fenimore Cooper, 1789~1851)는 1826년 『모히칸족의 최후(The Last of the Mohicans)』, 1841년 『사슴사냥꾼(The Deerslayer)』 등의 작품을 내놓았다.

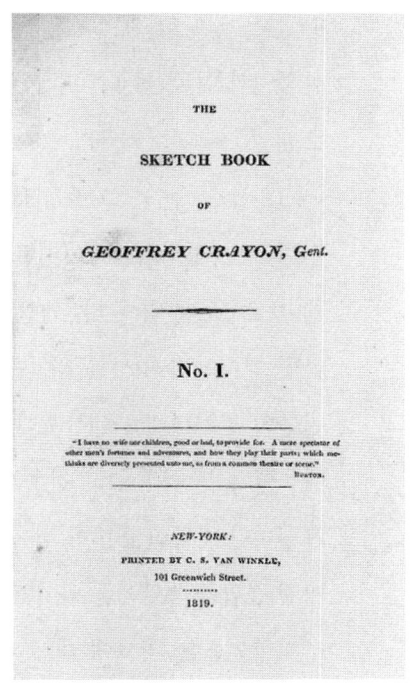

1819년판 『스케치북』의 속표지.

미국 예외주의

토크빌은 "미국인들의 자극적인 애국심만큼 일상생활에서 더 괴로운 것은 없다"고 했는데, 미국인들의 '역사 콤플렉스'는 유럽에선 찾아보기 어려운 '열정적 애국심'과 '자부심'으로 이어졌다. 왜 그렇게 된 것인지 이 점에 대해 생각해보자.

어느 나라 사람이건 역사 콤플렉스가 전혀 없진 않겠지만, 유별나다 싶을 정도로 상호대비되는 콤플렉스의 두 주인공이 있으니 바로 한국인과 미국인이다. 미국인부터 살펴보자. 미국 역사학자 데이비드 로웬덜(David Lowenthal 2006)의 『과거는 낯선 나라다(The Past is a Foreign Country)』는 그 점을 실감나게 보여주고 있다.

　미국은 세계 최강국이지만, 다른 나라엔 다 있는 게 하나 없으니 그게 바로 '오랜 역사'다. 백인우월주의에 사로잡힌 그들이 그 땅에 살았던 인디언의 역사를 껴안을 리는 만무했으니, 이는 두고두고 미국인들의 정신세계를 괴롭혔다. 미국인들은 처음엔 '역사 조롱하기'로 대응했다. 유럽은 늙고 썩은 반면, 미국은 젊고 신선하다는 논리였다. 그렇지만 미국인들이 이 점을 공격적으로 강조하면 할수록 그들의 그 어떤 결핍을 폭로해줄 뿐이었다.

　미국인들은 역사에 대해 이중적이었다. 저주하는 동시에 흠모했다. 자신의 능력으로 사먹을 수 없는 걸 누가 묻지도 않았는데 싫어한다고 강조함으로써 보상받으려는 심리라고나 할까. 그 결과는 무엇인가. 미국인들은 다른 나라의 경험에서 무언가 배우려 하지 않는다. 철저한 자국중심주의에 푹 빠져 있다. 이는 '독선과 오만' 이전에 거의 후천적 유전자라고 해도 좋을 정도다. 세계여론을 무시했던 조지 W. 부시(Geroge W. Bush) 행정부의 '마이웨이'도 상당 부분 이와 관련된 것이다.

　반면 한국인은 정반대다. 늘 '반만년' 역사를 자랑스럽게 생각하도록 훈련은 받았지만, 한국인들은 그 역사에 '승리와 정복'이 없는 것은 물론 당하고만 살아온 기록이 넘쳐나는 것에 대해 지긋지긋하게 생각한다. 그래서 일부는 고구려와 그 이전의 역사에만 심취하고 일부는 서양과 중국의 역사쪽으로 달려간다. 웬『로마인 이야기』와『삼국지』는 그리도 좋아하는지! 특히 수난과 시련으로 점철된 한국 근현대사는 우울하다는 이유로 적극 외면한다.

그 결과는 무엇인가. 한국인은 자국의 경험에서 무언가 배우려 하지 않는다. 늘 밖만 쳐다본다. 미국으로 갔다가 프랑스로 달려가고 네덜란드로 갔다가 스웨덴도 기웃거린다. 웬 모델은 그리도 많이 수입하는지 어지러울 정도다. 한국과 비슷한 수준의 나라엔 눈길도 주지 않는다. 자기보다 좀 못하다 싶으면 노골적으로 얕잡아 본다.

한국인은 자주 자신들의 과거를 타도와 극복의 대상으로 삼는다. 명암(明暗)의 양면을 다 보면 좋으련만 각자 자기 보고 싶은 것만 보려고 한다. 과거를 찬양과 계승의 대상으로 삼는 사람들도 오늘의 당파적 이해관계 연장선상에서 그러는 것인 경우가 많다.

미국인은 오랜 역사를 얕잡아보면서 뭐든 새롭게 창조하겠다는 야망과 열의로 성공을 거두었다. 한국인은 자기비하를 하면서 세계에서 가장 앞서가는 나라들의 것을 무작정 들여와 그대로 해보겠다는 집념과 열의로 성공을 거두었다. 물론 두 나라 모두 그에 따른 비용과 희생을 치렀지만, '성공'이라 말해도 무방할 정도의 진보를 이룩했다. '콤플렉스는 나의 힘'이라는 말을 입증해준 대표적 사례라 해도 좋겠다.

그러나 늘 행운이 따를 수는 없는 일이며, 과유불급(過猶不及)이라는 말도 있다. 이는 개인의 경우에도 마찬가지다. 자신의 콤플렉스를 원동력으로 삼아 성공을 거둔 입지전적인 인물들에게 가장 필요한 덕목은 멈출 때를 아는 것이다.

그런데 여기서 중요한 것은 미국인들의 역사 콤플렉스가 괴테의 예찬처럼 180도 변신을 했다는 점이다. 즉, 미국은 때묻지 않은 새로운 사람들이며, 그래서 미국인들은 특별하다는 이른바 '미국 예외주의(exceptionalism)' 또는 '미국 특별의식'으로 발전된 것이다. 미국 예외주의는 미국인들의 삶을 지탱시키는 중요한 이데올로기가 되었다. 그리하여 "미국의 대의가 곧 모든 인류의 대의인 것이다"라는 벤저민 프랭클린의 말은 금과옥조(金科玉條)처럼 여겨지게 되었다.

'토크빌을 찾게 되는 시대상황'

토크빌이 미국에 대해 관심을 가지게 된 직접적인 계기는 프랑스에서의 중앙집권화에 대한 논쟁이었다. 그는 정부의 중앙집중화는 국가의 존립과 번영에 필수적인 것인 반면에, 행정의 중앙집중화는 국민들의 지방적 정신, 곧 자치력과 자발적 협력심을 박탈함으로써 그들의 생존력을 저하시킨다고 보았다. 행정의 중앙집중화는 지방자치, 곧 민주주의의 토대와 맞지 않는다고 본 것이다.

이와 관련, 이향순(1996)은 「민주주의와 도덕사회: 또끄빌과 뒤르케임의 비교」라는 글에서 "문제는 민주주의에 배치되는 행정적 중앙집중화가 일어나기 쉬운 사회는 평등화가 가장 진전된 민주적인 사회라는 점이다. 여기에서 당치 않게도 행정의 중앙집중화는 민주주의와 강력한 친화력을 가진다"며 다음과 같이 말한다.

"우선, 평등화와 조화를 이룰 수 있는 통치는 법치주의인데, 법치주의란 어떠한 특권이나 차별 없이 모든 사람들에게 똑같은 법률을 비롯해서 행정과 통치를 적용하는 획일주의를 의미한다. …… 결과적으로 평등이 진전되면 자연적으로 평등한 개인들에게 차별없이 획일적인 정책과 행정을 펴는 유일의 강력한 정부가 등장한다. 말하자면 '하나의 주인 밑에서 모두가 평등한 하인으로 사는' 것을 선택하는 민주 사회 성원들의 자연스런 속성의 결과가 행정의 중앙집중화를 가져온다는 것이다. 다음으로는, 평등한 사회에서 개인은 고립되어 있으며 개별화된 개인으로서는 무력하기 때문에 공적인 일보다는 사적인 일에 관심을 갖게 되며 공적인 일은 공동체의 이익을 대변하는 유일하고 내구적인 기구, 곧 국가에 맡겨버린다. 더욱이 평등한 사회의 성원들은 공적인 일에 대한 자연적인 취향이 결여되어 있을 뿐 아니라 사실 사적인 일에 너무나 몰두해 있고 바빠서 공무에 관심을 가질 만한 시간적인 여유나 정열이 남아 있지 않다."

행정의 중앙집중화가 평등주의·민주주의와 강력한 친화력을 가진다는 게 흥미롭지 않은가. 한국의 자랑할 만한 강력한 평등주의가 초강력 중앙집중화의 원인일 수도 있다는 점은 지방분권이 앞으로도 말처럼 쉽지 않으리라는 걸 예감케 한다. 게다가 우리는 '정부'와 '행정'을 구분하지 않는 경향이 강하다. 아니 그렇게 생각하지 않으면 안 되게끔 둘이 뒤엉켜 있다고 보는 게 옳을지도 모르겠다.

토크빌은 '마음의 습속(mores)'의 중요성을 강조했다. 마음의 습속은 '삶의 가치관' 정도로 이해해도 무방하겠다. 우리는 오늘날에도 민주주의와 정치에 대해 이야기만 했다 하면 주로 제도와 법만 물고 늘어지는 경향이 있다. 제도와 법만 제대로 만들면 민주주의와 정치가 선진화되기라도 할 것처럼 말이다. 과연 그런가? 그렇지 않다. 우리는 정치인이 달라져야 정치가 달라진다고 생각하지만, 유권자가 달라져야 한다는 생각은 좀처럼 하지 않는다. 이게 가장 큰 문제다.

이와 관련, 진덕규(1996)는 「알렉시스 드 또끄빌을 찾게 되는 시대상황」이라는 글에서 "지배층의 권력구조 재편만이 주기적으로 일어날 수 있고 그것을 위한 국민의 투표가 행해질 수 있다면 그만이라는 식의 민주주의적 인식은 사실상 민주주의가 추구하는 자유와 평등의 인간화 실현과는 배치되는 개념이 될 수밖에 없다"며 다음과 같이 말한다.

"지배층에게 민주주의는 책임과 헌신 그리고 지도성의 능력에 대한 국민적 검증이 필요하지만 민주주의는 피지배층에 대해서도 똑같은 요구를 하게 된다. 그것은 자율성과 책임성에 입각한 시민의식과 질서와 안전을 이룩하기 위한 절제와 협동이 실천되어야 하기 때문이다. …… 민주주의적 공동체와 지방자치제도는 서로 구분되는 것이다. 지방자치제도는 또다른 의미에서 중앙집권제도의 복사판일 뿐이다. 선거에 의해서 대표를 뽑고 그 대표가 그 지역의 행정을 책임지므로 어느 의미에서는 피지배층으로 하여금 지역사회에까지 새로운 지배자를 억지로 만들어내야 하는 상황에 봉착하게 만든다. 그러므로 민주주의적 공동체는 그 공동체의 구성원 모두가 자발적으로 참여하고 책임질 수 있는 참여적 정치제도를 의미한다."

역설 같지만, 한심한 정치에 대해 '정치인 탓'을 하는 것만큼 정치를 망치게 하는 것도 없다. 정치인 탓은 "모든 걸 정치인들에게 맡겼으니 정치인들이 잘해야 한다"는 식의 사고방식이다. 그렇게 해선 안 되더라는 걸 반세기 이상 경험해왔으면 이젠 발상의 전환을 해볼 때도 되지 않았나. 우선 언론부터 '정치인 탓'을 하는 선전·선동을 중단하고 '모두가 자발적으로 참여하고 책임질 수 있는 참여적 정치제도'의 건설을 위한 구체적 방안을 제시해야 할 것이다. 국내자건 국외자건 누가 썼건 토크빌의 저서를 능가할 수 있는 수준의 '한국의 민주주의'라는 책은 나와 있는가? 이 책을 읽으면서 한번쯤 던져볼 만한 질문이다.

참고문헌 Aron 1993, Brinkley 1998, Brooks 2008, Davis 2004, Frey 2004, Johnson 1999, Kagan 2003, Lowenthal, 2006, Luedtke 1989, Rueschmeyer 외 1997, Tocqueville 1997, 김동춘 2004, 김봉중 2001, 박홍규 2008, 이향순 1996, 조지형 2007, 진덕규 1996

프리메이슨의 음모?
최초의 제3당 '반(反)메이슨당'

반(反)일루미니즘과 반메이슨

1831년 반메이슨당(Antimasonic Party)이 출현해 미국 정치사상 최초로 제3당이 되었다. 반메이슨당은 대통령과 부통령 후보 지명대회를 연 최초의 정당이 되었고, 대통령 후보로 뽑힌 윌리엄 워트(William Wirt, 1772~1834)는 1832년 대선에서 선거인단 7표라는 적지 않은 수를 득표했다.(Davis 2004) 반메이슨은 반일루미니즘(Illuminism)이라는 사상에 뿌리를 둔 운동이었다.

일루미니즘은 1776년 독일 바바리아 지방 잉골슈타트(Ingolstadt)대학의 법학 교수였던 바이스하우프트(Adam Weishaupt, 1748~1830)가 결성했던 일루미나티단(The Order of Illuminati)이라는 조직이 표방했던 이념이다. 이는 인류를 이성의 지배하에 두자는 유토피아 사상으로 일종의 계몽주의적 합리주의다. 그래서 18세기 후반 유럽 급진주의자들을 매료시켰고, 헤르더(Johann Gottfried von Herder, 1744~1803)나 괴테와 같은 독일 낭만파가 일루미니즘을 신봉했다는 기록도 있다.

미국인들이 이걸 접하게 된 것은 1797년 스코틀랜드의 과학자 존 로빈슨(John Robinson)이 쓴 책자 『프리메이슨, 일루미나티 및 여러 독회가 비밀회동을 통해 벌이는 음모를 밝힘(Proofs of a Conspiracy against all the Religions and Governments of Europe, carried on in the secret meetings of Freemasons, Illuminati and Reading Societies)』을 통해서였다. 이 책은 1798년 뉴욕에서 다시 인쇄 배포되었다. 여기서 로빈슨은 일루미나티가 전 세계의 모든 종교를 뿌리 뽑고 유럽의 모든 정부를 전복하려는 명백한 목표를 가지고 있으며, 프랑스대혁명의 핵심주동자들도 일루미나티의 회원이라고 주장했다.

비슷한 책자들이 출간돼 배포되면서 증폭되는 가운데 반일루미니즘 정서가 뉴잉글랜드 지방을 지배하면서 토머스 제퍼슨도 공격의 표적이 되었다. 권용립(2003)은 "반일루미니즘은 그 이후로 툭하면 미국을 위협하는 방대한 국제적 음모조직의 존재를 가상하는 하나의 선례를 만들었고 미국식 음모이론의 모델이 되었다"고 말한다.

한 세대 후인 1820년대엔 반일루미니즘의 정서를 공유하는 반메이슨주의(Anti-Masonry)가 뉴잉글랜드를 넘어서 미국의 북부 여러 지역을 휩쓸었다. 세계에서 가장 오래되고 가장 큰 친목단체 중 하나인 프리메이슨협회(Society of Freemasons)는 일종의 반(半)비밀단체로 1717년 런던에서 설립되었다. 1725년경 일단의 영국 이주자들에 의해 파리에 첫 지부가 창설된 이후 급격하게 확산되었다. 이 단체는 자선, 평등, 도덕성, 신에 대한 봉사 등을 내세웠기에 유럽 계몽주의자들 사이에서 인기가 높았다. 볼테르, 프러시아의 프리드리히 2세(Friedrich II,

1712~1786), 오스트리아 작곡가 볼프강 아마데우스 모차르트(Wolfgang Amadeus Mozart, 1756~1791) 등 회원들의 면면이 다양했다. 1791년 비엔나에서 초연된 모차르트의 오페라 〈마술피리〉는 프리메이슨의 신앙과 의식을 상징적으로 묘사한 작품이었다.

프리메이슨 제도는 우애적이고 자비로우며 종교적인 조직으로 그 예배형식과 원칙은 이신교적(理神教的)이었다. 그래서 사람들 눈엔 교권에 반대하는 반종교적 단체로 비쳤다. 회원은 유대인과 이방인에게 똑같이 개방하면서 평등주의를 내세웠지만 교육수준이 낮고 재산이 없는 사람들은 배제했다. 1789년 프리메이슨 회원은 프랑스에서 적어도 5만 명에 이르렀으며, 18세기가 끝날 때까지 11개의 아메리카 본부와 347개의 지부가 세워지면서 1만6000명의 회원을 갖게 되었다. 조지 워싱턴, 존 핸콕(John Hancock, 1737~1793), 폴 리비어(Paul Revere, 1735~1818), 벤저민 프랭클린 등도 프리메이슨의 단원이었다. 프랭클린은 프랑스에 머물고 있을 때 프리메이슨 단원이었던 철학자 볼테르를 만나기도 했으며, 조지 워싱턴은 대통령 선서를 할 때에도 프리메이슨 성서를 사용했다.

휘그당과 민주당

프리메이슨이 무엇을 지향했건 조직방식이 배타적이고 비밀결사적이어서 비민주적인 단체로 간주된 가운데 많은 사람들의 적대감을 유발시켰다. 그래서 반메이슨당이 나타나게 된 것인데, 휘그당(Whigs)도 이런 적대감에 편승하고자 했다.

본래 17세기 중반 스코틀랜드의 폭도를 가리키는 말이었던 휘그

반잭슨 포스터. 잭슨 대통령을 헌법, 연방법원, 미합중국은행을 유린하는 국왕으로 묘사했다.

(Whig)는 1679년 찰스 2세(Charles II, 1630~1685)의 동생인 요크 공작(후일의 제임스 2세)을 가톨릭교도란 이유로 왕위계승권에서 제외하려는 왕위배제법이 상정되었을 때, 이에 찬성한 의원들을 경멸하여 부른 말이다. 19세기 초부터는 자유당(Liberal Party)으로 불렸는데, 이것이 보수적인 토리당(Tory Party)과 더불어 영국 정당의 시초가 되었다. 자

유당은 19세기에 신흥시민층과 제휴하여 자유주의적 개혁을 목표로 선거법 개정 등을 실현했다.

토리(Tory)는 추적당한 사람(a pursued person)을 뜻하는 아일랜드어 toraidhe에서 유래했다. 다시 말하면 영국인에게 쫓겨서 자신의 국토에서 강제로 추방당한 아일랜드 사람이 무법자로 둔갑했다는 뜻이었다. 토리는 제임스 2세(James II, 1633~1701)를 위해 싸운 가톨릭교도의 명칭이 되었고 나아가서는 스튜어트(Stuarts) 왕조를 지지하는 정당, 조지 3세(George III, 1738~1820)의 즉위 이후엔 국가와 왕권을 위해 충성하는 정당이 되었다. 토리당은 1830년부터 보수당(Conservative Party)으로 개칭했다.

미국에서 휘그당이 출현하게 된 것은 1834년 잭슨 대통령을 반대하는 세력이 잭슨을 '앤드루 왕 1세 전하(King Andrew I)'라고 비난하며 자신들을 휘그당이라 부르기 시작하면서부터였다. '앤드루 국왕'이라는 호칭은 잭슨의 동지나 적이나 모두 사용하곤 했는데, 휘그당이라는 용어는 영국에서 휘그당이 왕의 권력을 제한하려고 노력했던 점에 착안한 것이었다. 또한 독립혁명 이전에 영국 국왕파에 충성하는 토리당과 구별하기 위해 애국파가 사용한 이름이었다는 점에서 독립혁명 이전 시대에 대한 향수를 불러일으키는 이름이기도 했다. 반면 잭슨 추종자들은 스스로 민주당(Democrats)이라고 부름으로써 민주당은 영구적인 당명 아래 미국에서 가장 오래된 정당의 역사를 가지게 되었다.

'잭슨 민주주의'에 대한 저항인가?

미국에서 휘그주의(Whiggery)라고 알려지게 된 정치철학은 연방정부의 권력확대를 선호하고 상공업의 발달을 장려하며 미국을 단결시켜 하나의 경제체제로 통합시키고자 하는 것이었다. 휘그당은 물질적 진보를 열렬히 수용했으나 서부팽창에 대해서는 주의를 기울이면서 급속한 영토팽창이 사회불안을 가져올 수 있다고 염려했다.

특히 뉴욕주에서 휘그당은 반메이슨 운동을 통해서 인기를 얻었는데, 그 배경엔 '모건 사건'이 있었다. 이는 1826년 이전에 메이슨 단원이었던 윌리엄 모건(William Morgan, 1774~1826)이 프리메이슨주의의 비밀을 폭로하는 내용을 담았다고 알려진 저서를 출판하기 직전에 뉴욕주 버타비아(Betavia)에 있는 자택에서 실종되자 적대감이 격화된 사건이다.

모건이 복수심에 불타는 메이슨 단원들에 의해 유괴되어 살해됐다는 소문이 확산된 가운데, 이 사건으로 26명의 프리메이슨 당원이 살인죄로 기소되었고 6명이 재판에 회부되었으며 그중 4명은 가벼운 판결을 받았다. 이에 휘그당은 반메이슨적 분노를 포착하여 프리메이슨 단원이었던 잭슨과 밴뷰런에 대해 맹렬하게 공격을 가하면서 민주당이 반민주적 음모에 관련돼 있다고 암시했다. 휘그당은 반메이슨주의를 채택함으로써 스스로를 귀족주의와 배타성의 반대자로 묘사했는데, 이는 민주당의 고유한 쟁점으로 민주당을 공격한 셈이었다.

모든 논란의 한복판엔 종교가 있었다. 일요일에도 우편물이 배달되어야 한다는 1810년 연방의회의 법령, 연방정부가 일요일에도 업무를 볼 수 있다는 1825년의 법령, 또 미국에서는 종교와 비종교가 동등한 권리를 가져야 한다고 주장한 일부 의회위원회의 보고서(일요일을 휴일로 정하고 행정업무를 쉰다면 비종교인이나 비기독교인에게는 불공정한 것이라는 내용의 보고서) 등 1820년대 연방정부가 취한 여러 조치까지도 비난의 대상이 되었기 때문이다. 이 모든 게 프로테스탄티즘을 위협하는 정치적 음모라는 것이었다.

데이비스(Davis 2004)는 "하지만 프리메이슨은 자발적 친목단체였을 뿐-18세기판 영적 로터리클럽이라고 보면 된다-흔히 알려진 것처럼 세계지배를 목표로 한 사악한 집단은 아니었다"며 "자신들이 표방한 이상주의에도 불구하고 미국의 프리메이슨은 인종차별에서도 남녀평등에서도 계몽을 이루지 못했다. 흑인과 여성들은 헌법에서처럼 프리메이슨 모임에서도 배제되었다"고 말한다. 겨우 그런 수준의 친목단체였을 뿐이지만, 이마저도 당시엔 큰 거부감을 불러일으켰던 것이다. 이와 관련, 찰스 매카시(Charles McCarthy)는 다음과 같이 주장한다.

"(반메이슨 운동을) 자세히 들여다보면 우리 눈을 끄는 한 가지 사실이 보인다. 그것은 이 운동이 바로 잭슨 민주주의라는 주목할 만한 시대, 즉 미국 역사에서 볼 때 인권의 르네상스 시대인 동시에 제퍼슨주의가 부활한 시대를 맞아 일어났다는 점이다. 또 이 시대는 선거권이 확대되고 …… 노동자들의 권리투쟁과 …… 기타 여러 급진적 운동이 일어난 시대였다. 또한 종교적으로 볼 때도 사상의 자유에 관한 토론이 활성화되고 교조적인 교리해석에 대한 비판이 일어났고, 이에 대해 …… 사고의 자유 전반에 관한 광적인 혐오를 동반한 반동적 기운이 일어나고 있던 시대였다." (권용립 2003)

반메이슨 운동은 이미 끝난 역사가 아니다. 오늘날까지도 논란이 되고 있다. 예컨대, 팻 로버트슨(Pat Robertson) 목사는 프리메이슨이 사악한 집단이라고 주장한다. 그런데 흥미로운 건 이런 음모론은 미국의 오랜 전통이라는 사실이다. 그건 아무래도 다인종·다민족국가인 미국에서 각 집단 간 패권경쟁이 각자의 정체성을 기반으로 '적 만들기(enemy-making)' 게임을 수반하기 때문인 것으로 보인다. 우리 인간은 주로 무엇에 대한 반대와 증오를 통해 자기 정체성을 형성하는 동물이 아니던가.

참고문헌 Brinkley 1998, Chartier 1999, Davis 2004, Edelman 1988, Hodapp 2009, Parker 2009, Persons 1999, 권용립 2003, 이리유카바 최 1999, 진인숙 1997

지배 엘리트의 교체인가?
'잭슨 민주주의'의 명암

1832년 대선-앤드루 잭슨 재선

1832년 잭슨 추종자들은 그를 다시 대통령 후보로 지명하기 위해 최초로 전당대회(national convention)를 개최했다. 나중엔 전당대회가 부패와 정치적 배타성의 근원이라는 비판을 받기도 하지만 당시 이를 창안한 이들은 전당대회를 위대한 민주주의의 승리로 간주했다. 그들은 전당대회를 통해 정당권력이 중진회의와 같은 엘리트 정치기관이 아니라 국민으로부터 직접 유래할 것이라고 기대했다.

잭슨의 선거강령은 간단했다. ① 미국 은행으로 대표되는 상류층과 대기업들을 믿지 말 것, ② 인디언 제거로 생겨난 땅을 백인들에게 개방하여 백인영역을 확대하는 등 경제적 기회를 늘릴 것, ③ 선거권을 확대할 것, ④ 상류층 위주의 정부가 가로막고 있던 정치의 과정을 중·하류층까지 전면적으로 개방할 것 등이었다. 이 대선에서 잭슨은 55퍼센트의 일반득표율과 77표의 선거인단 표를 획득해 재선에 성공했으며, 부통령은 마틴 밴뷰런이었다.

선거의 쟁점 중 하나는 관세법이었다. 존 퀸시 애덤스 대통령 말기에 기존의 관세를 더 높인 관세법이 의회에서 통과되었는데, 이는 북부의 제조업을 살리기 위한 것으로 남부의 불만을 고조시켰다. 불만의 중심지는 목화(면화) 생산으로 '남부의 뉴욕'으로 성장한 찰스턴이 있는 사우스캐롤라이나주였다. 불만세력의 지도자인 존 칼훈은 1829년 관세법에 항의하면서 부통령직을 사임함으로써 잭슨 대통령과의 정면대결을 선택했다.

1832년 연방의회는 1828년의 관세법과 유사한 관세법을 통과시켰는데, 선거기간 동안 관세법을 완화시키겠다고 약속한 잭슨은 선거 후 의회의 움직임을 묵과했다. 이에 사우스캐롤라이나 주민들은 연방 탈퇴를 각오하며 연방관세법의 무효화선언(Ordinance of Nullification)을 채택했다. 관세문제는 지방분권의 문제로서 사실상 남부의 노예제와 직결된 문제였기 때문이다. 그러나 남부 출신이지만 열렬한 연방주의자인 잭슨은 이를 반역행위로 간주했다. 1833년 초 연방의회는 연방법을 시행하는 데 필요하다면 군사력을 사용할 수 있는 권한을 대통령에게 부여하는 '강제법(Force Bill)'을 통과시켰다. 다른 남부주들이 동조하지 않아 사우스캐롤라이나는 특별의회를 소집해서 관세법 무효화선언을 폐기했다.

엽관제도와 전당대회

잭슨은 정부란 모든 백인남성 시민들에게 "평등한 보호와 평등한 혜택"을 제공해야 하며, 어떤 지역과 계급도 다른 지역과 계급에 우월하

윌리엄 L. 마시. 미국 상원의원, 뉴욕 주지사, 육군장관 등을 지냈다.

게 대우해서는 안된다고 생각했다. 이는 잭슨과 잭슨의 추종자들이 동부 특권계급의 기반이라고 간주했던 것에 대해 일격을 가하고 서부와 남부의 신흥계급에 기회를 확대하려는 노력의 일환이었다. 잭슨의 정치후원자였던 뉴욕주의 윌리엄 L. 마시(William L. Marcy, 1786~1857)는 "승리자에게 전리품(spoils)을"이라고 설명한 바 있었다. 그래서 정치적 보상으로 공직을 부여하는 제도가 엽관제도(獵官制度, spoils system)라고 알려지게 되었다. 임기 8년 동안 잭슨은 연방공무원의 5분의 1 정도를 해임했다.

사실 백악관의 다과회장을 쑥대밭으로 만들어놓은 투박한 군중들도 대부분은 일자리를 얻기 위해 워싱턴으로 온 것이었지만, 뜻대로 되진 않았다. 이와 관련, 데이비스(Davis 2004)는 다음과 같이 말한다.

"'관직 배분제도'는 공화국이 시작된 이래 행정부가 바뀔 때마다 매번 시행되었던 일로 그다지 새로울 것이 없었다. 하지만 잭슨의 선거 뒤에 나온 요구는 유난히 시끄럽고 광범위했기 때문에 '이권 배분제도'를 잭슨과 연관시키게 된 것이다. 하지만 아이러니하게도 잭슨 재임시절에 배분된 새로운 이권은 거의 없었다. 관직의 대부분은 여전히 워싱턴 내막에 밝은 기존관리들에게로 돌아갔다. 상황이 아무리 바뀌어도 모양은 그대로 남아 있게 된다는 것을 다시 한 번 입증한 셈이었다."

브링클리(Brinkley 1998)도 "엽관제도와 전당대회는 기존의 두 엘리트 집단, 즉 오랫동안 재직해온 공무원들과 배타적인 당 중진회의의 권력을 제한했다. 그러나 어떤 제도도 그 권력을 일반국민에게 이전시킨 것은 아니었다"며 다음과 같이 말한다.

"관직임명은 거의 항상 대통령과 그의 측근 동료들 가운데 유망한 정치적 지지자들에게 돌아갔다. 전당대회의 대표들은 보통사람들이라기보다는 지구당의 엘리트들이었다. 정당 안에서의 정치적 기회는 확대되었지만 잭슨 시대의 미사여구가 제시하는 만큼은 아니었다."

계급을 은폐한 민주주의 수사인가?

미국사에서 1830년대의 잭슨 시대(Age of Jackson)는 1910년대의 혁신주의 시대, 1930년대의 뉴딜 시대와 더불어 개혁전통의 분수령으로 간주되고 있는 바, '잭슨 민주주의'의 성격에 대한 논쟁은 미국 역사학계의 오랜 쟁점이었다.

20세기 초 프레더릭 잭슨 터너(Frederick Jackson Turner, 1861~1932)는 "잭슨주의는 프론티어인들이 그들의 자유와 기회를 제한하고 있다고 생각한 동부의 귀족적인 보수집단에 대하여 전개한 항거"라는 혁신주의적 해석을 내렸다. 1945년 아서 슐레진저 2세(Arthur M. Schlesinger, Jr., 1917~2007)는 『잭슨 시대(The Age of Jackson)』에서 "동부·서부·남부의 비자본주의적 집단, 농민, 노동자의 이익을 위하여 주로 동부의 자본주의적 집단의 권력을 제어하려는 노력"으로 해석했다. 1948년 리처드 호프스태더(Richard Hofstadter, 1916~1970)는 잭슨이 당시 등장하던 자본가들의 대변자, 즉 동부의 귀족적인 집단들의 독점적 권력에 의해 가로막힌 기회에 문을 열고자 했던 야심찬 기업가들의 대변자였다고 주장했다. 1957년 브레이 해몬드(Bray Hammond, 1886~1968)도 잭슨주의적 대의(大義)란 자본가를 반대하는 기업가의 대의, 즉 기득권을 가진 엘리트에 대한 상승 엘리트의 대의였다고 주장했다. 1957년 마빈 마이어스(Marvin Myers)는 잭슨과 그의 추종자들이 그들 주변에 도래하고 있던 새로운 산업사회를 불안한 눈으로 바라보면서 이전의 농본적·공화주의적 덕성의 복원을 추구했다고 주장했다. 1969년 에드워드 페센(Edward Pessen)은 점차 계층화되어가던 당시의 현실이 민주주의 수사(修辭)를 통해 은폐되었다고 주장했다.(Brinkley 1998)

그밖에도 다양한 의견들이 있는데, 진(Zinn 1986)은 전반적으로 역사가들이 잭슨 시대를 미화하고 있다고 주장한다. 아서 슐레진저 2세의 『잭슨 시대』, 마빈 메이어의 『잭스니안의 신념(Jacksonian Persuasion)』(1957)등 주요저서들은 잭슨의 인디언 정책에 대해서는 언급하지 않고 관세정책, 금융정책, 정당정책, 정치적인 발언 등에 대해서만 언급한다는 것이다. 진은 "미국의 고등학교나 초등학교의 미국사 교과서에는 잭슨이 노예소유자, 토지투기업자, 항명병사를 처형한 인간, 인디언을 몰살시킨 인간으로 등장하기보다는 개척자, 군인, 민주주의자, 인민들에 대해 밝은 사람으로 등장한다"고 말한다.

잭슨의 명암을 동시에 지적하는 견해를 두 개만 감상해보기로 하

자. 데이비스(Davis 2004)는 "이 새로운 민주주의는 현대의 정치용어로 말하면 일종의 풀뿌리 민주주의 운동이었다. 잭슨은 정치이론가도 아니었고 질서재편 주창자는 더더욱 아니었다. 하지만 잭슨은 그것의 상징이었다"며 다음과 같이 말한다.

"고아에, 개척지 출신에, 경마기수에, 인디언을 무찌른 전사에, 전쟁영웅에, 토지투기꾼에, 그야말로 안 해본 것이 없는 앤드루 잭슨은 새로운 미국 정신의 구현자가 되어 민주주의자를 자처했던 패기만만하고 애국적인 당대 젊은이들의 우상이 되었다. 전성기 때의 잭슨 민주주의는 더 많은 사람들에게(흑인, 여성, 인디언은 여전히 정치에서 소외된 채 남아 있었지만) 정치과정에 참여할 기회를 부여해주는 것을 의미했다. 또한 그것은 호전성, 토지에의 열광, 노예제의 묵과, 인디언 살해욕을 의미하기도 했다."

브링클리(Brinkley 1998)는 "잭슨과 그의 추종자들은 민주주의 이념에 대한 열성에도 불구하고 완전한 민주주의자가 아니었다. 그들은 노예제의 존재에 대하여 어떤 문제도 제기하지 않았으며 실제로 많은 지원을 아끼지 않았다"며 다음과 같이 말한다.

"그들은 미국 역사상 인디언들에게 가한 가장 잔혹한 전쟁을 지휘하였으며 경제적·사회적·성적 불평등을 서슴없이 받아들였다. 잭슨 그 자신이 프론티어의 귀족적인 인물이었으며, 그를 추종하였던 사람들 대부분이 경제적으로 부유하고 명망이 있는 사람들이었다. 그러나 모든 잭슨 추종자들이 태어나면서부터 귀족이었던 것은 아니었다. 그들은 자신들의 능력과 노력을 통하여 명망의 자리에 올랐으며, 공적 생활에서의 그들의 목적은 다른 사람들도 그들과 같이 똑같은 일을 할 수 있는 지위를 가질 수 있도록 보장하는 것이었다."

　권력은 그 속성상 타락하게 돼 있고, 권력을 잡은 진보도 그런 원리에 의해 타락의 길로 빠져들기 십상이다. 무슨 이념을 표방하건 출세한 자와 그렇지 못한 자 간의 구도로 이루어지는 게 세상이지만, 정치는 그 구도를 은폐하거나 무너뜨리는 기제가 된다. 그런 점에서 '대중마케팅'에 근거하는 대중민주주의는 인간본성의 시험대인 셈이다.

참고문헌 Brinkley 1998, Davis 2004, Zinn 1986, 김봉중 2001, 양홍석 1999, 양재열 2005, 최웅·김봉중 1997

제4장
정보·지식·사상의 미국화

미국 저널리즘의 혁명
1센트짜리 대중신문의 탄생

미국과 영국의 차이

1825년에 이르러 미국은 지구상의 어떤 나라보다도 많은 종류의 신문이 많은 수의 대중에게 전달되고 있었다. 당시 어느 영국 여행가는 이렇게 썼다. "미국 신문의 영향과 보급규모는 유럽에 알려진 어떤 것보다도 더 크다. 신문은 미국의 구석구석에까지 전달되고 있다." 1831~1832년 미국을 방문한 토크빌은 미국에서 나오는 간행물의 수는 "거의 믿을 수 없을 정도로 엄청나다"고 했다. 그는 "아메리카에서는 제 신문을 갖지 않고 있는 마을은 거의 없다"며 "미국을 한데 뭉치게 만든 힘은 바로 신문에 있었으며, 미국을 단결시키는 데는 여전히 신문이 필요하다"고 말했다.

그러나 토크빌이 신문에 대해 좋은 말만 한 건 아니다. 1832년 뉴욕에는 11개의 신문이 총 3만 부를 발행하고 있었는데, 토크빌은 뉴욕의 신문들이 지면의 거의 75퍼센트가량을 광고에 할애하고 있으며 그 나머지 지면도 주로 '정치첩보나 아주 사사로운 일화들'로 채워져 있다고 지적했다. 그는 한 걸음 더 나아가 "미국 기자의 특성은 아주 노골적이고도 야비하게 자기네 독자들에게 영합하는 데 있다. 그들은 개개의 인물들을 추적하고 그들의 사사로운 생활을 들추어내어 그들의 모든 약점과 악덕을 폭로하는 데 있어 어떠한 원칙도 갖고 있지 않다"고 말했다.

반면 영국은 좀 다른 상황에 처해 있었다. 영국의 역사가 매콜리(Thomas B. Macaulay, 1800~1859)는 1828년 의회에서 기자들이 앉는 방청석을 가리켜 '제4부'라고 불렀지만, 영국엔 여전히 강력한 검열의 기운이 서려 있었다. "책의 내용 중 상스러운 부분을 삭제하거나 수정하다"는 뜻을 가진 'bowdlerize'란 단어가 1820년대에 탄생했다는 것은 이 같은 정황을 잘 말해준다.

1818년 에든버러의 내과의사이면서 복음주의자인 토머스 바우들러(Thomas Bowdler, 1754~1825)는 자신의 '가족에게 큰소리로 읽어줄 수 없는' 모든 구절을 삭제한 『가족 셰익스피어(Family Shakespeare)』(전10권)를 출판했다. 셰익스피어(William Shakespeare, 1564~1616)가 제대로 교육받지 못해 당시의 '무절제한 기호'에 야합했다는 것이 그렇게 한 이유였다. 『햄릿(Hamlet)』(1599~1601)에서 햄릿이 오필리아에게 "아가씨, 당신 허벅지에 누워도 되겠습니까?"라고 묻는 장면을 햄릿이 오필리아의 발치에 눕는 걸로 대체하는 식이었다. 바우들러는 1826년 에드워드 기번(Edward Gibbon, 1737~1794)의 『로마쇠망사(The History of the Decline and Fall of the Roman Empire)』(전6권 · 1776~1789)를 비종교적, 부도덕한 인상을 주는 구절들을 삭제한 개정판을 냈는데,

이때부터 '바우들러화'란 말이 널리 쓰이게 되었다.

『뉴욕 선』·『뉴욕 헤럴드』의 창간

1830년대는 '대중신문'이 등장한 미국 저널리즘의 혁명기였다. 바로 이때에 신문의 주요독자가 상인과 정치 엘리트에서 일반대중으로 전환되었다. 이 당시 전형적인 일간지는 4페이지로 1면과 4면은 전적으로 광고에 할애되었다. 이때의 신문들이 최초로 일반대중을 독자로 삼기 시작했다는 것은 신문 이름의 변화에도 잘 나타난다. 1820년대의 신문들은 advertiser(광고자), commercial(광고용), mercantile(상업용) 등과 같은 단어를 많이 사용했으나, 1830년대에 나타난 신문들은 critic(비평가), herald(선구자, 보호자), tribune(민중의 보호자, 로마의 호민관), star(별처럼 빛난다), sun(세상을 밝게 해준다) 등과 같은 단어들을 사용했다. 반면 미국과는 달리 신문에 대해 세금을 매기는 인지세법이 있었던 영국에서는 이 법이 폐지된 1861년에서야 최초의 대중지『데일리 텔레그라프(Daily Telegraph)』가 나오게 된다.

1830년대에 나타난 대중신문들 가운데 가장 주목할 만한 것은 1833년 9월 3일 인쇄공 출신으로 노동자계급의 경제사정과 기호를 잘 이해한 벤저민 H. 데이(Benjamin H. Day, 1810~1889)가 창간한 1센트짜리 신문『뉴욕 선(The New York Sun)』이었다. 당시 신문들의 가격이 6센트(노동자의 주급은 5~6달러)였다는 걸 감안한다면, 이는 놀라운 '가격파괴'가 아닐 수 없었다. 이 신문의 내용은 주로 흥미를 자극하는 것으로 선정적이었으며, 로컬뉴스와 폭력에 관한 뉴스를 많이 다뤘다. 초기에 지면은 4페이지였으며 판형은 현 타블로이드의 3분의 2 크기였다.

1835년 『뉴욕 선』은 가공의 잡지인 『에든버러 과학 저널(Edinburgh Journal of Science)』을 인용해서 달에 생명체가 있다고 보도했다.

또 이 신문은 당시 신문들이 의존하던 정기구독제에서 벗어나 미국 최초의 가두판매제를 실시했다. 판매원들에겐 신문 100부를 67센트에 넘겨주었기 때문에 판매원들은 신문을 다 팔 경우 33센트의 이익을 남길 수 있었다. 이런 가두판매제에선 신문이 어떤 식으로건 행인들의 시선을 끌어야 팔렸기 때문에, 이는 향후 신문의 편집과 내용에 큰 영향을 미쳤다. 이 신문의 발행부수는 창간 5개월여 후인 1834년 1월엔 5000부였으나 6개월도 안돼 8000부(경쟁지의 2배)로 늘었고, 1836년엔 3만 부로 성장했다.

『뉴욕 선』이 대중의 관심을 끈 대표적인 '히트작'을 한번 보기로 하자. 이 신문은 1835년 8월 25일부터 31일까지 연재기사를 통해 아프리카 남단의 희망봉에 새로 설치한 대형망원경으로 달을 관찰한 내용을 '독점보도' 한다면서 달에 생명체가 있다고 주장했다. "이들은 높이가 4피트 정도이며, 얼굴만 제외하고는 짧고 구리색 광택이 나는 머리카락으로 덮여 있고, 얇은 막으로 된 날개를 가지고 있었다. 그후로 관찰할 때마다 이들은 분명히 서로 대화를 나누고 있는 모습이었다."

물론 새빨간 거짓말이었다. 일반대중은 물론 예일대학의 과학자들까지 속아 넘어갔다. 당시 대중신문의 미덕은 '뻔뻔함' 이었다. 『뉴욕 선』은 거짓기사를 게재한 것에 대해 참회하기는커녕 오히려 찬양하고 나섰다. 대중을 즐겁게 만들어준 풍자(satire)라고 우겼다. 실제로 이 사기사건 이후 『뉴욕 선』의 부수는 오히려 1만5000부에서 1만9000부로 증가해 영국의 『타임스(The Times)』를 누르고 세계 최대의 발행부수를 자랑하는 신문이 되었으니, 그렇게 큰소리를 칠 법도 했다. 이런 장난이 점점 통하기 어렵게 된 것은 19세기 말부터였다. 대중신문들의 장난이 오죽 심했으면, 19세기 말 퓰리처(Joseph Pulitzer, 1847~1911)의 『뉴욕 월드(New York World)』 편집국 벽은 '정확, 정확, 정확!(Accuracy, Accuracy, Accuracy!)' 이라고 쓴 카드로 온통 장식되었겠는가.

1835년 제임스 고든 베넷(James Gordon Bennett, Sr., 1795~1872)이 창간한 『뉴욕 헤럴드(New York Herald)』는 『뉴욕 선』을 모방한 것이었으나, 미국 저널리즘 사상 최초로 '객관성(objectivity)' 을 추구하겠다고 주장했다. 이 신문은 ① 경제뉴스에 중점(최초로 월스트리트 취재) ② 『뉴욕 선』보다 더 풍부한 정보 제공 ③ 뉴스 취재범위가 다양(외국뉴스, 독자의 난이 인기) ④ 최초로 스포츠뉴스 시작 ⑤ 최초의 '비트 시템(beat system, 기자들의 출입처 시스템)' 등과 같은 새로운 변화를 보였다. 이 신문은 1836년에 2만 부를 돌파하더니, 이듬해엔 미국 전역과 프랑스, 영국을 포함한 외국의 통신원들을 갖추었다. 1838년 『뉴욕 헤럴드』의 베넷은 통신원을 추가로 확보하기 위해 유럽을 다녀왔는데, 그가 미국으로 돌아오는 길에 탔던 배는 대서양을 횡단한 최초의 증기선이었다.

1795년 스코틀랜드에서 태어나 23세 때인 1819년 미국으로 이민 온 베넷은 온갖 기행을 일삼은 엽기적인 인물이었다. 자신을 나폴레옹과 모세에 비교되는 인물이라고 떠벌리고 다니면서 자신의 결혼소식을 굵은 헤드라인으로 자기 신문에 싣기도 했다. "사랑의 선언이 마침내 이루어져 결혼하니 새로운 문명이 시작됩니다."(1840년 6월 1일) 또 그는 "뉴욕에 있는 모든 교회와 예배당보다도 하나의 신문이 더 많은 영혼들을 천국으로 보낼 수 있으며 또한 지옥으로부터 더 많은 영혼을 구제할 수 있다"며 자신이 그 일을 해내겠노라고 큰소리쳤다.

센세이셔널리즘이 나쁜가?

『뉴욕 선』과 『뉴욕 헤럴드』는 신문가격이 1센트(페니)라는 이유로 '페니 신문'으로 불렸는데, 이들의 성공에 자극받아 페니 신문은 곧 전국으로 파급되었다. 1836년 3월 25일 필라델피아에서 창간된 『퍼블릭 레저(Public Ledger)』는 창간된 지 2년 만에 발행부수 2만 부를 기록했고, 1837년 『볼티모어 선(Baltimore Sun)』은 창간 1년 만에 1만2000부를 기록했다. 1830년대 뉴욕에는 35개의 페니 신문이 등장했다.

기존 6페니 신문들은 페니 신문의 보도방식을 센세이셔널리즘

(sensationalism)이라고 비판했는데, 그 이유는 페니 신문이 뉴스를 다루었기 때문이었다. "어떻게 살인사건이 보도될 수 있는가!" 이게 당시 6페니 신문들이 가졌던 생각이었는데, 페니 신문이 그 고정관념을 깬 것이다. 그러니까 페니 신문이 현대적 의미의 뉴스라는 개념을 고안해낸 것이다.

그러나 베넷의 『뉴욕 헤럴드』는 '영혼구제'를 외친 것과는 달리 지나친 점이 있어, 뉴욕은 물론 영국 신문들까지 나서서 이 신문을 대상으로 1840년에 '도덕전쟁'을 선포하기도 했다. 이들은 베넷을 '음란한 건달' '더러운 철면피' '독을 품은 파충류' '야비한 악당' '독수리 같은 놈' '도덕적인 부패를 옮기는 놈'이라고 매도했다. 이런 비난공세가 대대적인 반대운동으로 이어지면서 『뉴욕 헤럴드』의 판매부수는 한때 3분의 1 수준으로 떨어지기도 했다. 하지만 곧 다시 회복되어 1850년에는 3만 부로 미국 최대, 1860년엔 7만 7000부에 이르러 세계 최대의 발행부수를 자랑하는 신문이 되었다.

광고철학도 달랐다. 페니 신문들은 광고도 이전의 '주장형 의견광고'에서 '상업광고'로 전환했다. '주장형 의견광고'가 신문의 주된 광고였을 때에는 광고거부가 잦았으며, '낙태, 복권, 반종교적인 것' 등과 같은 이슈를 놓고 신문사들끼리 치열한 광고논쟁을 벌이기도 했었다. 1847년 베넷은 광고가 매일 교체되어야 한다고 선언하기도 했는데, 이는 '광고의 뉴스화'라고 하는 점에서 획기적인 것이었다.

1830년대 페니 신문의 등장은 '사설에 대한 뉴스의 승리' 또는 '의견에 대한 사실의 승리'를 의미하는 것이었다. 오늘날 저널리즘의 중요한 덕목으로 간주되는 '객관주의(objectivity)'도 바로 이때부터 시작된 것이었다. 객관주의는 시장확대, 비용절감, 조직안전 등의 이점을 제공했기 때문이다.

페니 신문이 선구적인 신문사업가들의 아이디어 하나만으로 가능했던 건 아니었다. 더욱 중요한 것은 사회적 변화였다. ① 인쇄기술의 발달, ② 교통과 통신 시설의 발달, ③ 인구의 증가, ④ 산업화에 의한 소득증대, ⑤ 문맹률의 감소, ⑥ 도시화 등이 페니 신문의 출현을 가능케 한 배경이었다.

'술과의 전쟁'과 바넘 엔터테인먼트

그런 조건의 변화 때문이었는지는 알 수 없으나 1830년대의 술 소비량은 우려할 만한 수준이었다. 1830년대를 통틀어 1인당 술 소비량은 26리터나 됐다. 1835년에 결성된 미국금주협회(American Temperance Society)는 '술과의 전쟁'을 선포했는데, 회원이 20만 명에 이를 정도로 큰 성과를 거두었다. 이 '전쟁' 덕분에 1840년대 들어서면서 술 소비량은 이전의 반으로 줄었지만, '술과의 전쟁'은 이후 백 년 가까이 지속된다. 1851년 메인주는 미국 최초로 금주법을 시행하며, 1872년 금주당(Prohibitionist Party)이 결성되고, 1874년에는 기독교여성금주회(Women's Christian Temperance Union)가 발족하여 미국 최초의 전국적인 여성조직으로 자리잡는다.

페니 신문의 출현을 가능케 한 사회적 조건의 변화가 확실하게 영향을 미친 다른 분야는 엔터테인먼트였다. 이를 드라마틱하게 보여준 이가 바로 '세계 역사상 가장 위대한 흥행사'로 불리는 피니어스 테일러 바넘(Phineas Taylor Barnum, 1810~1891)이다. '미국 광고의 아버지'니 '광고의 셰익스피어'로도 불리는 그는 1880년대까지 맹활약하지만, 그가 활동을 시작한 건 1830년대부터였다. 바넘은 골수 '잭슨 민주주의자'로서 대중을 즐겁게 만들어주는 일에 목숨을 건 것처럼 보였다.

1830년대 바넘의 최대 히트작이라 할 수 있는 조이스 헤스(Joice Heth, 1756~1836)를 보자. 바넘은 헤스가 조지 워싱턴의 간호노예였으며 161세라고 주장했다. 1835년에 첫 선을 보인 그녀를 보려고 수많은 사람들이

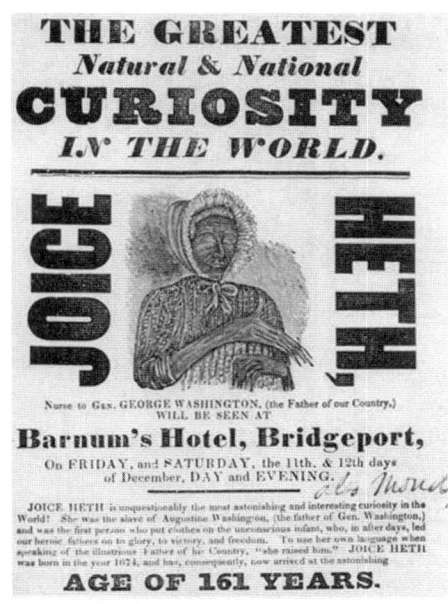

1836년 조이스 헤스가 죽었을 때, 그녀를 검시한 의사는 헤스가 80세 이상은 아닐 것이라고 밝혔다. 그러나 바넘은 의사의 말이 거짓이며 헤스가 여전히 다른 곳에 살아 있다고 주장했다.

몰려들었다. 얼마뒤 사람들의 관심이 줄자 바넘은 스스로 신문사들에 익명의 고발투고를 한다. 바넘이 대중을 속였다고 비난하면서 헤스는 사실 인조인간이라고 주장하는 내용의 편지였다. 이게 보도되자 다시 대중의 관심이 폭증해 관람객이 크게 늘어났다. 바넘의 흥행은 매사가 이런 식이었지만, 대중은 바넘에 의해 속아 넘어가는 것마저 즐겼다. 중요한 건 사실이나 진실이 아니라 어떻게 해서건 대중의 호기심을 자극하는 것이었으며, 바넘의 성공비결은 바로 그런 일을 잘하는 탁월한 홍보술이었다. 대중은 바넘의 쇼와 이벤트에 대해 비난이 쏟아지고 가짜냐 진짜냐 하는 논란이 벌어지는 것 자체를 사랑했다.

바넘의 활약에 대해선 나중에 다시 이야기하기로 하자. 여기서 중요한 것은 대중에게 푼돈이나마 소비할 수 있는 구매력이 생기면서 그들의 취향과 목소리가 점점 더 중요해졌다는 사실이다. 특히 페니 신문들은 엄청난 판매부수 덕분에 경제적으로 이익을 보게 되면서 정치세력의 후원으로부터 독립할 수 있었다. 이는 정치의 성격과 내용의 변화를 불러오기 마련이다. 페니 신문은 대중민주주의의 원인이자 결과였다. 이제 페니 신문의 성장과 똑같은 원리로, 정치를 포함한 전 분야에서 대중의 주목을 쟁취해야만 하는 '주목투쟁'의 시대가 열린다.

참고문헌 Altschull 1991, Barnum 1981, Boorstin 1991, Bryson 2009, Cartwright & Biddiss 2004, Crouthamel 1964·1973, Davis 2004, Desbiens 2007, Dizikes 1978, Emery & Emery 1996, Filler 1976a, Folkerts & Teeter 1998, Harris 1973, Mosse 2004, Saxton 1984, Stephens 1999, Tocqueville 1997, Twitchell 2001, 이상철 1982·1999, 임근수 1986

"알라모를 기억하라!" 텍사스의 독립과 합병

알라모의 전투

미국은 오래전부터 멕시코가 소유한 텍사스 땅에 눈독을 들여왔다. 애덤스와 잭슨 대통령은 멕시코에 텍사스 매입을 제의했으나 거절당했다. 거절했으면 끝까지 미국인들이 텍사스에 발을 붙이지 못하도록 할 일이지, 멕시코는 미국인들의 이주는 허용하고 장려하는 어리석은 정책을 폈다. 이게 결국은 텍사스를 미국에 빼앗기는 근본원인이 될 줄 누가 알았으랴.

1821년 미국인들은 멕시코 당국의 초청을 받아 오늘날 '텍사스 개척의 아버지'로 불리는 스티븐 오스틴(Stephen Austin, 1793~1836)의 주도 아래 텍사스에 정착했다. 첫 이주 때엔 300여 가족이었지만, 1830년엔 텍사스 목화재배지에 미국 백인 2만 명 이상, 노예 2000명이 살게 되었다. 곧 텍사스 미국인의 수는 멕시코인의 수를 앞질렀다. 1834년 오스틴은 멕시코 당국에 텍사스를 멕시코에서 분리해달라고 요청

알라모 성당은 원래 18세기 가톨릭 수도회에서 세운 예배당 건물로, 알라모라는 이름은 주변에 미루나무 숲이 있어서 붙었다는 설이 있다. 현재는 박물관으로 사용되고 있다.

했다. 오스틴은 체포되어 구금당했다.

멕시코를 재정복하려는 스페인의 시도(1829)를 잘 막아낸 바 있는 멕시코 대통령 산타 안나(Santa Anna, 1794~1876)는 텍사스를 포함한 멕시코 전체를 포괄하는 헌법을 공포했다. 그러나 텍사스의 미국인들은 멕시코에서 탈퇴하기로 결정하고 1836년 3월 1일 텍사스는 '자유롭고 독립된' 공화국이라면서 독립을 선언했다. 그들은 "텍사스 독립운동에 참여하면 승리 후 텍사스 땅을 주겠다"고 선전공세를 폈고, 이에 뉴욕, 조지아, 플로리다, 미시시피 등 전역에서 미국인들이 몰려들었다.

산타 안나는 6000여 명의 병력을 동원해 텍사스의 미국인들을 응징하러 나섰다. 3000명의 멕시코 병력이 샌안토니오로 접근하고 있을 때, 그곳에서는 윌리엄 B. 트래비스(William B. Travis, 1809~1836) 대령의 지휘 아래 미국인 187명이 계속 저항하고 있었다. 미국 수비병들은 알라모(Alamo)라는 성당의 담을 등지고 방어태세를 갖추었다.

이 소수의 병력은 지금은 전설의 장소가 된 알라모에서 산타 안나 대군을 맞아 열흘을 버티며 멕시코군에게 엄청난 타격을 입혔지만, 거의 몰살당하고 말았다. 미군 병사들의 시체는 모두 기름에 적셔 불태워졌다. 전사자 중에는 대니얼 분(Daniel Boone, 1734~1820) 이후의 변경개척자로 유명한 데이비드 크로켓(David Crockett, 1786~1836)도 포함돼 있었다. 생존자는 단 3명. 미군 병사의 아내인 수잔나 디킨슨(Susanna Dickinson, 1814~1883)과 15개월 된 그녀의 아기 그리고 트래비스의 노예 조(Joe)였다.

'론스타공화국'의 탄생

텍사스 미국인들의 복수가 시작되었다. 1836년 4월 21일 양군은 마침내 산하신토(San Jacinto)에서 대결했다. 수적으로 크게 밀리는 텍사스군은 "알라모를 기억하라!(Remember the Alamo!)"는 전쟁구호를 외치며 낮잠을 즐기던 멕시코군을 급습했다. 18분간의 전투 끝에 멕시코군은 수백 명이 사망한 반면 텍사스군의 사망자는 9명에 불과했다. 또 멕시코군 수백 명이 포로가 되었는데, 이중엔 대통령 산타 안나도 포함되었다. 살아남은 멕시코군은 리오그란데강 너머로 퇴각했다.

텍사스군 사령관 샘 휴스턴(Sam Houston, 1793~1863)은 안나에게 텍사스의 독립을 약속하면 풀어주겠다고 제안했다. 휴스턴은 이 제안을 받아들인 안나를 워싱턴으로 보냈고, 앤드루 잭슨 대통령은 텍사스 독립을 약속받은 뒤 그를 멕시코로 돌아가게끔 했다. 5월 14일 체결된 벨라스코(Velasco) 조약으로 이제 텍사스는 독립공화국이 되었다. 텍사스인들은 곧바로 자신들의 헌법을 제정하고, 산하신토전투 이후 괴저로 죽어가던 휴스턴을 새로운 공화국의 대통령으로 선출했다.

텍사스공화국은 미국에 병합을 신청했다. 잭슨은 아무런 반응을 보이지 않다가 재임 마지막날에야 비로소 텍사스의 독립을 인정했지만 병합은 외면했다. 잭슨의 후계자인 마틴 밴뷰런 대통령도 텍사스 병합을 망설였다. 무엇보다도 텍사스 편입으로 인해 초미의 중대사인 노예 문제에 기름을 붓게 되는 걸 두려워했기 때문이다. 미주리 협정 이후 노예주 아칸소와 자유주 미시간이 25번째와 26번째 주로 각각 편입되었는데, 노예제를 채택한 텍사스 편입은 그 균형을 깨는 걸 의미했다.

텍사스의 연방편입문제는 호전적인 영토팽창주의자인 제임스 녹스 포크(James Knox Polk, 1795~1849) 행정부에 떠넘겨졌으며, 그 결과 1845년 2월에서야 합병이 이루어진다. 독립 직후 텍사스인들은 미합중국에 합병되고자 하는 그들의 갈망을 표시하기 위해 텍사스 깃발에 큰 별 하나를 그려 넣었다. 오늘날에도 텍사스를 론스타공화국(Lone Star Republic)으로 부르는 이유가 바로 여기에 있다.

오늘날에도 텍사스 사람들은 이런 역사적 사실을 긍지로 삼는다. 최승은·김정명(2008)에 따르면, "크리스마스 파티에서 만난 한 텍산(텍사스 출신)은 자신의 고향이 미국 내 유일하게 10년간 독립국이었음을 자랑했다. 만일 역사를 몰랐다면 그의 자랑에 깜빡 넘어갔겠지만 미국의 영토확장정책을 잘 알고 있는 나로서는 그의 자랑에 심드렁할 수밖에 없었다."

알라모 신화의 탄생

알라모전투는 미국의 영웅신화가 되었다. 알라모를 주제로 한 수십

편의 영화가 만들어졌으며, 수백 종의 책이 출간되었다. 서부극의 사나이 존 웨인(John Wayne)의 감독 데뷔작도 〈알라모(The Alamo)〉(1960)다. 웨인은 이 영화에서 주인공인 데이비드 크로켓으로 출연했다. 1954년 ABC가 제작한 서부영웅 크로켓을 다룬 5부작 모험극은 일대 선풍을 일으켜, 1956년 대통령 선거에 출마한 상원의원 에스테스 키포버(Estes Kefauver, 1903~1963)는 크로켓의 너구리모자를 쓰고 선거유세를 하기도 했다.

미국인들은 알라모전투에 참여한 모든 이들이 장렬하게 전사했다고 믿지만, 크로켓을 비롯한 일부 사람들은 최후까지 싸우다가 죽은 게 아니라 붙잡혀 처형되었다. 특히 사망 이전부터 널리 유포된 '크로켓 신화'는 그의 정치적 후원자인 휘그당원들이 만들어낸 것이다. 그들은 대필시킨 크로켓 자서전을 출판함으로써 개척영웅으로서의 명성을 널리 알리고, 더 나아가 민주당 앤드루 잭슨의 후계자로 최적임자라는 것을 홍보하려 했다. 크로켓은 1835년 의회의원에 재선되기 위해 출마했다가 낙선했는데, 무엇보다도 무식했다는 게 주요패인(敗因)이었다. 그가 백 마리 이상의 곰을 쏴 죽였다고 말했을 때 친구들은 웃으면서 그럴 리 없다며 믿어주지 않았는데, 그 이유는 크로켓이 그 정도로 많은 수는 세지 못하는 사람이었다나.

그러나 중요한 건 미국인들에게 찬란한 신화의 주인공으로 각인된 크로켓을 포함한 애국자들이 '순교'를 했다는 점이었다. 오늘날 샌안토니오 중심에 있는 알라모 유적지에는 "관광객이라기보다는 참배자라는 말이 더 어울릴 듯한 사람들이 줄을 잇고 있다."(사루야 가나메 2007) 프랑스 지식인 장 보드리야르(Jean Baudrillard 1994)는 미국 여행기인 『아메리카(America)』에서 다음과 같이 말한다.

"치카노우(Chicano, 멕시코계 미국인)들이 된 멕시코인들은 자신들의 조상에 의해 그토록 격렬하게 학살된 미국 민족의 영웅들을 기리기 위한 엘 알라모로의 여행에서 가이드로 활동하고 있다. 그러나 비록 그들 조상들이 열심히 싸웠다 하더라도, 결국 승리한 것은 노동분업이다. 오늘날 거기 동일한 전쟁터에서 자신들의 땅을 훔친 미국인들을 찬양하고 있는 사람들은 그들의 손자와 증손자들이다. 역사는 책략과 간지로 가득하다. 그러나 이곳에서 일하기 위해 은밀히 국경을 넘어오는 멕시코인들 또한 그러하다."

알라모 성당 앞에서 기념품을 파는 히스패닉 곤잘레스는 이렇게 불평한다. "텍사스 독립의 당위성을 강조한 나머지 산타 안나의 멕시코군을 너무 폄하한다. 멕시코 땅에서 벌어진 분리운동을 막기 위해 군대를 파견하는 것은 당연한 것 아니냐. 텍사스 독립운동은 국제적 배신행위다. 알라모의 죽음은 너무 과장되고 그 신화는 나중에 조작되었다."(박보균 2005) 그러나 미국 관광객들이 알라모 신화에 열광하는 걸 어이하랴. 훗날 텍사스 출신인 제36대 대통령 린든 B. 존슨(Lyndon B. Johnson, 1908~1973)이 자신의 고조할아버지가 알라모전투에서 숨졌다고 자랑해 선거 때 재미를 본 것도 그런 신화의 위력을 말해준다 하겠다.(그러나 나중에 존슨이 자신의 족보를 속인 것으로 밝혀졌다.)

1836년 대선-마틴 밴뷰런

텍사스 문제가 주요 이슈 중의 하나로 제기된 1836년 대선에서 밴뷰런은 선거인단 294표 중 170표를 얻어 승리함으로써 제8대 대통령이 되었다. 밴뷰런은 1782년 12월 5일생으로 미국 시민으로 태어난 최초의 미국 대통령이었다. 선거 중 비판자들은 밴뷰런이 "뉴욕의 선술집 주인 아들로 태어나 관리와 술책만으로 마침내 약삭빠른 변호사가 된, 교활하고 음흉하고 영리하고 숙련된 임무꾼"이라고 비난했다. 그러나 밴뷰런은 잭슨이 직접 선택한 후계자였고 미국인으로 태어난 최초의 미국 대통령이 된다는 사실로 다른 후보들과 차별화를 했다. 반면 휘그당은 세 후보가 출마해 분열돼 패배했다.

밴뷰런은 출발 당시 전임자의 내각을 그대로 물려받았으나 곧바로 국무장관을 조엘 R. 포인세트(Joel R. Poinsett, 1779~1851)로 교체했다. 포인세트는 밴뷰런 행정부 4년 동안 국무장관직에 있으면서 인디언의 강제이주로 인해 발생한 제2차 세미놀 전쟁(1835~1843)을 승리로 이끌었고, 성사되지는 않았지만 연방징병제도를 주장했다. 포인세트는 식물학자로도 유명한데, 그는 미국에 적도식물인 홍성초를 도입해 자신의 이름을 따서 '포인세티아(poinsettia)'로 다시 명명했다.

밴뷰런은 뛰어난 정치모사꾼이었지만 대중의 지지를 이끌어내는 잭슨과 같은 능력은 없었다. 게다가 1836년 대선에선 그해 절정에 달했던 전국적인 경제호황의 덕을 보았지만, 1840년 대선에선 1837년에 일어난 공황으로 재선에 실패하게 된다. 그는 1819년 아내 사망 이후 평생 독신으로 지낸다.

참고문헌 Baudrillard 1994, Beauvoir 2000, Brinkley 1998, Castleman & Podrazik 1982, Davis 2004, Dole 2007, Lindaman & Ward 2009, Ridings & McIver 2000, Shenkman 2003, Zinn & Stefoff, 2008, 김종혁 2003, 박보균 2005, 박영배·신난향 2000, 사루야 가나메 2007, 우덕룡 외 2000, 차상철 외 1999, 최승은·김정명 2008

"유럽이라는 회충을 몰아내자!"
미국의 지적 독립선언

조지 밴크로프트와 랠프 왈도 에머슨

1837년 6월 20일, 윌리엄 4세가 죽자 18세의 어린 공주가 빅토리아 여왕(Queen Victoria, 1819~1901)으로 영국을 통치하게 되었다. 빅토리아 여왕은 1901년 1월 22일 사망해 아들 에드워드 7세(Edward VII, 1841~1910)가 왕위를 계승하기까지 64년간 재위하면서 대영제국의 최전성기를 이끌게 된다. 그녀는 "군림하되 통치하지 않는다"는 원칙하에 과거 영국 국왕들이 잃어버렸던 위엄과 인기를 회복했다.

하지만 미국은 더이상 영국의 그늘에 놓여 있을 나라가 아니었다. 정치적 독립에 이어 지적 독립을 향한 질주가 빠르게 이루어지고 있었다. 이미 1834년부터 국민주의 역사가 조지 밴크로프트(George Bancroft, 1800~1891)가 『미국사(History of the United States of America, from the discovery of the American continent)』(전 10권으로 1874년 완간)를 저술해 개인주의에 토대를 둔 민주주의야말로 인간이 달성해야 할 궁극적인 목표이며, 지금까지 그 목표에 가장 가까이 도달한 국민이 바로 미국인들이라고 찬양했다. 이러한 찬양은 엄청난 인기를 끌었고, 이는 곧 미국의 지적 독립선언으로 이어졌다.

1837년 랠프 왈도 에머슨은 하버드대학 강연에서 미국의 작가는 '위대하고 먼 낭만적' 세계에서 방향을 돌려 미국의 가장 훌륭한 산물인 평범한 민중의 생활에 눈을 돌려야 한다고 주장했다. 그는 한 걸음 더 나아가 "이제 우리는 우리의 발로 걸을 것이고, 우리의 손으로 일할 것이며, 그리고 우리의 정신으로 말할 것"이라며 다음과 같이 선언했다.

"외국학문에 종속되어 있는 시대, 오랜 도제(徒弟)의 시대는 바야흐로 종말이 가까이 오고 있습니다. 우리들 주위에서 솟아나고 있는 무수한 새로운 생명을 항상 외국수확물의 시들어버린 찌꺼기로만 기를 수는 없습니다. 여러 가지 사건과 행동이 일어나고 있는데, 이러한 것을 노래해야 하며 또 이러한 것을 자연 그대로 노래할 수 있도록 해야 할 것입니다."

이 주장은 미국 내 신문에 대서특필되었다. 『뉴욕 트리뷴(New York Tribune)』은 에머슨의 사상을 국가가 공공재산으로 삼아야 한다고 대대적으로 역설했다. 올리버 웬델 홈즈(Oliver Wendell Holmes, Sr., 1809~1894)는 이 강연을 '미국의 지적 독립선언'이라고 불렀다.

과연 이것이 '미국의 지적 독립선언'이었을까? 그보다 '감성적 독립선언'이라고 부르는 것이 더 어울릴 것 같다. 에머슨은 미국이라는 몸과 마음에 자리잡고 있는 '유럽이라는 회충'을 몰아내고 그 자리에 '유럽적인 정열을 미국적인 열정으로 대체시키는' 것이 자신의 목표라고 선언했다. 유럽을 '회충'이라고까지 욕할 필요가 있었을까? 에머슨의 이런 주장이 답이 될지도 모르겠다. "우리의 역사 전체는 인류를 위한 신의 섭리의 마지막 노력과도 같다."

낭만주의와 초월주의

당시 미국 지식계에 무슨 일이 일어나고 있었던 것일까? 미국에 계몽사상 다음으로 밀려들어온 사조는 낭만주의(Romanticism)였다. 낭만주의는 18세기 말에서 19세기 전반에 걸쳐 프랑스대혁명의 이념적 지주가 되었던 계몽주의의 합리적 · 기계론적 세계관에 반발하여 일어난 사상운동이자 문예사조로, 이성의 오랜 통제를 받아온 감정을 앞세웠다는 것이 그 특징이다. 역사적 기원과는 무관하게 그런 특징을 보이는 자세나 태도를 낭만주의라 부르기도 한다. 개인적인 특성을 보편적인 합리성으로 통제하여 조화와 균형이 잡힌 문학을 주장했던 고전주의에 반발하여 서양 낭만주의는 개인적 특성에 대한 합리성의 우위를 거부하고 남과 다른 자기의 감정, 취미, 습성, 생각 등을 소중하게 여겼다. 또한 신비한 것과 역설적인 것을 추구했다. 낭만주의는 이상주의와 낙관주의를 지향했지만, 이상과 낙관은 실현되기 어려웠으므로 절망과 비관을 넘나드는 동시에 냉소와 퇴폐로 빠지기도 했다.

유럽의 괴테, 워즈워스(Wimmiam Wordsworth, 1770~1850), 콜리지(Samuel Taylor Coleridge, 1772~1834), 칸트 등 낭만주의자들의 저작이 미국에 들어와 널리 읽혔다. 낭만주의운동은 인간에게 감성과 비합리성이 중요한 요소임을 강조한 동시에 각 민족과 사회를 그 자체로서 하나의 완전체를 이루고 생명을 가진 유기체로 보았다. 즉, 모든 민족이나 사회는 저 나름대로의 개성과 특수성을 가지고 있다고 주장함으로써 민족주의 감정을 일으키는 데 기여했다. 낭만주의운동은 미국인으로 하여금 유럽의 나라들과는 구별되는 자신의 토착적이고 고유한 문화를 창조하도록 자극했다. 미국 작가들은 미국 고유의 소재를 찾기 시작했는데, 그 대표적 인물이 앞서 소개한 바 있는 제임스 페니모어 쿠퍼다.

19세기 이전 미국인들이 생활에서 진실을 이해하는 방법은 크게 보아 '성서의 계시' '개인의 직접적인 영감에 대한 믿음' '계몽사상의 경험주의' 등 세 가지였다. 두 번째, 즉 '개인의 직접적인 영감에 대한 믿음'은 사상적 체계를 갖춰나가면서 초월주의(Transcendentalism)로 불렸다. 초절주의(超絶主義)로 번역하기도 하는데, 이는 낭만주의운동의 영향을 받았다.

철학적 원천을 독일 철학자 임마누엘 칸트에 둔 초월주의는 문학과 종교의 두 가지 주요형태로 나타났는데, 구체적으론 에세이와 설교였다. 에세이 형태를 완성시킨 사람이 바로 에머슨이다. 에세이는 세속인의 설교였다. 그의 에세이 중 많은 것들이 실제로 강의에서 구두전달을 위해 작성된 것이었다. 유니테리언교의 목사였던 에머슨은 1832년에 목사직을 그만두고 저술, 교육, 강연에 몰두했는데, 초월주의 철학은 매사추세츠주의 콩코드(Concord)에서 그가 이끄는 소규모 지식인집단에서 탄생했다.

에머슨과 유니테리언주의

유니테리언주의(Unitarianism)란 무엇인가? 하나님의 삼위일체(三位一體)를 부정하고 신의 단일성을 강조한 일신교적 기독교 사상으로,

윌리엄 앨러리 채닝. 유니테리언파 목사로 칼뱅주의를 반대하고 인간의 잠재능력이 신과 같다고 보았다.

1819년 보스턴의 목사였던 윌리엄 앨러리 채닝(William Ellery Channing, 1780~1842)이 제창했다. 여러 유형의 아르미니우스주의(Arminianism)에서도 보다 더 자유주의적인 아르미니스주의가 유니테리언주의의 탄생 동인이 되었으며, 뉴잉글랜드 회중교에서 발전되었다.

유니테리언교는 신 중심적인 칼뱅신학을 인간 중심적인 신학으로 바꾸었다. 이 사상체계에서 신은 하나이며 예수 그리스도는 새로운 종교를 창시한 위대한 인물이다. 종교의 본질은 내세를 찾는 데에 있지 않고 현세에서 선을 실현하는 데에 있다는 전제하에 인간의 덕성과 완전성, 인간의 의지의 자유, 이에 수반하는 인간의 도덕적 책임을 역설한다. 유니테리언교 신자들은 인간은 이성을 통하여 완전성에 도달할 수 있다고 믿었는데, 이러한 믿음은 당시 미국 민주주의의 열망을 종교적으로 표현한 것이었다.

채닝은 모든 개인이 자신을 초월하여 신과 하나가 될 수 있다고 주장함으로써 초월주의 철학의 문을 열어놓았다. 초월주의는 눈에 보이는 사물을 상상력으로 직관할 수 있는 초월적인 세계에 대한 상징으로 보면서 상상력에 우위를 부여하는 세계관이기 때문에, 낭만주의는 곧잘 초월주의로 빠지곤 한다. 채닝은 "우리들 각자의 안에는 모든 물질적 창조 속에 있는 것보다, 우리의 눈과 귀를 자극하는 모든 세상 속에 있는 것보다 더 큰 무언가가 있다. 그리고 내면의 개선이야말로 그 자체로서 가치와 위엄이 있는 것이다'라고 주장했다.

채닝의 신학에 심취하여 유니테리언교회의 목사가 되었던 에머슨은 초월주의 철학을 완성시켰다. 그는 1836년 『자연(Nature)』에서 개인은 자기완성을 위해 자연세계와의 영적인 교류를 위해 노력해야 한다고 역설했다. 그는 이해에 '초월주의자 모임(Transcendental Club)'을 창설하고 『다이얼(The Dial)』(1840~1844)지를 창간했다. 그는 1837년 『미국의 지식인(The American Scholar)』에선 내면의 목소리와 직관을 강조했으며, 1841년 『자립(Self-Reliance)』에선 "당신 마음의 고결함보다 더 성스러운 것은 없다"고 주장했다. '마음의 고결함'을 놀고먹으라는 말로 착각하면 안된다. 미심쩍었던지 그는 "일을 하라. 그러면 당신은 스스로 강해질 것이다"라는 말을 덧붙였다.

초월주의와 민주적 충동

초월주의는 미국 문화에서 낭만적 충동의 표현이었다. 에머슨을 비롯하여 낭만주의 사조를 표현한 뉴잉글랜드의 초월주의자들은 각 개인은 지성의 한계를 '초월하기' 위해 노력해야 하며 감정, 즉 '영혼'이 '우주와 독특한 관계'를 맺도록 해야 한다고 주장했다. 전통적 종교에 반항하는 일종의 이상주의로 논리보다는 느낌과 직관에 의한 지식을 존중하고 인간과 자연에 신이 내재한다는 것과 인간의 무한한 가치를 믿는 범신론에 가까웠다.

인간에 대한 예찬에 기반을 둔 초월주의는 민주적 충동과 밀접하게 관련돼 있었다. 낭만적 개인주의 철학에 투철했던 에머슨은 민주주의를 설교하면서도 사실상 몰개성적 관습과 이에 대한 순응을 요구하는 사회에 분개하면서 "일관성이란 옹졸한 마음들을 모아놓은 도깨비이다"라고 단언했다. 또 그는 사회가 "각각의 주주들이 더 확실하게 빵을 확보하는 것에 동의하여 먹는 사람의 자유와 문화를 포기하는 주식회사"라고 주장했다. 일관된 관습과 신념을 가지라는 요구는 과거를 이용하여 현재에 독재를 행사하는 방법에 불과하다는 것이다. 자립이 유일한 대안이며 "자립하는 사람은 누구든지 비순응주의자이어야 한다"는 게 그의 메시지다.

그러나 그런 에머슨도 당대를 풍미했던 신분주의와 인종차별주의로부터는 자유롭지 못했다. 그는 교육 프로그램을 시작하면서 "민중이 우리 멱살을 잡지 않도록 민중을 교육시켜야 한다"고 말했다. 그가 1824년에 쓴 글은 더욱 실망스럽다. "가까이 가서 보면 볼수록 그 멍청한 나라에 점점 더 진절머리가 난다. 중화제국은 세계에서 가장 추악한 특징을 3000~4000년에 걸쳐서 미세한 점에 이르기까지 그대로 유지해왔으므로, 실로 미라와 같다고 할 수 있을 것이다. 처참한 아프리카에서조차 나무를 베고 물을 길어올려(구약성서 여호수아기 9-21), 문명에 봉사했다고 할 수 있다. 그런데 중국은 어떤가. 그런 우둔함은 차라리 존경스러울 지경이며, 그런 백치 같은 모습은 오히려 거룩하기까지 하다. 다른 나라 앞에서 중국이 주장할 수 있는 것은 단 하나 '우리는 차(茶)를 만들었다'는 것뿐이다."

리처드 호프스태터(Richard Hofstadter, 1916~1990)는 초월주의를 '지식인들의 복음주의'라고 불렀는데, 그 이유는 초월주의자들이 늘 교육받은 계층에 큰 영향력을 행사했기 때문이다. 자기완성을 위한 메시지는 엉뚱하게도 기업경영에서 적극 활용되었다. 이영옥(2003)에 따르면, "에머슨의 사상은 긍정적인 영향도 컸으나 부정적인 영향도 매우 컸던 것으로 평가된다. 미국의 기업가와 금융인들이 때마침 에머슨의 주장을 기업운영의 합리화에 이용했던 것이다."

사실 에머슨은 도대체 무슨 열정에 사로잡혔었던지 자기완성의 차원을 넘어 전무후무할 정도로 돈과 비즈니스를 예찬하는 명언(?)을 많이 남겼으니, 기업들이 그걸 외면하긴 어려웠으리라. 그는 1840년대와 1850년대에 비즈니스계에서 가장 잘나가는 연사였다. 그는 성공을 꿈꾸는 사업가들과 지망생들에게 "인간은 부자가 되기 위해 태어났다"고 했으며, "투자가의 투기적 천재성은 세계를 얻으려는 광적인 소수의 특권"이라며 당시 비난의 대상이 되었던 월스트리트 투기꾼마저 옹호했다. 도대체 무슨 심오한 근거로 그런 말을 했던 걸까?

"교회와 언론은 부의 갈망을 비난한다는 점에서 많은 공통점이 있다. 그러나 만약 인간이 이러한 도덕주의자의 말을 따라 부자가 되기 위한 목표를 포기한다면, 도덕주의자들은 갑자기 태도를 돌변해 문명이 후퇴하지 않도록 하기 위해 권력에 대한 욕망을 다시 일깨우려고 노력할 것이다."

기업의 비대화가 초래할 수 있는 부작용에 대해서도 에머슨은 경쟁의 원리를 믿었다. 그는 "자본가는 자기처럼 욕심이 많은 다른 사람을 만나고, 그로부터 도전을 받게 될 것이며 이러한 반작용에 의해 균형이 유지될 것"이라고 낙관했다. 에머슨의 주장은 1860년대까지도 맞아떨어지는 듯했다. 그러나 훗날 로버트 헤일브로너(Robert Heilbroner,

1919~2005)가 지적하듯이, "1865년에 대부분의 기업이 매우 치열하게 경쟁했으며, 어떤 기업도 단 한 분야를 지배하지 못했다. 그러나 1904년에 한두 개의 대기업이 78개의 산업 분야 중 적어도 절반 이상을 지배하기에 이르렀다."

니커보커 문학과 애드거 앨런 포

지적 독립선언의 강력한 실현수단은 역시 문학이었다. 이 시기의 문학을 잠시 살펴보고 넘어가자. 19세기 초 미국 문필활동의 중심부는 뉴욕이었다. 이곳의 작가들은 이른바 '니커보커(Knickerbocker)'라고 불렸으며 1810년에서 1840년까지의 기간은 미국 문학에서의 '니커보커 시대'로 알려진다.

니커보커는 뉴암스테르담(뉴욕) 시절 네덜란드의 이민자에게서 비롯된 말로 네덜란드인들이 즐겨 입던 넉넉한 바지였다. 워싱턴 어빙의 『뉴욕의 역사(A History of New York)』(1809)에 노신사인 디드리히 니커보커(Diedrich Knickerbocker)가 등장하는데, 이 작품을 계기로 니커보커는 19세기 초 맨해튼에 모인 젊은이들을 가리키는 말이 되었다. 이들은 네덜란드·영국 양 계의 피를 이은 혼혈이며, 신세계사회에서 쉽게 뒤섞여 자유스러운 생활을 할 수 있었던 상인·지주계급 출신이었다. 인생을 개조하는 것보다 환락에 관심을 가진 이들은 문학을 미국에서 인정받는 떳떳한 작업으로 만드는 데 기여했다.

환락과는 너무도 거리가 먼 인물도 있었다. 시인이자 소설가인 애드거 앨런 포(Edgar Allan Poe, 1809~1849)는 1839년 「종탑 속의 악마(The Devil in the Belfry)」, 1843년 「검은 고양이(The Black Cat)」, 「고자질쟁이

심장(The Tell-Tale Heart)」 등을 발표하면서 인간영혼의 어둠을 포착했다. 그는 이해하기 어려운 인간의 행동을 묘사함으로써 프랭클린 시대에 숭앙된 인간의 이성적 존재로서의 특성에 반격을 가했다.

'미국이 낳은 최초의 보헤미안' 이라는 평가를 받기도 하는 포는 26세 때인 1835년 열세 살밖에 안된 사촌누이 버지니아 클램(Virginia Clemm, 1822~1847)과 비밀결혼했다. 그의 걸작시 「애너벨 리(Annabel Lee)」(1849)는 비참한 가난 속에서 살다 요절한 아내를 읊은 시다. 이 시는 포가 죽고 난 지 이틀만인 1849년 10월 9일 『뉴욕 트리뷴』지를 통해 발표되었다. "나와 그녀는 철부지였다. …… 그러나 우리의 사랑은 우리보다 연상이고 현명한 사람들보다 훨씬 더 강렬했다."

극심한 가난과 정신착란에 시달리던 포는 연고도 없는 메릴랜드주 볼티모어에서 무연고 병자로 쓸쓸히 숨을 거뒀다. 당시 유일한 유족이었던 사촌은 그의 죽음을 대중에 알리지 않아 10명 남짓의 추모객만 참여한 채 서둘러 장례식을 마치고 볼티모어 공동묘지에 비석도 없이 매장했다. 그런 이유 때문에 2009년 포 탄생 200주년과 사망 160주년을 맞아 볼티모어시는 특수제작한 포의 시신모형으로 10월 10~11일 이틀 동안 실제와 똑같은 장례식을 다시 거행했다.

허먼 멜빌과 월트 휘트먼

1851년에 출간된 허먼 멜빌(Herman Melville, 1819~1891)의 『모비 딕(Moby Dick)』은 19세기 미국의 거칠고 개인주의적이며 성취지향적인 문화를 비유한 작품이다. 당대엔 인정받지 못해 멜빌은 독서대중의 몰이해에 울분과 소외감을 느껴야만 했다. 이 작품은 그의 사후 30년

이 지난 1920년대부터 인정받았는데, 그는 죽기 전 가까이 두고 읽은 쇼펜하우어 책의 다음 구절에 밑줄을 그어놓았다. "사람이 후세에 속하면 속할수록, 다시 말하여 인류일반을 많이 포용하면 포용할수록, 그는 동시대의 사람들로부터 그만큼 더 소외된다." 그러나 그건 멜빌 개인의 운명이었을 뿐, 그는 소설 『하얀 재킷: 군함 내부의 세계(White-Jacket, or The World in a Man-of-War)』(1850)에선 미국인을 찬양했다.

"우리 미국인들은 선택받은 특별한 사람들이다. 현 시대의 이스라엘과 같다. …… 신이 모든 것을 예정해놓으셨다. 인류는 우리에게 많은 것을 기대하며 위대한 정신을 보여주길 바란다. 우리는 세계의 개척자다. 진보를 추구하며, 개척되지 않은 거친 세상 속으로 보내졌다. 우리의 신세계에 새로운 길을 만들기 위해서다. 우리는 스스로에 대해 오랜 세월 회의적이었고 정치적 메시아가 정말로 왔었는지 의구심을 품어왔다. 그러나 그는 이미 우리 안에 들어와 함께 계셨다."

미국인 찬양에 관한 한 월트 휘트먼(Walt Whitman, 1819~1892)은 멜빌을 뺨친다. 1855년에 출간된 그의 첫 번째 시집 『풀잎(Leaves of Grass)』의 출발은 순탄치 않았다. 이 시집은 사상이나 문체에서 혹독한 공격을 받았다. 비평가들은 "돼지가 수학이 무언지 전혀 알지 못하듯이 휘트먼은 예술을 전혀 알지 못하는 범죄적인 괴물이다"라고 비난했다. 그러나 에머슨은 휘트먼에게 칭찬의 편지를 보냈다. 이에 고무된 휘트먼은 허락도 받지 않고 그 편지를 자기선전에 이용했지만, 그럼에도 『풀잎』은 팔리지 않아 휘트먼은 본업인 저널리즘으로 되돌아갔으며 정치적으론 앤드루 잭슨 대통령을 추종했다. 그는 남북전쟁 시 야전병원에서 남자간호원으로 일했으며, 자신이 존경하던 링컨 대

랠프 왈도 에머슨이 월트 휘트먼에게 보낸 1855년 6월 21일자 편지.

통령이 암살당하자 「마지막 라일락이 앞뜰에 필 때(When Lilacs Last in the Dooryard Bloom'd)」(1865)라는 시를 바치기도 했다.

휘트먼은 『풀잎』 첫머리에서 "나는 내 자신을 노래한다, 단순히 개별적인 인간을 / 그러면서도 '민주주의'라는 말을, '집단적'이라는 말을 쓴다"고 했다. 훗날 두고두고 논쟁의 대상이 되는 미국 개인주의와 순응주의의 모순을 묘사한 걸까? 휘트먼의 시는 에머슨의 사상을 그대로 옮긴 듯 유사하다. 당시로선 혁명적으로 휘트먼은 '자아(self)'를 노래했다. 자아가 우주의 중심이며 우주의 전체이고 나의 자아는 당신의 자아와 대등하고 당신의 자아도 나의 자아만큼 훌륭하다는 것이다.

휘트먼은 자아의 이름으로 미국인의 물질주의를 옹호했다. 그는 미국의 '극도의 사업적 에너지'와 '거의 광적인 부에 대한 갈망'은 단지 '거대한 혁명적인' 활력의 일부에 불과하다고 주장했다. 부자가 되기 위한 치열한 노력은 단지 영광스러운 운명을 실현하기 위한 열망이 변형되어 나타난 것이라는 논리다. 글쎄 그런 식으로 말하자면, 이 세상에 '영광스러운 운명을 실현하기 위한 열망이 변형되어 나타난 것'이 아닌 게 무엇이 있을지 모르겠다.

이렇게 미국과 미국인을 찬양하던 휘트먼은 남북전쟁 이후 그랜트 행정부의 타락상을 목격하면서 자신의 생각들을 재고(再考)해『민주적 통찰(Democratic Vistas)』(1871)을 내놓지만, 미국인들의 사랑과 주목을 받은 건『풀잎』이었다. 먼 훗날 천하의 바람둥이 대통령 빌 클린턴이 백악관 인턴사원이었던 모니카 르윈스키와 성적 접촉을 갖기 직전 그녀에게 선물한 책도 바로『풀잎』이었다.

미국인들의 선민의식을 역설하고 부추긴 지식인들은 그밖에도 무수히 많다. 반미주의자들은 그게 바로 미국의 제국주의적 속성이라고 공격하지만, 친미주의자들은 바로 그게 미국의 위대한 저력이라고 보는 경향이 있다. 뭐 그렇게 이분법으로만 볼 일은 아닌 것 같다. 미국을 비판하고 공격하는 미국 지식인들도 소수나마 있으니, 그 어느 중간쯤에 미국·미국인의 참얼굴이 있으리라. 다만 1830~1850년대의 미국·미국인 예찬은 "유럽이라는 회충을 몰아내자!"는 극단적인 표현을 써야 할 정도로 미국의 지적 종속이 심했던 시절의 산물로 이해할 수 있겠다.

참고문헌 Baumer 1999, Beatty 2002, Brinkley 1998, Brooks 2008, Chomsky 2002, Cohen 2003, Heath & Potter 2006, Huntington 2004, Johnson 1999, Lehan 1989, Panati 1995, Persons 1999, Solberg 1996, Zweig 2009, 김병걸 1999, 김삼웅 1996, 신문수 1995, 이보형 2005, 이상섭 2001, 이영옥 2003, 이종훈 1994, 이주영 1995, 이형대 2003, 임용순 2001, 함용도 1995, 홍일출 1996

'눈물의 행렬' 인디언의 비극

부동산투기 붐과 면화 붐

미국은 건국 이전부터 부동산투기의 나라였다. 18세기 영국의 여행가 윌리엄 프리스트(William Priest)는 "미국이라는 나라의 특징을 소개한다면 '땅투기'라 할 수 있다"고 했다. 1810년대 영국 철학자 모리스 버벡(Morris Birbeck)은 오하이오를 지나치면서 그 지역의 부동산투기에 대해 이렇게 말했다. "'사들여라! 사들여라! 사들여라! 사들여라!'라는 것이 시작이며 중간이자 또 마지막으로서, 미국의 도시의 설립자들에게는 알파이며 오메가였다."

특히 1830년대 미국은 부동산투기 붐으로 더욱 들썩였다. 연방정부 토지국(Land-office)이 1832년에 팔아치운 땅은 250만 달러어치에 불과했지만 4년 뒤인 1836년에는 2500만 달러로 열 배가 늘었기 때문이다. 이주 예정자들은 정부로부터 불하받은 땅증서를 헐값에 투기꾼들에게 팔아넘겼고, 투기꾼들은 이를 은행에 맡기고 거액의 은행권을 대

출해간 뒤 다른 정착민들한테서 불하증서를 헐값에 사들였다. 결국 국유지 불하가 투기꾼들의 배만 불려주는 결과를 초래하고 말았다. 이 부동산투기 붐을 계기로 영어에는 새로운 숙어가 만들어졌는데, 바로 '노나는 장사를 하다(to do a Land-office business)'라는 어휘다.

부동산투기 붐은 투기의 대상이 된 땅에 살고 있던 인디언에 대한 박해로 이어지기 마련이었다. 인디언 사냥은 1831~1832년 최후전투에서 절정에 달했다. 전설적인 인물이었으나 이제는 연로해진 전사 블랙 호크(Black Hawk)의 지도 아래, 소크족(Sauks)과 폭스족(Foxs)은 백인과 전투를 벌였지만 도무지 상대가 되질 않았다. 이 블랙 호크 전쟁은 백인 군사작전의 잔학성을 보여준 것으로 악명이 높았다. 이 전쟁 때 미시건 주지사 루이스 카스(Lewis Cass, 1782~1866)는 "야만인들은 문명화된 사회에서 살 수 없다"며 인디언들로부터 수백만 에이커의 땅을 빼앗은 행위를 가리켜 '문명의 발전'이라고 불렀다.

토지 불하뿐 아니라 면화 붐도 인디언들을 괴롭혔다. 남부엔 '문명화된 다섯 인디언 부족(Five Civilized Tribes)'으로 불렸던 체로키족, 크리크족, 세미놀족, 치카소족(Chickasaws), 촉토족(Choctaws)이 살았는데, 이들의 땅이 값나가는 목화재배지가 되면서 비극이 시작되었다.

인디언들 사이에 '비수(匕首)' 또는 '예리한 칼'로 불릴 정도로 악명이 높았던 잭슨 대통령이 주도하고 서명한 인디언 강제이주법(1830년 5월 26일)에 따라 1830년부터 인디언들을 서부로 강제이동시키는 사업이 실시되었다. 이 법이 연방정부의 인디언 정책에서 결정적인 분수령이었기 때문에, 역대 대통령들 중 인디언과 관련해 가장 욕을 먹는 이가 바로 잭슨이다. 그래서 잭슨은 일생동안 지속적으로 '인디언에 대한 증오심'을 가지고 있었다는 주장마저 제기될 정도다.

1831년 미국을 방문한 토크빌(Tocqueville 1997)은 인디언의 강제이주 광경을 보고 이렇게 썼다. "그 모든 광경에는 거역할 수 없는 마지막 이별, 예컨대, 파멸의 분위기가 담겨 있었다. 그것은 목이 메어 차마 볼 수 없는 광경이었다. 인디언들에겐 이제 더이상 나라가 없고, 민족으로서의 생명도 곧 다하게 될 것이다."

제2차 세미놀전쟁과 오클라호마 이주

1835년 12월 미국 정부는 플로리다 지역의 세미놀족에게 서부로의 이주를 명령했다. 세미놀족은 이에 저항해 이후 8년간 전쟁을 벌이는데, 이게 바로 제2차 세미놀전쟁(1835~1842)이다. 조지아의 체로키족은 백인들의 세상에 적응하려고 백인 선교사들을 받아들이는 등 무진 애를 썼지만 똑같이 추방명령을 받았다. 이들이 고향땅에 남아 있도록 허락해야 한다고 주장했던 백인 선교사들까지도 교도소에서 4년간 중노동하는 처벌을 받았다.

세미놀전쟁은 말이 좋아 전쟁이지, 결코 전쟁이라 부를 수 있는 수준의 것이 아니었다. 1836년 콜트 6연발총의 발명으로 무기에서 백인들의 절대우위가 확보되었기 때문이다. 콜트 6연발총은 새뮤얼 콜트(Samuel Colt, 1814~1862)의 발명품이었다. 그는 1851년 런던 만국박람회에서 자기 회사의 개량된 리볼버 권총을 전시하고 부품의 호환성을 과시했는데, 그 자리에서 권총을 몇 정 분해하여 부품들을 뒤섞은 다음 손에 잡히는 대로 부품을 모아 다시 권총을 조립하더라도 제대로 발사된다는 것을 보여주었다고 한다.

인디언들에겐 전염병의 재앙도 여전했다. 1837년 대평원에서 가장 정교한 문화를 가졌던 만단족(Mandans) 인디언들은 세인트루이스에서 미주리강을 타고 거슬러 올라온 한 척의 증기선 때문에 천연두에 걸리고 말았다. 만단족의 한 마을은 불과 몇 주 사이에 인구 2000명에서 40명으로 줄었다. 영국의 외과의사 에드워드 제너(Edward Jenne, 1749~1823)의 종두법(1796)은 미국에도 전파돼 1801년 제퍼슨 대통령이 가족 18명과 함께 직접 천연두 예방주사를 맞았지만, 천연두는 인디언에겐 여전히 곧장 죽음에 이르는 병이었다.

1838년 10월 1일 1만7000여 명의 체로키족은 오클라호마를 향하여 기나긴 강제이주의 길을 떠나야 했다. 오클라호마는 촉토족 말로 "붉은 피부를 가진 사람을 위한 땅"을 의미했지만, 전체의 4분의 1에 이르는 4000여 명이 목적지에 도착하기도 전에 사망하고 말았다. 이탈자는 학살되었다. 간신히 도착한 황폐한 인디언 보호지역에서 인디언 생존자들은 그 혹독한 여행을 "그들이 울면서 걸었던 길(The Trail Where They Cried)", 즉 눈물의 행렬(Trail of Tears)이라고 부르며 기억했다. 인디언 지역은 1834년의 인디언 교류법(Indian Intercourse Act)에 의해 명명되었으며 후에 오클라호마주가 되었다.

체로키족이 빼앗긴 땅은 조지아 정부가 추첨을 통해 백인들에게 나누어주었다. 1838년 12월 밴뷰런 대통령은 의회에서 "체로키족 전원이 미시시피 서쪽의 새 보금자리로 완전히 이주했다"며 이를 가능케 한 의회의 결정은 "최상의 행복한 결과"를 낳았다고 말했다.

아미스타드 사건

피눈물을 토해야 하는 비운에선 인디언과 흑인 노예가 막상막이였다. 1839년 이른 봄 서아프리카 해안 시에라리온의 노예수용소로 납치된 아프리카인 53명은 노예선에 실려 대서양 건너 쿠바에 도착했다. 노예들은 그곳에서 스페인 노예상인 2명에게 팔려 6월 27일 스페인 선적 아미스타드호(Amistad)에 실린 채 아바나항구를 출발했고, 5일 후 조지프 싱케(Joseph Cinqué, 1813~1879)의 주도하에 선상반란을 일으켰다. 노예들은 선장을 비롯한 선원들을 대부분 살해했으며, 아프리카로 돌아가기 위해 단 2명의 선원만 살려두었다.

목숨을 건진 백인 2명은 노예상인이었는데, 이들은 낮에는 아프리카를 향해 동쪽으로 가는 척하다가 밤이 되면 방향을 바꿔 북아메리카 해안을 맴도는 속임수를 썼다. 결국 노예들은 8월 27일 북쪽 코네티컷 해안에서 미 해군함대에 붙잡혀 살인혐의로 감방에 갇혔다.

1840년 1월 미국 법원은 아프리카인이 자유인이므로 정부감독 아래 아프리카로 송환되어야 한다고 판결했다. 당시 미국-스페인 간의 조약에 따르면 미국 정부는 아프리카인들을 스페인의 재산으로 인정하고 반환해야만 했기에 미국 정부는 연방대법원에 항소를 제기했다. 1841년 3월 9일 대법원은 아프리카인들이 '자유인으로 태어났으므로' 자유인의 권리가 있고, 따라서 노예상인들의 재산이 될 수 없다고 평결했다. 아미스타드 사건은 심각한 국론분열을 야기했고 남부와 북부의 의원들은 극단적으로 다른 반응을 보였다. 이 사건은 1997년 스티븐 스필버그(Steven Spielberg)의 영화 〈아미스타드〉로 제작되었다.

대법원재판에서 아프리카인을 위해 변론을 맡은 이는 74세의 고령

1841년 3월 9일 아미스타드 사건 대법원 평결 전문.

으로 제6대 대통령을 지낸 존 퀸시 애덤스였다. 애덤스는 대통령 퇴임 후 의원을 지내며 1848년 사망할 때까지 의회의 반노예제팀을 이끌었다. 그는 또한 인디언에 대해서도 "우리가 불운한 아메리카 원주민을 무자비하고 잔혹하게 씨를 말려버렸다"고 술회했다. 존 F. 케네디(John F. Kennedy, 1917~1963)가 1956년 퓰리처상을 수상한 『용기 있는 사람들(Profiles in Courage)』에서 애덤스의 그런 면모를 긍정 묘사한 덕분에 존 퀸시 애덤스는 '자유의 챔피언'으로 알려지게 된다. 또한 애덤스는 의회를 설득해 연방정부가 1846년에 죽은 영국의 과학자 제임스 스미슨(James Smithson, 1765~1829)의 유산을 받을 권한을 가지고 있다는 것을 확신시키는 데에도 성공했다. 그래서 미국이 1846년 스미소니언협회(Smithsonian Institution)를 창설할 수 있었다.

아미스타드란 이름은 오늘날 흑인노예 해방운동단체인 '아미스타드위원회'로 살아 있다. 2002년 개교 300주년을 맞은 예일대는 아미스타드위원회의 도움을 받은 이 대학 박사과정 학생 3명이 발표한 '예일, 노예, 노예제 폐지'라는 제목의 연구논문 때문에 예일대의 어두운 과거가 밝혀져 곤욕을 치러야 했다. 논문을 통해 이들은 예일대는 노예상인들의 기부금으로 장학금을 조성했으며 교수월급과 대학 도서관 운영비 등도 상당부분 이들의 기부금에 의존했다고 밝혔다. 이들은 또 대학 측이 1930~1970년대 사이에 새로 지은 대학건물들에 노예상인이나 노예제 옹호론자들의 이름을 붙였다고 폭로했다. 저명한 노예 폐지론자 제임스 힐하우스(James Hillhouse, 1754~1832)의 이름을 딴 중학교를 철거하고 그 자리에 새로 지은 대학건물에 노예제를 강력히 지지했던 모스 부호의 발명자인 새뮤얼 모스(Samuel Morse, 1791~1872)의 이름을 붙인 것이 대표적 사례로 지목되었다.

어찌 예일대뿐이랴. 미국의 어떤 집단이 노예제의 유산으로부터 자유로울 수 있으랴. 미국만이 아니라 강대국이라면 어느 나라에건 존재하는 '원죄'이리라. 그래서 역사교과서 왜곡이 벌어지는 게 아닐까? 역사야말로 집단적 기억투쟁의 장(場)인 셈이다.

참고문헌 American Heritage Magazine 1985, Brinkley 1998, Brown 1996, CCTV 2007, Chancellor 2001, Chomsky 2005, Davis 2004, Diamond 2009, Frey 2004, Gordon 2002, Huberman 2001, Lingeman 1989, Loewen 2001, McNeill 2005, Ridings & McIver 2000, Schwartz 1997, Tocqueville 1997, Zinn & Macedo 2008, Zinn & Stefoff 2008, 박상익 2009, 양홍석 1999, 연동원 2001, 조강수 2002, 조선일보 문화부 1999

윌리엄 해리슨과 존 타일러
1840년 대통령 선거

'통나무집 선거전'

1840년 대선을 앞두고 후보단일화에 골몰하던 휘그당은 1839년 12월 펜실베이니아주의 해리스버그(Harrisburg)에서 최초의 전국 전당대회를 개최했다. 예상과는 달리 헨리 클레이를 제치고 윌리엄 헨리 해리슨이 선출되었다. 부통령 후보로는 버지니아주의 존 타일러가 지명되었다. 민주당 후보는 재선을 노리는 밴뷰런이었다.

해리슨은 1800년에서 1812년 사이에 인디애나 준주(準州, 사실상의 주이나 공식적으론 주로 편입되지 않은 주)의 지사로서 1809년 위스콘신 지역의 넓은 땅을 미국의 영토로 만드는 포트웨인 조약(Treaty of Fort Wayne)을 이끈 인물이었다. 그는 1811년 티피커누전투(Battle of Tippecanoe)에서 쇼니족(Shawnees)을 격퇴하고 1812년전쟁에서의 활약으로 전쟁영웅이라는 평판을 얻었다.

1840년의 대통령 선거유세전은 거창한 집회, 놀라운 투표율, 넘쳐

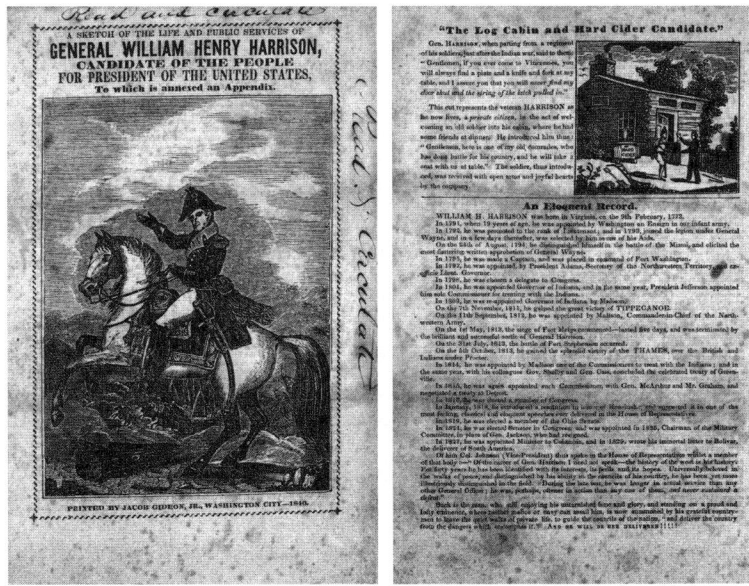

대통령 후보 윌리엄 헨리 해리슨의 삶과 공적을 담은 선거 홍보물. 통나무집을 등장시켜 소박함을 강조했다.

나는 사과술로 소란했으며, 그 와중에 신조어도 하나 만들어졌다. 부즈(Booze)라는 위스키 제조업자가 통나무집 모양의 술통에 위스키를 담은 이야기가 퍼지면서 booze가 술을 뜻하는 말로 굳어졌다.

선거유세에서 두 정당 모두 보통사람 내세우기 경쟁을 벌였다. 휘그당의 선거전은 예전에 잭슨이 써먹었던 수법을 선점해 2000에이커의 농장 등 상당한 부동산을 가진 부유한 인물이었던 해리슨을 통나무집과 발효 사과주를 좋아하는 소박인 인물로 묘사하는 위장전술을 썼다. 선거 포스터마다 통나무집이 등장해 '통나무집 선거전'이라는 이름까지 얻었다. 휘그당은 밴뷰런을 살찐 귀족이라 표현했는데, 이런 위장전술은 성공을 거두었다. 게다가 민주당은 경제공황 때문에도

제4장 정보·지식·사상의 미국화 235

불리한 입장이었다.

이때 일리노이주에서 밴뷰런을 공격하는 데에 앞장선 젊은 휘그당 전사(戰士)가 한 명 있었으니 그는 훗날 미국 제16대 대통령이 되는 에이브러햄 링컨이다. 링컨의 밴뷰런에 대한 공격에서 가장 인상적인 것은 그가 밴뷰런이 한때 뉴욕 의회에서 흑인에게 선거권을 주자는 데 표를 던졌다고 맹렬히 비난했다는 사실이다.

해리슨은 자신이 병약하다는 소문이 끊임없이 나돌자 그것을 반증하기 위해 캠페인 투어를 벌였는데, 이것이 최초의 직접유세라는 기록을 남겼다. 이 선거에선 이후 선거의 단골이 되는 가장된 겸손화법도 나타났다.

"나는 직업적인 연설가도 아니고, 뛰어난 웅변가도 아니다. 그러나 나는 전쟁에서 잔뼈가 굵은 노병이자 농부다. 나의 유일한 목적은 내가 생각하는 바를 진솔하게 얘기하는 것이다. 따라서 내 식으로 얘기하더라도 양해해주기 바란다."

재미슨(Jamieson 2002)은 "그를 뒤이은 모든 정치가들이 그러했듯이 해리슨 역시 언제나 모든 사람을 만족시켜야 한다는 욕망의 희생자가 되었다. 그럴 때마다 상대 당의 선전물에 웃음거리로 취급되었다. …… 해리슨의 자기방어가 자화자찬으로 흐르면서, 대통령 후보가 직접 상대를 비난하는 연설을 하지 않는다는 오랜 터부도 깨졌다"고 말한다.

이 선거에서 밴뷰런의 지지자들은 O.K.클럽을 조직했다. O.K.가 무엇을 뜻하느냐에 대해선 수많은 설이 있지만 밴뷰런의 고향 Kinderhook(Old Kinderhook)에서 따왔다는 게 가장 유력하다. 또 보스턴 지역에서 all correct를 일부러 oll korrect라고 쓴 것의 약자라는 설도 있다.

취임 한 달 만에 사망한 해리슨

해리슨은 일반 선거에서 53퍼센트를 얻고 선거인단 선거에서 밴뷰런에게 60표를 내주고 234표를 얻어 승리를 거두었지만, 제9대 대통령에 취임한 지 한 달 만에 폐렴으로 사망하고 말았다. 병약하다는 소문이 맞아떨어진 것이다. 부통령인 타일러가 대통령직을 승계했다. 바로 여기서부터 휘그당의 비극이 시작되었다.

휘그당은 대선 이전에 타일러의 색깔에 거의 관심을 두지 않았다. 설마 대통령이 죽으랴 하는 생각에 부통령 자리를 가볍게 본 것이다. 타일러는 잭슨이 지나치게 평등주의적 프로그램들과 전제적인 방법을 쓴다는 이유로 민주당을 떠난 인물이었지만, 그의 접근방식엔 여전히 강한 민주당 흔적이 남아 있었다. 이것이 휘그당과 갈등을 빚는 이유가 되었다.

타일러는 클레이의 은행법안을 거부했으며, 보호관세와 국내발전 보조금에도 반대했다. 타일러를 "우연 각하(His Accidency)"라고 경멸적으로 비꼬았던 많은 휘그당 의원들은 모임을 가져 타일러를 휘그당에서 출당시켰다. 그 과정에서 심지어 타일러의 인형을 백악관 앞에서 불태우는 화형식까지 벌였다. 그 결과 대부분의 각료들이 사임하고 그 자리를 민주당 인사들이 차지했다. 휘그당 입장에서만 보자면 그야말로 "죽 쒀서 개 준 꼴"이었다.

타일러는 1842년 아내가 병으로 죽은 뒤 1844년 백악관에 있는 동안 24세의 줄리아 가드너(Julia Gardner, 1820~1889)와 재혼했다. 두 사람의 나이 차이가 30세여서 이 결혼은 그에게 치명적인 비판의 실마리를 제공했다. 과도하게 쓴 결혼비용도 조롱거리가 되었다. 타일러는 전처에게서 8명, 재혼으로 7명 해서 모두 15명의 자녀를 둬 역대 대통령 중 최고기록을 남겼다.

자유당 창당

아미스타드 사건 재판이 진행중이던 1840년 켄터키주의 노예제 반대자인 제임스 G. 버니(James G. Birney, 1792~1857)를 당수로 하는 자유당이 창당되었다. 이들은 노예제 폐지를 주장하진 않았으며, 노예제를 미국 영토 밖으로 몰아내는 '자유토지론(free soil)'을 지지했다. 노예제 폐지론(abolitionism)과 노예제 반대론(antislavery)의 차이를 보여준 셈이다.

일부 자유토지론자들은 흑인들의 권익을 걱정했지만, 다른 사람들은 노예제에는 무관심한 채 다만 서부를 백인의 땅으로 확보하는 것만을 원했다. 노예제 폐지론자인 윌리엄 로이드 개리슨은 자유토지론을 '백인주의(white-manism)'라고 무시했지만, 자유토지론은 북부 백인 인구 다수의 지지를 받았다.

자유당 후보 제임스 버니는 1840년 대선에서 전체 투표자의 0.3퍼센트에 해당하는 7053표를 얻었지만, 4년 뒤인 1844년 대선에선 2.3퍼센트에 해당하는 6만2300표를 얻었다. 표를 더 얻은 것은 자유당이 노예제 반대론에다 다른 사회개혁안을 섞었기 때문이다. 자유당은 노예제가 존재하고 있는 주에서는 이 문제를 해당주가 결정할 수 있지만 새로 연방에 가입하는 주는 노예주를 가입시켜서는 안된다고 주장했으며, 도망노예 송환법을 반대했다.

미국 인구는 1790년 400만 명에서 1820년 1000만, 1830년 1300만, 1840년 1700만, 1850년 2300만 명으로 늘었다.(1850년 세계인구는 12억 5000만 명.) 1808년 이후 노예수입이 공식적으론 불법화되면서 백인 대비 흑인 인구비는 전체적으로 계속 떨어졌다. 1820년에 백인 4명당 1명의 흑인이 있었던 반면 1840년에는 5명당 1명에 불과했다. 그 대신 백인 이민이 확대되었다. 1830년 1300만 명의 총인구 가운데 외국출생의 인구는 50만 명에도 미치지 못했으나, 이민자의 수는 1832년에 총 6만 명으로 늘어났고 1837년에는 거의 8만 명에 달했다.

이제 곧 기득권자들이 텃세를 부리는 '선착순 원리' 또는 '선착순 이데올로기'가 다인종·다민족사회 갈등의 핵으로 등장하게 된다. 미시적인 일상적 삶에서 선착순은 정당하거니와 아름답지만, 역사까지 포함하는 거시적 선착순의 원리는 "미국은 백인의 땅"이라는 걸 전제로 하기에 인종차별주의로 빠질 수밖에 없다. 겉으로는 동등한 기회를 보장하는 신세계라고 하는 미국 정신을 외치면서도 늘 부딪치게 되는 미국 사회의 영원한 딜레마인 셈이다.

참고문헌 Brinkley 1998, Bryson 2009, Davis 2004, Desbiens 2007, DiLorenzo 2003, Foster 2001, Jamieson 2002, Ridings & McIver 2000, 박경재 1995, 임용순 1995, 최웅·김봉중 1997

"신이 무엇을 이룩했는가?"
워싱턴-볼티모어 전신 개통

호러스 그릴리의 『뉴욕 트리뷴』 창간

1840년대의 신문은 1830년대의 신문들과는 다소 다른 양상을 보였다. 1840년대의 대표적인 신문으로는 1841년 호러스 그릴리(Horace Greeley, 1811~1872)가 창간한 『뉴욕 트리뷴』을 들 수 있다. 버몬트 시골의 소박한 가문에서 태어난 그릴리는 15세에 인쇄소 견습공으로 일하다가 20세에 단돈 10달러를 들고 뉴욕으로 가서 성공한 '아메리칸 드림'의 화신이었다.

『뉴욕 트리뷴』은 페니 신문의 지나친 선정성과 인간흥미 뉴스에 대해 비판적인 자세를 취했다. 이 신문은 『뉴욕 선』과 『뉴욕 헤럴드』처럼 1페니 신문으로 대중독자를 위한 신문이긴 했지만 선정적인 요소를 가급적 피했다. 그 대신 이 신문은 보다 건설적인 자세로 노동자계급의 처지를 개선하기 위해 노력했다. 그는 훗날 노골적인 사회주의 대신 '관대한 자본주의(beneficient capitalism)'를 역설했다.

신문의 첫 번째 임무는 무엇인가? 『뉴욕 헤럴드』의 베넷은 정보전달이라고 본 반면, 그릴리는 교육이라고 생각했다. 베넷은 자신이 존경한 벤저민 프랭클린과 같이, 신문업에서 우선적으로 기대한 것은 돈을 버는 것이었다. 베넷은 신문의 목적은 "교육하는 것이 아니라 깜짝 놀라게 하는 것"이라고 주장했다.

그릴리의 관점에서 보면 베넷이 독자에게 정보를 전달하는 방식은 대단히 사악하고 비도덕적인 것이었다. 그릴리는 베넷의 방식을 추종한 다른 대중신문에 대하여 '도덕전쟁'을 선언했다. 한 선정적인 대중신문의 살인기사를 비난한 『뉴욕 트리뷴』 1841년 4월 19일자는 다음과 같이 주장했다. "이 끔찍한 사건을 미주알고주알 떠드는 자들로 인해 사회질서와 개인의 행복에 가해진 그 격렬한 고통은 이 가증스런 범인 자신이 끼친 고통보다 열 배나 더 크다."

찰스 디킨스의 미국 신문 비판

그릴리의 주장을 재확인시켜준 영국인이 있었다. 1844년 출간된 영국 소설가 찰스 디킨스(Charles Dickens, 1812~1870)의 『마틴 처즐위트의 생애와 모험(The Life and Adventures of Martin Chuzzlewit)』은 미국 신문을 혹독히 비판해 화제가 되었다. 이 소설의 주인공 마틴은 뉴욕항에 도착하여 하수구(sewer), 암살자(stabber), 염탐꾼(peeper), 첩자(spy), 약탈꾼(plunderer) 등과 같은 제호의 신문을 판매하는 신문팔이소년의 '쇳소리 외침'을 듣게 된다.

"여기 워싱턴 갱에 대한 하수구의 폭로기사가 있습니다. 국무장관이 여덟 살 때 저지른 부정직한 비행을 하수구가 독점취재했습니다.

엄청난 비용을 들인 끝에 이제 국무장관 유모가 직접 말해주고 있습니다. 여기 하수구가 있습니다!'

왜 이런 소설이 나오게 된 걸까? 가난한 자, 학대받는 자의 편에 선 인도주의적 작가로 알려진 디킨스는 1837년 『올리버 트위스트(Oliver Twist)』로 문명(文名)을 얻었다. 산업혁명 당시 아동노동과 아동학대를 다룬 이 작품은 훗날 13번이나 영화로 만들어진 명작이다. 디킨스의 『크리스마스 캐럴(A Christmas Carol)』(1843)은 어두운 인생에 빛을 밝혀주는 단편집인 반면, 그의 『두 도시 이야기(A Tale of Two Cities)』(1859)는 파리와 런던 이야기로 빈부격차로 인한 도시 빈민문제의 심각성을 다뤘다.

디킨스는 1842년 4개월간 미국을 방문했을 때 미국인들의 열광적인 환영을 받았다. 필라델피아에선 몰려든 군중과 악수를 하는 데만도 2시간이나 걸렸다. 그러니 디킨스가 미국에 실망하는 데엔 오랜 시간이 걸리지 않았다. 그가 머물렀던 필라델피아 호텔은 그에게 바가지를 씌워 디킨스의 기분을 잡치게 만들었다. 당시 그의 작품들은 미국에서 저작권료 없이 출판되었는데, 고지식한 디킨스는 자신의 환영식 석상에서 연설하는 도중에 그걸 지적했다. 이에 반발한 미국 신문들은 그를 "신사는커녕 돈만 아는 무뢰한"이라고 혹평했다.

디킨스는 영국에 돌아가서 쓴 『미국 인상기(American Notes)』에 "이것은 내가 보러온 공화국의 모습이 아니다. 이런 나라보다는 자유로운 군주제 왕국이 훨씬 더 좋다"고 썼다. 그는 백악관의 양탄자가 사람들이 내뱉은 침으로 미끈미끈해져 있는 걸 보고 깜짝 놀랐다며 미국인들의 침뱉는 습관을 혐오하는 등 부정적인 면을 다뤄 미국인들을 분노하게 만들었다.

그렇지만 1840년대의 미국이 더럽고 지저분한 것은 분명한 사실이었다. 뉴욕은 '거대한 돼지우리'로 불릴 정도로 거리에 돼지가 많았고, 이 돼지들이 사실상 거리청소부 역할을 할 정도였다. 뉴욕의 브로드웨이를 거닐다가 이 돼지떼를 목격한 디킨스가 미국을 어찌 좋게만 묘사할 수 있었으랴. 신문도 혹독한 비판의 대상이 되었다. 그는 신문을 "미국 사회를 망치고 있는 끔찍한 동력기"로 규정하면서 다음과 같이 말했다.

"미국의 신문은 중요한 것을 제멋대로 무시해버리고 진실을 아무렇게나 오도하기 때문에 어느 누구도 자신의 의견을 올바로 표현할 수 없을 뿐만 아니라, 자신이 정말 싫어하고 경멸하는 신문에 의한 검열을 염두에 두지 않고서는 스스로의 생각을 가다듬기조차 어렵다. …… 신문이 온 가정에 악마의 눈길을 들이대고 있으며, 대통령에서부터 우체부에 이르기까지 나라의 온갖 자리에 검은 손길을 뻗치고 있다. 유일한 상투수단이나 다름없는 야비한 중상모략으로 가득 찬 신문이 수많은 사람들의 교과서가 되고 있다니. 그들은 신문에서 읽을거리를 찾아야 한다. 그렇지 않고는 읽을거리가 없으니 말이다. 그러한 현상이 계속된다면 신문이 쏟아내는 더러운 이름들은 온 나라를 뒤덮어버릴 것이며 신문이 조종하는 악마가 그 공화국에 분명한 모습을 드러내고 말 것이다."

미국 신문들이 이런 비난을 듣고 가만있었겠는가. 디킨스를 향해 거센 공격을 퍼부었다. 미국 신문들의 공격에 마음이 상한 디킨스가 본격적으로 미국 신문을 손보겠다고 마음먹고 쓴 소설이 바로 『마틴

1844년 5월 24일 모스가 처음으로 보낸 전신 메시지. "신이 무엇을 이룩했는가?(What hath God wrought?)"

처즐위트의 생애와 모험』이다.

새뮤얼 모스의 활약

미국 대중신문의 저질성을 놓고 논쟁이 벌어지던 때에 신문의 운명을 송두리째 바꿔줄 놀라운 일이 일어나고 있었으니, 그건 바로 전신(電信)의 출현이었다.

프랑스혁명의 와중인 1794년 클로드 샤프(Claude Chappe, 1763~1805)에 의해 발명된 전신기는 파리에서 1000킬로미터 떨어진 툴롱까지의 전보송신을 단 20분 만에 가능케 했다. 영국에선 1820년대에 철도운용의 보조수단으로 전신이 이용되었다. 미국의 새뮤얼 모스는 1837년 '모스 부호'를 사용한 전신기를 완성해, 1844년 5월 24일 미국 의회의 도움을 받아 워싱턴과 볼티모어 사이의 통신을 성공시켰다.

이때에 전달된 첫 번째 메시지는 "신이 무엇을 이룩했는가?(What hath God wrought?)"라는 짧은 문장이었다. 모든 책에 그렇게 쓰여 있다. 그러나 이것은 사실이 아니라는 주장도 있다. 첫 번째 메시지는 "모든 것이 잘 되고 있다(Everything worked well)"였는데, 나중에 특허위원의 딸이 만든 더 유명하고 인상적인 말들이 공개실험에 사용되면서 "신이 무엇을 이룩했는가?"라는 말이 역사에 남게 되었다는 주장이다.

모스가 독자적으로 발명한 것은 그의 이름이 들어간 간단한 암호였다. 그중 하나인 SOS는 1906년에 열린 국제회의에서 조난신호로 채택되었다. 9개의 부호(점 3개, 줄 3개, 점 3개)가 전송하기 쉽다는 이유 때문이다. SOS는 'save our ship' 혹은 'save our souls'의 약자라고 알려져 있지만, 이는 나중에 그럴듯하게 해석한 것이며 실은 아무런 의미도 없는 말이다.

미국 전신의 진짜 발명자는 모스가 아니라 프린스턴대학의 교수인 조지프 헨리(Joseph Henry, 1797~1878)였다. 그는 1831년에 발명을 끝내 놓고도 완벽을 기하겠다는 생각에서였는지 특허를 신청할 생각을 하지 않았다.(미국은 1790년 최초의 특허법을 공포했으며, 1802년 국가특허국을 설치했다.) 헨리의 논문을 대부분 표절했을 뿐 아니라 여의치 않을 때는 그를 직접 찾아가 조언을 구하기도 했던 사람이 있었으니 그가 바로 모스였다. 헨리는 수년 동안 모스를 격려하고 도왔지만, 모스는 성공해 엄청난 부자가 된 뒤 헨리의 도움을 전혀 인정하지 않았다.

'사이러스 필드' 드라마

워싱턴과 볼티모어 사이의 통신이 성공하자, 사람들은 이제 곧 다가올 변화를 염두에 두고 "바야흐로 동쪽의 메인과 서쪽의 플로리다 두 주가 서로 이야기할 수 있게 되었다"고 했다. 그러자 랠프 왈도 에머슨은 "과연 그렇군, 하지만 도대체 메인은 플로리다에 무슨 얘기를 할 수 있을런지?"라고 물었다. 철학적이진 못할 망정 상업적으로 왜 할 말이 없었겠는가? 전신은 빠른 속도로 성장했다. 1848년 미국 내 전신선은 1만 2000마일에 이르렀으며, 계속 빠른 속도로 늘어났다.

에머슨에 이어 헨리 데이비드 소로(Henry David Thoreau, 1817~1862)도 할 말이 있었다. 그가 1854년에 출간한 『월든(Walden)』에 따르면, "사람들은 메인주로부터 텍사스주에 이르기까지 서둘러 전신을 가설하고 있다. 그러나 메인과 텍사스 간에는 설령 있다손 치더라도 중요한 연락을 취할 만한 특별한 요인이 없다. 사람들은 대서양 해저로 터널을 만들어 구세계의 소식을 몇 주 앞당겨 신세계로 전하기 위해 열중하고 있다. 그러나 미국인들의 크고 살랑거리는 귀에 전해지는 첫 소식이란 아들레이드 공주가 백일해를 앓고 있다는 정도일 것이다."

물론 에머슨이나 소로처럼 생각하는 사람은 극소수였다. 1858년 8월 5일 사이러스 W. 필드(Cyrus W. Field, 1819~1892)의 주도하에 최초의 대서양 횡단 케이블이 개통되었을 때의 반응이 그걸 잘 말해준다. 영국의 『타임스』는 사설을 통해 "콜럼버스의 신대륙 발견 이후로 그 어떤 일도 인간의 활동영역을 이토록 획기적으로 확대시킨 이번 사건에 견줄 만한 것은 없었다"고 했다. 츠바이크(Zweig 1996)는 당시의 열광을 다음과 같이 묘사한다.

"런던시는 최고의 흥분 상태에 빠졌다. 그러나 영국의 이러한 기쁨은 소식이 전해지자마자 나타난 미국 측의 태풍 같은 환호 소리에 비교해보면 아무것도 아니었다. 곧바로 가게들은 문을 닫아걸었고 거리 거리에는 온통 질문하고 소리지르고 토론하는 사람들의 물결이 흘러

넘쳤다. 완전히 무명이었던 필드는 하룻밤 새 국민적인 영웅이 되었다."

그러나 아직 열광이 최고조에 도달한 것은 아니었다. 케이블이 장애를 일으켜 영국 빅토리아 여왕의 축하 메시지는 8월 16일 저녁시간에 뉴욕에 도착했다. 다음날 신문들은 다시 한 번 흥분할 수 있는 기회를 만끽했다. 포병부대는 제임스 뷰캐넌 대통령이 빅토리아 여왕에게 답신을 보냈다는 사실을 알리기 위해 100발의 축포를 쏘아올렸다. 그 다음날 영웅 필드가 나이아가라호를 타고 뉴욕에 돌아오자 또한번 난리가 났다. 2주간의 준비를 거쳐 8월 31일 필드를 축하하기 위한 개선행진이 열렸다. 좀 호들갑스럽긴 하지만, 츠바이크의 실감나는 묘사를 다시 감상해보자.

"저 위대한 황제와 시저 시대 이후로 그 어떤 승리자도 자기 국민으로부터 이토록 축하받은 일은 없었다. 이 좋은 가을날에 도시의 한쪽 끝에서 다른 쪽 끝까지 축하행렬이 행진하는 데 여섯 시간이나 걸렸다. 연대들이 깃발을 앞세우고 국기가 펄럭이는 거리들을 지나가면 그뒤를 합창대, 노래패, 소방대, 학생, 퇴역군인 등이 끝없는 열을 지으며 따랐다. 행진할 수 있는 자는 모두 행진했고, 노래할 수 있는 자는 모두 노래했으며, 기뻐할 줄 아는 자는 모두 기뻐했다. 필드는 고대 로마의 개선장군처럼 네 마리 말이 끄는 마차에 타고 있었고 또다른 마차에는 나이아가라호의 선장이, 그리고 또다른 마차에는 미합중국 대통령이 타고 있었다. 시장들과 관리들과 교수들이 그뒤를 이었다. 끊임없이 간단한 인사말, 잔치, 횃불행진 등이 이어졌고 교회의 종소리가 울렸으며 축포도 터졌다. 그런 후엔 또다시 환호의 물결이 제2의

콜럼버스를 금방 둘러싸곤 했다. 두 세계를 하나로 합친 인물, 공간을 정복한 승리자, 이 순간 미국에서 가장 유명하고 가장 신격화된 남자인 사이러스 필드를."

츠바이크는 왜 이렇게 장황한 묘사를 하는 걸까? 극적 효과를 높이기 위해서다. '어제의 영웅이 오늘의 범죄자'로 전락하는 걸 대비시키기 위해서다. 그 엄청난 축하행진이 벌어지고 있던 그 순간 대서양 횡단 케이블은 작동을 멈춘 상태였다. 곧 180도 반전한 분노의 물결이 필드를 덮쳤다. '사기꾼'이라는 비난이 홍수를 이뤘다. 이후 수년간 케이블을 다시 부설하는 시도가 이루어진다. 천당과 지옥을 동시에 경험한 필드가 다시 나선다. 무려 8년 만인 1866년 7월 13일에서야 제대로 작동하는 케이블 설치에 성공한다. 참으로 기가 막힌 드라마가 아닌가.

전신과 철도의 '시공간 압축'

1861년 10월 미국 내 대륙횡단 전신선이 완성되면서 포니익스프레스(Pony Express)는 사업을 접어야 했다. 포니익스프레스는 조랑말 릴레이를 통해 미국 미주리주와 캘리포니아주 사이의 우편물을 배달하던 속달우편 사업이었다. 20년 전인 1841년 윌리엄 해리슨 대통령의 사망소식이 로스앤젤레스에 도달하는 데 3개월 20일이 걸렸던 것을 돌이켜보자면, 이는 그야말로 혁명적인 사건이었다.

'전신(telegraph)'의 원래 의미인 "먼 곳에 글을 쓰다"는 그렇게 실현되었지만, 먼 곳에 소리를 보내는 '전화(telephone)'는 아직 한참을 더 기다려야 했다. 전화라는 단어는 전화의 발명자인 미국의 알렉산더 그레이엄 벨(Alexander Graham Bell, 1847~1922)이 태어나기 전인 1840년에 나타났지만, 그때엔 나무막대기를 통해 음조(音調)를 전달하기 위해 만들어진 장치를 묘사하는 말로 쓰였을 뿐이다.

초기에 전신은 철도망의 원활한 소통을 위한 보조적 수단이기도 했다. 아니 둘은 반드시 붙어다녀야 하는 쌍둥이와도 같았다. 전신 없이는 철도를 운영하기 어려웠다. 다른 건 다 제쳐놓더라도 초기에 단선이었던 철도망을 안전하게 운영하기 위해서는 출발역에서 도착역에 기차가 언제 출발했다거나 무슨 일이 있다는 것 등을 꼭 알려야만 했다. 이후 전신이 커뮤니케이션 사업이 아닌 통상(通商)사업의 영역에 속하게 된 데에는 이런 역사적 배경이 있다.

이는 한국에서도 마찬가지여서 '전신주'와 '전봇대'라는 말을 낳았다. 김주환(2008)에 따르면, "철도망과 전신망은 같이 퍼졌다. 기찻길이 지나가는 옆에 나무기둥을 심고 그 위에 구리선을 매달아서 전신망을 연결했는데, 그 나무기둥을 전신주라고 부르게 되었다. …… 전신주 혹은 전봇대라고 불리던 이 기둥들은 전신줄뿐만 아니라 나중에는 전화선과 전깃줄도 연결하는 역할을 담당하게 되었다. 요즈음에는 주로 전깃줄만을 떠받치고 있음에도 불구하고 이러한 기둥을 전선주 혹은 전깃줄대라고 하지 않고 여전히 전신주 혹은 전봇대라고 부르는 이유가 바로 여기에 있다."

미국의 철도노선은 1840년 3000마일에 이르렀으며, 1850년에는 만 마일에 도달하게 된다. 남북전쟁 직전까지 미국에서 '대기업'이라고 부를 수 있는 산업분야는 단 하나, 바로 철도회사들이었다. 규모가 커짐에 따라 1841년 10월 4일 열차의 정면충돌사건을 계기로 철도회사들은 철도기술자들로부터의 보다 체계적인 자료수집과정과 철도직원에게 중요한 일정정보의 보다 빠른 전달을 포함한 조직적 관리 등의 정교한 변화를 통해 늘어나는 안전문제에 대응했다. 이것이 근대경영이 철도산업에서 태어났다고 말하는 이유다.

1843년 열차를 타본 독일 시인 하이네(Heinrich J. Heine, 1797~1856)는 "철도가 공간을 살해했다! 무시무시한 전율과 전례 없는 공포감이 엄습했다"고 탄식하면서, 철도를 화약과 인쇄술 이래로 "인류에게 커다란 변화를 가져오고, 삶의 색채와 형태를 바꿔놓은 숙명적인 사건"이라고 했다. 철도가 '공간 살해범'이라면 전신은 무엇이었을까? 사람이 움직이지 않고서도 철도보다 훨씬 빠른 시간에 메시지를 전달할 수 있는 전신은 공간과 시간을 동시에 살해한 주범이 아니었을까? 전신은 철도와 더불어 이른바 '시공간 압축(time-space compression)'의 매체로 근대사회의 성립에 결정적인 영향을 미치게 된다.

전신이 신문에 미친 영향

대중신문이 등장한 1830년대 이후에 일어난 미국 저널리즘 혁명의 한복판엔 전신이 있었다. 전신을 이용한 단순사건의 보도는 그 이전까진 뉴스로 여겨지지 않았지만, 페니 신문들은 그걸 주요뉴스로 삼았다. 뉴스를 배포하는 통신사도 1830년대부터 등장하기 시작했다. 세계 최초의 뉴스 통신사는 1832년 샤를 아바스(Charles Louis Havas, 1782~1858)가 금융정보 중계를 위해 파리에 세운 아바스통신사다. 이 당시는 금융정보 중계가 통신사의 주된 목적이었으며, 전달수단도 역마차와 비둘기였다. 전신에 의한 뉴스 배포는 1840년대부터 이루어졌다.

1849년에는 같은 목적으로 버나드 볼프(Bernard Wolff, 1811~1879)가 베를린에 볼프통신사를 개설했으며, 1854년에는 구글리모 스테파니(Guglelimo Stefani, 1819~1861)가 튜린에 그리고 뒤이어 로마에 통신사를 설립했다. 이러한 통신사들은 주로 경제뉴스만을 취급했고 그 대상도 신문이 아니라 예약된 특정고객들이었다. 경제뉴스뿐 아니라 일반뉴스도 취급하여 신문에 공급한 최초의 통신사는 1851년부터 1858년 사이 여러 번의 시행착오를 거쳐 독일계 유대인으로 은행원 출신인 파울 율리어스 더 로이터(Paul Julius de Reuter, 1816~1899)가 런던에 세운 로이터통신사다. 이 유럽의 3대 통신사는 1859년에 카르텔협정을 맺고 세계시장을 3등분하여 장악했다.

미국에서 전신은 큰 신문들과 아무런 차별 없이 전신뉴스를 받을 수 있게 된 소규모 신문들의 번성을 가져왔다. 뉴욕주의 신문들은 전신뉴스의 비용 부담을 덜기 위해 1846년 3월 공동으로 뉴욕주 AP(Associated Press)를 만들었으며, 이는 1856년 전국적인 AP의 탄생으로 이어졌다. 오늘날 통신사를 영어로 'News Agency' 또는 'News Service' 라고 하지만 'Wire Service' 라고 부르는 사람들이 더 많은 것도 이런 배경 때문이다. 즉, 전선(Wire)으로 뉴스를 전하는 회사라는 뜻이다.

유럽 카르텔이 국제뉴스시장에서 횡포를 부리는 기간에도 미국 신문들은 눈부신 발전을 거듭했다. 1847년 『시카고 트리뷴(Chicago Tribune)』에 이어 1850년대의 신문 가운데 가장 주목할 만한 신문은 『뉴욕 트리뷴』에서 일했던 헨리 J. 레이먼드(Henry J. Raymond, 1820~1869)가 1851년 9월 18일에 창간한 『뉴욕 타임스』였다. 이 신문은 1센트에 판매하면서도 페니 신문들의 선정성을 배격하고, 또 『뉴욕 트리

리처드 호의 1855년 윤전식 인쇄기. 시간당 2만 부를 인쇄할 수 있었다.

분』의 변칙성, 특히 그릴리의 변덕도 배격하면서 '객관적이고 초당적인 기록신문'을 표방했다.

신문의 전신의존은 신문제작에 큰 변화를 몰고 왔다. 무엇보다도 전신요금 절약을 위해 간결한 기사작성이 요구되었다. 특히 전쟁보도 시에 그런 필요성은 더욱 커졌다. 오늘날까지도 지켜지고 있는 '역피라미드(inverted pyramid)'나 '서머리 리드(summary lead)' 등의 스타일은 전신 때문에 생겨난 기사작성법이다. 또 전신으로 사건의 전개과정을 계속 알리는 과정에서 기사의 헤드라인도 탄생했다. 이 모든 게 남북전쟁 시기에 일어났다. 훗날 어네스트 헤밍웨이(Ernest Hemingway, 1899~1961)의 단순명료한 영어문체도 부분적으로는 대서양 케이블을 통해 기사를 전송해야 했던 외국특파원으로서의 경험이 낳은 산물이다.

전신은 언론인의 직업관과 가치관에도 영향을 미쳤다. 뉴스가 점점 전신을 닮아갔으니, 어찌 변화가 없었으랴. 임영호(1999)에 따르면, 전신으로 인해 "뉴스에 대한 판단은 객관적인 사실의 기계적인 선택과정과 유사하게 되고 뉴스는 운반, 측정, 감축 등이 가능한 물건처럼 취급할 수 있게 되었다."

1840년대엔 신문인쇄술의 비약적인 발전으로 신문의 대량생산이 가능해졌다. 1846년 리처드 호(Richard Hoe, 1812~1886)가 완성한 윤전식 인쇄기(revolving press 또는 rotary press)는 시간당 2만 부 인쇄를 가능케 했다. 이전에 쓰이던 영국제 원통식 인쇄기(cylinder machine)는 시간당 2000부를 인쇄할 수 있는 수준이었다. 또 1840년대엔 광고대행사(advertising agency)가 등장하면서 신문사업이 이전보다 용이해졌다. 이런 변화에 힘입어 1870년대엔 미국에서 5000여 개 이상의 신문이 발행된다.

'잭슨 민주주의'가 실제로 만개하는 대중의 시대가 도래한 걸까. 이제 대중의 여론에 의해 전쟁도 가능해지는, 그래서 대중선동이 큰 힘을 발휘하게 되는 시대로 돌입하는데 그 첫 번째 사례로 등장하는 게 바로 '멕시코전쟁'이다.

참고문헌 Altschull 1991 · 2003, Beatty 2002, Bernstein 2005, Bryson 2009, CCTV 2007, Cooke 1995, Emery & Emery 1996, Fernandez-Armesto 1997, Folkerts & Teeter 1998, Galbraith 1995, Gordon 2002, Harvey 1994, Head 외 1998, Kern 2004, Maugham 2008, McLuhan 1965, Moore 2009, Porter 1998, Rifkin 1996, Schivelbusch 1999, Smith 1990, Stephens 1999, Thoreau 1993, Weil 2003, Wheeler 2007, Zweig 1996, 강준만 1989, 김병걸 1996, 김주환 2008, 노형석 2006, 문정식 1999, 요시미 순야 외 2005, 이문호 2001, 이상철 1982 · 1993, 임영호 1999, 조맹기 2004

제5장

'멕시코전쟁'과 '골드러시'

미국의 '명백한 운명'
멕시코전쟁

1844년 대선-제임스 녹스 포크

1843년 12월 민주당은 전당대회에서 반대당인 휘그당을 공격하기 위한 표어로 먼로주의를 채택했다. 이는 휘그당 소속 국무장관인 웹스터(Daniel Webster, 1782~1852)가 멕시코로부터 캘리포니아를 획득하는 데 영국이 지원한 대가로 영국에게 컬럼비아강 이북의 태평양 연안 남서 지역, 즉 오리건(Oregon)을 양보하려고 했던 것에 대한 대응이었다. 민주당은 휘그당의 계획이 "평화를 위태롭게 하며 아메리카 대륙이 유럽 식민의 대상이 될 수 없다는 먼로주의의 폐기"라고 비난했다. 이처럼 먼로주의는 처음엔 아메리카 대륙이 유럽 팽창의 대상이 될 수 없다는 방어적인 성격의 것이었지만 점차 미국 팽창주의적 명분으로 변모하게 된다.

1844년의 대선은 오랜 정적인 휘그당의 헨리 클레이와 전임 대통령인 민주당의 밴뷰런 간의 대결이 될 것으로 예상되었지만, 텍사스 병

1844년 민주당 대통령 후보 포크와 부통령 후보 댈러스의 선거 포스터.

합문제로 인해 뜻밖의 결과가 나타났다. 두 사람 모두 이 문제에 대한 입장표명을 피했는데, 특히 민주당의 팽창주의자들은 밴뷰런에게 분노하여 다른 후보를 물색했다. 그렇게 해서 선택된 인물이 바로 노스캐롤라이나 출신으로 노예주 권리옹호자이자 병합의 강력한 지지자인 제임스 녹스 포크였다. 그는 민주당 전당대회에서 밴뷰런을 따돌렸다.

1795년 노스캐롤라이나주 맥킨버그 카운티에서 스코틀랜드인 후손 농장주의 아들로 태어난 포크는 10세 때 아버지를 따라 테네시주 컬럼비아로 옮겨 살게 되었다. 그후 노스캐롤라이나대학을 다닌 것을 제외하고는 줄곧 이곳을 무대로 활동했다. 포크는 1825년부터 14년간 테네시주의 하원의원이었고 그중 4년간은 하원의장을 지냈으며 이후 테네시 주지사를 지낸 인물이었지만, 1844년 당시 3년 동안 공직에서 물러나 있어서 대부분 사람들의 기억에서 잊혀 있었다. 그는 오리건 재점유와 텍사스 병합의지를 강력하게 밝힘으로써 정계에 복귀할 수 있었다.

키가 작아 '땅딸보 나폴레옹'으로 불린 포크는 영토확장의 불을 당겼던 앤드루 잭슨의 열렬한 추종자로 '영 히커리(Young Hickery)'라는 애칭으로 불렸다. 휘그당의 클레이도 선거 캠페인 중반에 텍사스 병합지지를 선언했지만 너무 늦은 시점이었다. 포크는 전체 유권자 득표에선 클레이보다 겨우 4만 표를 더 얻었지만, 선거인단 투표에선 170 대 105로 압도적 승리를 거두었다. 제11대 대통령의 탄생이다.

선거인단 투표야 어찌됐건 표 차이는 겨우 4만 표였다. 제임스 버니가 두 번째로 출마한 자유당은 클레이에게 등을 돌린 반노예제 휘그 파들로부터 6만2000표를 얻었는데, 바로 이게 변수였다. 이와 관련, 데이비스(Davis 2004)는 이렇게 말한다.

"그의 승리는, 노예제 철폐론자들로 이루어진 소수정당인 자유당이 휘그당 후보 헨리 클레이의 표를 잠식해주지 않았으면 불가능한 것이었다. 포크가 가까스로 따낸, 특히 뉴욕주의 몇천 표만 얻었어도 온건파 클레이를 백악관에 보낼 수 있었을 것이고 그렇게 되었다면 연방붕괴와 남북전쟁도 막을 수 있었을 것이다."

선거유세 시 포크는 오리건 '재점유'와 텍사스 병합(포크는 '재병합'이라고 주장)을 내세웠는데, 그는 루이지애나를 매입할 때 텍사스가 포함돼 있었다고 주장했다. 이는 사실이 아니었지만, 팽창을 원하는 유권자들에겐 잘 먹혀들어갔다. 포크의 취임식이 있기도 전에 의회는 포크의 텍사스 병합안을 상하원 합동결의로 채택했다. 선거결과를 텍사스 병합요구로 해석한 퇴임 직전의 타일러 대통령이 애쓴 결과였다. 멕시코는 이 소식을 전해듣고 1845년 3월 미국과의 외교를 단절했다.

'명백한 운명'과 멕시코전쟁

텍사스는 공화국으로 독립하면서 멕시코와 국경선을 놓고 갈등을 벌이고 있었다. 멕시코는 뉴세스강(Nueces River)을 국경선으로 주장한 반면, 텍사스는 그보다 약 10마일 아래에 있는 리오그란데강을 국경선으로 주장했다.

1845년 5월 포크는 텍사스를 아예 미국 땅으로 간주하면서 멕시코인들의 '침입'에 대비해 아직 확정도 안된 국경을 보호한다는 구실로 1500여 명의 병력과 함께 재커리 테일러 장군을 텍사스에 파견했다. 데이비스(Davis 2004)는 "텍사스 병합은 19세기판 로또 열풍처럼 당시 미국 전역을 휩쓸고 있던 대대적인 광란의 한 징후였다"며 "1845년에는 이 열병에 명백한 운명(manifest destiny)이라는 이름이 붙었다"고 말한다.

'명백한 운명'이라는 이름의 저작권자는 남부민주당의 기관지로 영토확장론을 옹호한 잡지 『유나이티드 스테이츠 매거진 앤드 데모

크라틱 리뷰(The United States Magazine and Democratic Review)』의 편집자 존 L. 오설리반(John L. O'Sullivan, 1813~1895)이었다. 그는 이 잡지 1845년 7/8월호에 "해마다 증가하는 우리 수백만 미국인들이 자유롭게 뻗어나갈 수 있도록, 하나님께서 할당해주신 대륙을 온통 뒤덮기 위한 명백한 운명을 이행하자"는 내용의 기사를 썼다. 그는 다음과 같이 주장했다. "우리는 인류의 진보를 추구하는 민족이다. 누가 그리고 무엇이 우리의 전진을 막을 수 있단 말인가?"

1846년 1월 멕시코 국경에 파견된 미군 병력은 3500명으로 늘었다. 포크는 특별 외교사절로 존 슬라이델(John Slidell, 1793~1871)을 멕시코로 보내 텍사스 구매의사를 전했다. 멕시코의 거절의사를 듣자마자 포크는 1월 13일 멕시코를 자극하기 위해 테일러에게 리오그란데강으로 이동할 것을 명령했다. 멕시코인들은 전쟁의 빌미를 주지 않기 위해 미군의 도발에도 불구하고 몇 달 동안 싸우기를 거부했지만, 그건 사실상 불가능한 일이었다. 어느 날 미군 병사 한 명이 죽은 채로 발견되고 4월 25일 멕시코군 일부가 미국 경비대를 공격하는 일이 벌어지자 포크는 기다렸다는 듯이 "미국의 영토에서 피를 흘렸다"고 말하고는 전쟁을 선포했다.

전쟁에 찬성하는 민주당이 다수를 점하고 있던 상하 양원은 휘그당의 반대의견이 거의 없는 가운데 5만 명 추가파병 결의안을 의회에서 가결했다. 대부분의 미국인은 전쟁에 환호했다. 그들은 전쟁을 지지하는 집회를 열었고 수천 명씩 군에 자원입대했다. 뉴욕 집회의 한 플래카드엔 "멕시코가 아니면 죽음을"이라고 쓰여 있었다. 일리노이주에는 4개 연대규모가 할당되었지만 무려 14개 연대규모의 지원병이 몰려들어 나머지는 설득해서 돌려보내야만 할 정도로 전쟁열기는 뜨거웠다. 시인 월트 휘트먼은 신문에 기고한 글에서 "미국은 팽창하는 방법뿐만 아니라 박살내는 방법도 잘 알고 있다"고 말했다.

1846년 5월 3일 첫 번째 전투인 팔로 알토 전투에서 2300명의 미군은 2배에 달하는 멕시코군을 격파했다. 뒤이은 레사카 데 라 팔마 전투에서는 1700명의 미군이 7500명의 멕시코군을 격파했다. 그 과정에서 테일러 장군은 국민영웅으로 떠올랐다. 포크는 멕시코 항구들에 대해 봉쇄령을 내렸다. 6월 14일 멕시코 소유의 캘리포니아에 사는 미국인들은 독립을 선언하고 그해 8월 캘리포니아는 미국에 병합되었다.

바로 이 해에 미국은 영국으로부터 오리건주를 매입했다. 이때에 미국은 멕시코전쟁, 영국은 아일랜드 분쟁에 몰두하느라 정신이 없어 오리건 조약을 통해 문제를 일단락지은 것이다. 조약에 따라 미국은 현재의 북위 49도선으로 오리건의 경계를 보장받았으며, 영국은 컬럼비아강 운항권을 보장받았다.

1847년 2월 22~23일 부에나비스타 전투에서 테일러는 4800명의 신병으로 멕시코의 농민군 1만 5000명을 격파했다. 3월 9~29일 베라크루스 전투에선 3주에 걸친 포격으로 그곳을 함락했다. 9월 14일 미군 총지휘관 윈필드 스콧(Winfield Scott, 1786~1866) 장군이 이끄는 1만 2000명의 해병대는 멕시코의 베라크루스항에 상륙해 수도 멕시코시티를 점령했다. 지금도 라틴아메리카에서 미국인들을 경멸하는 뜻으로 쓰이는 '그링고(Gringo)'라는 단어는 베라크루스항에 상륙한 "'녹색(Green)' 복장의 미 해병대여 '꺼져라(go)'"는 말에서 유래한 것이다.

멕시코시티로의 진격시 스콧 장군 휘하의 11개 연대 중 7개 연대가 사라졌다. 지원병들의 복무기간이 끝났기 때문이었는데, 이들의 지원 동기가 애국(愛國) 때문만은 아니었다. 지원병의 절반은 아일랜드와 독일에서 갓 들어온 이민자들이었는데, 이들에겐 돈과 100에이커의 토지를 준다는 약속이 우선이었다. 이 전쟁에서 9000명 이상의 미군 병사들이 탈영한 것도 바로 그런 이유 때문이었다. 그러나 당시 신문들에 따르면 멕시코전쟁은 거룩한 '성전(聖戰)'이었다. 예컨대 『뉴욕 선』 1847년 10월 22일자 사설은 이렇게 주장했다.

"멕시코인들은 정복당하는 데 철저히 익숙해져 있다. 우리가 가르쳐 줄 유일한 새로운 교훈은-만약 그들이 우리의 출현으로 이익을 얻게 된다는 것을 제대로 안다면-우리의 승리가 피정복자에게 자유와 안녕과 번영을 안겨줄 것이라는 점이다. 우리의 사명은 그들을 노예화시키고 사태를 더욱 악화시키는 것이 아니라, 그들을 해방시키고 그들을 더욱 고귀하게 만드는 것이다."

과달루페 이달고 조약

그러나 그런 주장에 동의하지 않는 사람들도 있었다. 1847년 11월 22일 보잘것없는 휘그당 소속 초선 하원의원 한 사람이 멕시코전쟁에 반대하는 연설을 했는데, 바로 에이브러햄 링컨이었다. 이는 그가 하원에서 한 최초의 연설이다. 링컨은 멕시코가 미군을 공격한 것이 아니라 미군이 멕시코를 자극하여 전쟁을 일으키게 만들었다며 포크 대통령을 강하게 비난했다. 그러나 전쟁은 이미 반대하고 말 것도 없이 끝난 상태였으며, 이 전쟁으로 미국 측은 1700여 명이 전사, 1만1000여 명은 병사했으며, 멕시코군 사상자는 5만여 명에 이르렀다.

전후 포크와 테일러 장군의 인기는 하늘을 찔렀다. 링컨은 자신의 반전론 때문에 다음 선거에서 재선에 실패하고 만다. 링컨의 멕시코 전쟁 반대를 어떻게 보아야 할까? 링컨은 평화주의자이며 도덕성의 화신인가? 그게 아니다. 링컨이 7년 전 흑인선거권을 주장했다는 이유로 밴뷰런을 비난했다는 걸 상기할 필요가 있다. 당시 링컨은 당파성의 화신이었던 것으로 보인다. 그가 1848년 대선시 휘그당 후보로 나선 테일러의 당선에 큰 기여를 한 뒤 장관을 기대했다가 아무런 자리도 얻지 못하자 분통을 터뜨린 것도 그런 면모와 관련이 있는 건 아닐까? 그러나 링컨은 학습이 매우 빠른 사람이었다. 링컨의 이런 특성에 대해선 잠시후에 자세히 살펴보기로 하자.

멕시코전쟁의 마무리 작업으로 1848년 2월 2일 멕시코시티 근처에서 과달루페 이달고 조약(Treaty of Guadalupe Hidalgo)이 체결되었고, 3월 상원의 인준을 받았다. 이 조약의 결과 멕시코는 전 국토의 절반이 넘는 240만 제곱킬로미터를 잃었다. 이는 당시 미국 국토의 7분의 1 규모였다. 텍사스는 물론 장래의 캘리포니아, 네바다, 유타, 뉴멕시코와 애리조나의 대부분 및 와이오밍과 콜로라도 일부가 이에 포함된다. 리오그란데강이 멕시코와 미국의 새로운 국경선이 되었다.

땅을 강제로 빼앗은 것이 아니라 돈을 주고 구입한 것이라고 내세울 명분을 위해 미국은 멕시코에 1500만 달러를 지불했다. 이에 장단 맞추듯 미국의 한 신문은 "우리가 정복해서 강제로 빼앗은 것은 전혀 없다"며 "하나님께 감사드리자"고 했다. 물론 오늘날에도 미국인들은 그 땅을 돈을 주고 샀다고 굳게 믿고 있다. 웃자고 한 말인지는 알 수 없으나 진(Zinn 2003)은 "우리가 전부 다 가져가지 않아서 멕시코인들이 감사해할 것이라고 생각했던 겁니다"라고 말했다.

오늘날 미국인들은 성지를 순례하듯이 미국 역사의 현장을 방문해 애국심의 기운을 한껏 흡입한다. 텍사스의 역사현장을 찾는 이들은 미국의 국토 사이즈를 크게 넓혀준 멕시코와의 전쟁을 기념하리라. 유재현(2009)은 텍사스에서 어느 미국인에게 말을 걸어 다음과 같은 대화를 나눈다.

"멕시코가 그 전쟁으로 영토를 절반 넘게 잃은 걸 아세요?" "무슨 영토요?" "캘리포니아나 유타, 네바다, 뉴멕시코 뭐 그런 곳들 말이에요." "아니요. 그곳들은 미국이 멕시코에 돈을 주고 구입한 땅들이지요. 루이지애나처럼 말이에요. 얼마를 지불했더라?" "무슨 일을 하세요?" "저요? 선생이에요."

그러나 멕시코전쟁의 부당함은 젊은 시절의 링컨은 물론 이 전쟁에 참전한 어느 젊은 장교도 인정한 것이었다. 이 장교는 훗날 이 전쟁을 "강대국이 약소국에 저지른 가장 부당한 전쟁 중의 하나"라고 말했다. 그는 미국 제18대 대통령이 되는 율리시스 그랜트 중위였다.

순식간에 국토의 절반을 잃은 멕시코인들은 엄청난 충격을 받아 책임추궁에 들어갔다. 멕시코 토지의 3분의 1을 점하고 있으면서 보수파의 동맹세력으로 기능하고 있는 교회가 주범으로 지목된 가운데 교회권력을 제한하는 개혁이 시도되었다. 무능한 지도자 산타 안나를 몰아내고 1854년 국외추방시켰다. 그러나 보수세력의 반발이 거세게 일어나면서 멕시코는 곧 피비린내나는 내전의 소용돌이에 휘말리게 된다.

훗날 20세기 초 멕시코의 독재자 포르피리오 디아스(Porfirio Díaz,

1830~1915)는 다음과 같이 개탄한다. "불쌍한 멕시코! 하나님과는 너무 멀리 떨어져 있고 미국과는 너무 가까이 있구나!" 실제로 그랬다. 멕시코는 미국과 너무 가까이 있어서 불행한 나라였다. 그렇지만 멕시코에도 자위를 포기한 책임은 있다. 1836년 텍사스와의 전쟁에서 패했으면 무슨 준비를 했어야 했던 게 아닌가. 멕시코 지배층은 군사적으로건 외교적으로건 아무 준비도 하지 않은 채 내부착취에만 골몰하지 않았던가.

그러나 멕시코가 마냥 슬퍼할 일은 아니었다. 훗날 멕시코의 작가 카를로스 푸엔테스(Carlos Fuentes)는 이런 명언을 남긴다. "나는 미국의 라틴화를 믿는다. 멕시코는 살아남는 데엔 전문가다." 그런가 하면 1990년도 노벨문학상 수상자인 또다른 멕시코 작가 옥타비오 파스(Octavio Paz Lozano, 1914~1988)는 이렇게 말한다. "인내는 우리의 가장 보편적인 미덕 중의 하나다."

왜 '명백한 운명' 인가?

이후 '명백한 운명'은 팽창주의자들의 거룩한 슬로건이 되었다. 데이비스(Davis 2004)는 "종교적 사명처럼 들리고 아주 교묘한 비전을 내포하고 있는 이 문구는, 다른 저널리스트들과 정치인들에게 신속히 전파되었다"며 다음과 같이 말한다.

"명백한 운명을 말한 가장 큰 동기는 역시 대서양에서 태평양까지 전대륙을 지배하고자 하는 미국인들의 망상에 가까운 욕심, 즉 탐욕이었다. 미국인들이 세대를 이어오며 문명의 저변을 점차 넓혀왔듯이, 이 욕심도 겉으로는 열렬한 종교적 구도의 모습을 띠고 있었다. 수

많은 사람들이 서부로 옮겨갔고, 이들의 급속한 이동은 저 유명한 서부개척로의 발달로 더욱 촉진되었다."

미국인들의 '명백한 운명'에 대해 독일 지식인 겔페르트(Gelfert 2003)는 "독일 사람으로서 오늘날 이 문장을 읽으면, 동부로 나아가는 것이야말로 '섭리'라고 외치던 히틀러의 목소리를 듣고 있는 듯하다"고 했다. 명백한 운명을 비판하기 위해 한 말이겠지만, 정도의 차이일 뿐 유럽도 다를 바 없었다는 걸 말해준다. 사실 서구열강은 앞다투어 비슷한 팽창의지를 천명했으니, 영국은 '백인의 의무' 프랑스는 '문명인의 임무' 독일은 '생활공간을 위한 욕구'를 내세워 제국주의적 '땅 따먹기' 경쟁에 돌입했던 것이다.

허먼 멜빌은 1850년에 출간한 『하얀 재킷: 군함 내부의 세계』에서 미국인들이 위대한 업적을 이룰 '선택받은 사람들'로서 느끼는 충만함과 열의를 이렇게 묘사했다.

"우리 미국인들은 특별히 선택받은 사람들로서 우리 시대의 이스라엘인이며, 이 세상의 '자유의 방주'를 이끌고 있다. 70년 전 우리는 속박에서 탈출했다. 지구의 한 대륙을 갖는 첫 생득권 이외에 하나님은 우리에게 미래의 계승을 위해 다양한 이교도들을 주셨다. 그들은 온순하게 우리 방주의 그늘 아래 와서 쉴 것이다. 하나님은 우리를 위해 위대한 일을 예정해주셨다. 우리는 마음 깊이 그 임무를 느낀다."

이에 질세라 세실 로즈(Cecil Rhodes, 1853~1902)라는 영국인은 '신으로부터 받은 영국인의 사명'을 내세웠다. 남아프리카의 광산에서 번 돈으로 24세의 나이에 백만장자가 된 로즈는 1877년에 작성한 유언장에서 전 세계에 영국의 지배를 확장하는 것을 목표로 하는 비밀협회를 만들 것을 지시했다. '신으로부터 받은 영국인의 사명'을 완수해야 한다는 게 그 이유였다. 그의 꿈은 현재 전 세계 영어권 지역 학생들에게 지급되는 로즈 장학금의 형태로 남아 있다.

미국인들의 '명백한 운명'은 다른 나라 사람들의 경계와 조롱의 대상이 되고 있지만, 부어스틴(Boorstin 1991)은 미국인들이 명백한 운명을 믿을 수밖에 없었던 불가피성을 역설한다. 미국인들은 금, 은, 석유, 농업, 목축 등 하늘이 베푸는 축복의 풍요 속에서 살아왔다. 부어스틴은 "대륙에 펼쳐진 거대한 나라에서 예상치 못했던 보물들이 쏟아져나오고, 세대마다 놀라운 새로운 자원을 파헤쳐냄에 따라, 이 나라는 '황금의 땅'이라고 생각하는 신화가 미국인들 사이에서 만들어질 것은 당연하였다"며 다음과 같이 말한다.

"이러한 신화는 아마 과장이 되었을는지는 모른다. 그러나 그것은 거짓말은 아니었다. 그러한 신화는 더욱더 많은 정착민을 끌어들였다. 그러한 풍부한 자원을 신세계의 국민에게 준 신이라면 당연히 그 신은 그 국민에게 어떤 특수한 사명을 분명히 부여하였으리라고 미국인들이 믿게 되는 것은 아주 당연하다. 이처럼 한때 숨겨졌던 자원들은 모두 미국인들이 '명백한' 어떤 운명을 가지고 있다는 것을 믿도록 하는 데 어느 정도 기여하였다. 그들의 운명은 분명하고 뚜렷했으며,「독립선언서」에 열거한 권리들처럼 '자명한' 것이기까지 하였다. 한 걸음 더 나아가 미국인들은 인류 전체를 위해서 신세계에 아직도 숨겨져 있는 약속들을 발견할 의무도 가지고 있다고 믿는다."

그렇다면 미국의 가장 큰 문제는 미국이 너무 빠른 시간 내에 너무 큰 성공을 했다는 데에 있는 것 같다. 존 칼훈이 "우리는 너무나나는 오히려 무시무시하게라고 표현하고 싶었는데-급속히 팽창해가고 있다"고 말한 건 1817년이었지만, 이미 살펴본 바와 같이 이후의 팽창속도는 더욱 무시무시했다. 이런 무시무시함에 대한 해석의 차이, 그것이 바로 '명백한 운명'을 보는 시각의 차이를 낳는다. 똑같은 일을 해도 다른 나라가 아닌 미국이 하게 되면 다른 의미를 가지기 마련이다. 그게 바로 힘의 원리다. 이에 대한 깨달음과 그에 따른 역지사지(易地思之)의 결여가 미국인들의 가장 큰 약점이다. 인간의 일을 신의 뜻으로만 돌리려드니, 다른 나라 사람들과 어찌 소통이 매끄러울 수 있겠는가.

참고문헌 Altschull 1991, Boorstin 1991, Brinkley 1998, Davis 2004, Gelfert 2003, Hagan 2000, Hunt 2007, Rifkin 2005, Time-Life 1988, Zinn 1986 · 2003 · 2008, Zinn & Stefoff 2008, 권용립 2003a, 김봉중 2006, 김용구 2006, 나윤도 1997-1998, 박경재 1995, 박지향 2000, 송기도 2003, 송기도 · 강준만 1996, 우덕룡 외 2000, 유재현 2009, 임용순 1995

'시민불복종'
헨리 데이비드 소로와 프레더릭 더글러스

"선생님은 왜 감옥 밖에 계십니까?"

멕시코전쟁에 반대한 소수의 사람 중엔 매사추세츠주의 작가 헨리 데이비드 소로도 있었다. 매사추세츠주의 콩코드에서 태어난 그는 하버드대학을 졸업했으나 부와 명성을 좇는 화려한 생활을 따르지 않고 고향으로 돌아와 자연 속에서 글을 쓰는 초월주의자였다. 그의 대표작은 1854년에 출간된 『월든』이다. "그들은 오랜 동화에서처럼 보물들을 땅에 묻는다. 결국 벌레들이 모여들고 녹이 슬어 못쓰게 되고 도둑들이 들어와 훔쳐가버린다. 이와 같은 바보의 삶이 바로 미국인의 삶이다." 미국 문학계에서 지금도 널리 회자되는 소로의 명언이다.

1846년 소로는 노예제도와 멕시코전쟁에 반대하는 의미로 인두세 납부를 거부해 하룻밤 감옥살이를 했다. 친척아주머니가 벌금을 대신 내준 덕분이었다. 그가 감옥에 갇혔다는 소식을 듣고 시인 에머슨이 찾아왔다. 소로는 에머슨을 스승처럼 모셨고 실제 그로부터 많은 정신적 영향을 받았으며 그를 도와 잡지편집을 한 적도 있었다. 면회온 에머슨이 물었다. "너는 왜 감옥에 있느냐?" 소로의 답변이 걸작이다. "선생님은 왜 감옥 밖에 계십니까?"

소로는 그때의 경험을 바탕으로 '시민정부에 대한 저항(Resistance to Civil Government)'이라는 제목의 강연을 했다. 이는 『미학(Aesthetic Papers)』지에 실렸다가 1849년 『콩코드강과 매리매크강에서의 일주일(A Week on the Concord and Merrimack Rivers)』이라는 책으로 출간되었다. 이 글은 나중에 '시민불복종(Civil Disobedience)'이라고 제목을 고치면서 널리 알려지게 되었다. 소로(Thoreau 1999)는 이 글을 다음과 같이 시작한다.

"나는 '가장 좋은 정부는 가장 적게 다스리는 정부'라는 표어를 진심으로 받아들이며 그것이 하루 빨리 조직적으로 실현되기를 바라 마지않는다. 이 말은 결국 '가장 좋은 정부는 전혀 다스리지 않는 정부'라는 데까지 가게 되는데 나는 이 말 또한 믿는다. 사람들이 준비가 되었을 때 그들이 갖게 될 정부는 바로 그런 종류의 정부일 것이다. 정부는 기껏해야 하나의 편법에 지나지 않는다. 그러나 대부분의 정부가 거의 언제나 불편한 존재이고, 모든 정부가 때로는 불편한 존재이다."

소로는 무정부주의자인가? 소로는 그리 생각하는 사람들이 있을 걸 예상했던지 "나는 무정부주의자라고 자처하는 사람들과는 달리 지금 당장 정부를 폐지할 것을 요구하는 것이 아니다. 나는 지금 당장, 보다 나은 정부를 요구하고 있을 뿐이다"라며 다음과 같이 말한다.

"각 사람들은 자신의 존경을 받을 만한 정부가 어떤 것인지를 분명히 밝혀야 한다. 바로 그것이 보다 나은 정부를 얻을 수 있는 길로 한 걸음 더 나아가는 것이다. 권력이 일단 국민의 손에 들어왔을 때 다수의 지배가 허용이 되고 오랜 기간 동안 지속되는 실제적인 이유는 그들이 옳을 가능성이 가장 크거나 그것이 소수자들에게 가장 공정한 것처럼 보이기 때문이 아니라 단지 그들이 가장 힘이 세기 때문이다. 그러나 사사건건 다수가 지배하고 있는 정부는 정의(사람들이 이해할 수 있는 한도 내의 정의일지라도)에 입각한 정부라고 할 수는 없다. 옳고 그름을 실질적으로 결정하는 것이 다수가 아니라 양심인 그런 정부는 있을 수 없는가?"

'한 사람으로서의 다수'

소로는 '다수결 만능주의'에 단호히 반대한다. 다수라고 해서 불의(不義)를 정의(正義)로 바꿀 수도 없고 그래서도 안된다. 물론 그 역도 마찬가지다. 그래서 그는 '한 사람으로서의 다수'라는 개념까지 제시하면서 정의가 지배하는 사회를 역설한다.

"나는 서슴없이 말한다. 노예제도 폐지론자로 자처하는 사람들은 몸으로나 재산으로나 매사추세츠 주정부를 지원하는 일을 지금 당장 중지하여야 한다고. 그리고 정의가 자신들을 통해 승리하도록 노력하지 않고, 한 표 앞선 다수가 될 때까지 기다려서는 안된다고. 만약 그들이 하나님을 자기편으로 두었다면 그것으로 충분하며, 다른 사람을 기다릴 필요는 없다고 나는 생각한다. 더욱이, 어떤 사람이든지 그가 자기 이웃들보다 더 의롭다면 그는 이미 '한 사람으로서의 다수'를 형성하고 있는 것이다."

'한 사람으로서의 다수(majority of one)'는 단 한 사람이라도 도덕적으로 우위이면 그는 이미 다른 사람들을 이길 수 있다는 말로 19세기 미국의 지식인들 사이에 자주 사용되던 어구였다. 그렇지만 정의가 무엇인지 안다 하더라도 연약한 소시민의 입장에선 주변을 살피지 않을 수 없을 것이다. 대세(大勢)에 역류해 정의를 주장하는 건 소시민의 본분을 벗어난, 미친 짓으로 간주돼온 게 동서고금의 법칙이었다. 소로는 그 법칙을 의심할 것을 제안한다.

"나는 이것만은 알고 있다. 즉, 이 매사추세츠주 안에서 천 사람이, 아니 백 사람이, 아니 내가 이름을 댈 수 있는 열 사람(열 사람의 정직한 사람)이, 아니 단 한 명의 정직한 사람이라도 노예소유하기를 그만두고 실제로 노예제도의 방조자의 입장에서 물러나며 그 때문에 형무소에 갇힌다면 미국에서 노예제도가 폐지되리라는 것을 말이다. 시작이 아무리 작은 듯이 보여도 그것은 문제가 되지 않는다. 왜냐하면 우리는 기껏해야 거기에 대해 토론만 하고 있을 뿐이다."

소로는 그렇게 열변을 토하면서도 그게 쉽지 않은 일이라는 걸 스스로 절감하고 있는 듯이 보인다. 그는 그걸 모르지 않는다는 듯, 안간힘을 다해 호소한다.

"당신의 온몸으로 투표하라. 단지 한 조각의 종이가 아니라 당신의 영향력 전부를 던지라. 소수가 무력한 것은 다수에게 다소곳이 순응하고 있을 때이다. 그때는 이미 소수라고 할 수도 없다. 그러나 소수가 전력을 다해 막을 때 거역할 수 없는 힘을 갖게 된다. 의로운 사람들을 모두 감옥에 잡아 가두든가, 아니면 전쟁과 노예제도를 포기하든가의 양자택일을 해야 한다면 주정부는 어떤 길을 택할지 주저하지 않을 것이다."

이 글은 한동안 독자들의 무관심 속에 방치되다가 19세기 말 러시아의 문호 톨스토이(Lev Nikolayevich Tolstoy, 1828~1910)에게 발견되어 그의 정치사상에 큰 영향을 미쳤으며, 인도의 독립운동을 하고 있던 간디(Mohandas Karamchand Gandhi, 1869~1948)는 "나는 소로에게서 한 분의 스승을 발견했으며, '시민의 불복종'으로부터 내가 추진하는 운동의 이름을 땄다"고 말했다. 간디 이후에도 이 책은 세계의 수많은 저항운동가들의 필독서가 되었다.

소로의 비폭력 불복종 사상은 일본 우치무라 간조(內村鑑三, 1861~1930)의 절대반전운동과 무교회주의의 원천이 되었으며, 우치무라의 영향을 받은 한국의 함석헌(1901~1989)과 김교신(1901~1945) 등에 의해 한국에도 소개되었다. 퀘이커교도이기도 했던 함석헌은 "'시민의 불복종'을 일반인에게 소개하는 것이 가장 우선해야 할 일이었다. 소로는 역시 위대한 인물이다!"라고 말하였다.

'지하철도'의 활약

미국노예제폐지협회의 윌리엄 로이드 개리슨은 멕시코전쟁을 "오직 노예제 확대와 영속을 위한 가증스럽고 끔찍한 목적"을 지닌 것으로 단정했다. 노예제를 반대한 평화주의자 호러스 그릴리도 개리슨의 견해에 동감을 표했다. 그는 자신의 『뉴욕 트리뷴』을 통해 전쟁 초기부터 전쟁에 반대하는 목소리를 냈다. 개리슨과 같이 노예제 폐지운동을 하던 프레더릭 더글러스(Frederick Douglass, 1817~1895)는 멕시코전쟁을 "수치스럽고 잔인하고 사악한 전쟁"이라고 비판했다.

이름도 모르는 백인 아버지와 노예 어머니 사이에서 태어난 더글러스는 메릴랜드에서 탈주한 노예였다. 그는 그가 섬긴 여러 주인 중의 한 사람인 어느 부인에게서 글을 배웠다. 그녀는 노예에게 글 읽는 법을 가르치는 것은 불법이고 위험하다는 말을 들었으면서도 개의치 않았다. 더글러스는 쓰는 법은 독학으로 익혔다. 그는 훗날 "노예에게 글을 가르치는 것은 위험하다는 말을 듣는 순간, 나는 노예에서 벗어나 자유로워질 수 있는 방법을 깨달았다"고 말했다.

더글러스는 글을 통해 자유와 인권을 알게 됐고 노예제에 의문을 품었다. 농장의 주일학교에서 다른 노예에게 신약성서 읽는 법을 가르치자 소문을 듣고 매주 40명이 넘는 학생이 비밀리에 찾아왔다. 그러나 6개월 뒤 들통이 나고 말았고 여러 농장주가 합세해 이 모임을 완전히 없애버렸다. '문제노예'로 찍힌 16세의 더글러스는 '노예 길들이는 사람'에게 보내져 매일 두들겨 맞다가 1838년 9월 3일 탈출해 기차를 타고 매사추세츠로 도주했다.

더글러스의 경우처럼 노예의 탈출에 기차가 큰 역할을 했다. 노예들의 탈주를 돕는 노예제 반대운동의 비밀조직으로 '지하철도(Underground Railroad)'가 생겨난 것도 우연이 아니다. 퀘이커교도들이 중심이 된 지하철도는 1840년에서 1861년까지 수천 명의 흑인들에게 도움을 주었다. 대부분 익명으로 활동한 개인들의 느슨한 연합체인 지하철도는 노예 한 명의 해방이 곧 노예제 반대의 표현이라고 믿었다. 그런 생각으로 필라델피아와 뉴욕을 거점역으로 삼아, 흑인노예들을 남부노예주에서 북동부의 자유주와 캐나다로 탈출시켰다.

탈주한 노예가 이런 탈주를 돕는 일도 있었는데, 가장 유명한 인물이 해리엇 터브먼(Harriet Tubman, 1820~1913)이다. 그녀는 1849년에 북

STOP THE THIEF!
One Hundred Dollars Reward.

Stolen from the Plantation of Mrs. E. S. FARRAR, on the night of Saturday last, two Negro Girls. One, MARY, low stature, heavy and squarely formed, very straight, black hair—a very bright Mulatto.
The other named CINTA or CINDERILLA, dark Copper, common height, has a flesh mole, near the left ear, and is well formed. Mary is twenty years old and CINTA nineteen.
I will pay a reward of $25 for the apprehension of each, if taken in the State, and $50 if taken out of it.
My address is Howardsville, Albemarle County, or Rockfish Depot, Nelson County.

RICHARD T. FARRAR.
September 15, 1862.

농장에서 도망친 노예를 찾기 위해 현상금을 건 1862년의 포스터.

부주로 탈출했다가 즉시 남부로 돌아와 다른 노예들의 탈주를 도왔다. 19번 이상의 여행을 통해 300명 이상의 노예를 탈주시켰으며, 1857년에는 자신의 부모를 탈주시키는 데에 성공했다. 이런 활약으로 그녀의 생포에 4만 달러의 현상금이 붙기도 했다. 그녀는 남북전쟁 때는 북부군 조리사로 일하며 남부군의 뒤를 캐는 정탐활동을 벌이는 동시에 북부군의 도움을 받아 노예 750명을 탈출시켰다.

이때에 터브먼과 더불어 노예제 폐지운동에 앞장선 또 한 명의 여성 흑인영웅이 있다. 뉴욕주 얼스터의 한 농장에서 탈출한 도망노예로 순회 설교자이자 웅변가로 이름을 떨친 소저너 트루스(Sojourner Truth, 1797~1883)다. 1840년대 후반 어느 강연에서 그녀가 노예제의 평화로운 종말을 의심하는 프레더릭 더글러스에게 "프레더릭, 신이 죽었나요?"라고 한 반문은 아주 유명한 말이 되었다. 윌리엄 로이드 개리슨의 설득으로 그녀가 살아온 이야기를 구술받아 1850년 출간된

『소저너 트루스 이야기(Narrative of Sojourner Truth: A Northern Slave)』는 노예제 폐지운동의 강력한 무기가 되었다. 열성적인 백인 노예제 폐지론자들도 내심 흑인들의 자치능력엔 회의를 품고 있었는데, 터브먼과 트루스의 탁월한 활동은 흑인의 지성·규율·자치력을 확인시켜 주는 좋은 사례가 되었다.

'프레더릭 더글러스의 인생 이야기'

탈출에 성공한 더글러스는 여기저기 떠돌아다니다가 윌리엄 로이드 개리슨이 창설한 노예제폐지협회에서 일을 시작했다. 연설에 탁월한 재능을 보인 그는 노예제 폐지연설을 다니다가 1843년 돌과 몽둥이 세례를 받고 부상당하기도 했다. 1845년 노예제폐지협회는 그의 자서전 『프레더릭 더글러스의 인생 이야기(Narrative of the Life of Frederick Douglass)』를 출간했다. 책이 출간되고 강연자로 유명세를 타게 되면서 탈주자로 붙잡힐 위험성이 커지자 그는 영국으로 도피했다가 1847년 미국으로 돌아왔다. 그리고는 뉴욕 로체스터에서 『노스 스타(North Star)』의 창간을 시작으로 노예제 폐지운동의 최선봉에서 활약했다.

더글러스와 개리슨은 노예제 폐지운동에 대한 의견차이 때문에 사이가 틀어졌다. 개리슨은 미국 헌법을 친노예제 문서로 보았고, 이에 따라 투표거부와 연방해체를 주장했다. 반면 더글러스는 헌법에 반노예제 요소가 있다고 보았다. 이런 차이와 갈등으로 인해 개리슨은 더글러스를 배신자로 비난했다.

더글러스는 어느 연설에서 "자유가 좋다고 말하면서도 그것을 위한 운동을 비난하는 자는 밭도 갈지 않고 수확만을 바라는 자, 천둥번

개 없이 비가 내리기를 바라는 자, 폭풍우 없이 잠잠한 바다를 바라는 자와 같다"고 했다. "백인이 흑인의 비참함에 기대어 행복할 수는 없다"며 백인의 각성도 촉구했던 그는 1852년 독립기념일 연설에서 뉴욕 로체스터의 백인 청중을 향해 이런 질문을 던졌다.

"여러분의 7월 4일이 미국의 노예들에게는 어떤 의미일까요? 나는 이렇게 대답하겠습니다. 1년 중의 다른 어떤 날보다도 7월 4일은 엄청난 불공평과 잔인성을 일깨우는 날이라고. 여러분의 기념일이 저들에게는 하나의 속임수일 뿐입니다. 여러분이 자랑하는 자유는 부정한 면허장이며, 국가의 위대함은 과장된 자만심, 자유와 평등의 외침은 공허한 비웃음입니다. 지금 이 시간, 지구상에서 미국인보다 더 폭력적이고 피에 물든 관습을 지닌 사람들은 없을 겁니다."

더글러스는 남북전쟁 중에는 링컨의 조언자가 되어 북부군을 위해 흑인 신병을 모집하는 일을 맡아보았다. 이때 흑인도 백인 병사와 동등한 급여를 받을 수 있도록 로비를 벌여 정부의 승인을 받아내기도 했다. 그는 남북전쟁 뒤에는 여러 차례 정부관리를 지냈고 나중에는 아이티 대사를 지냈다.

1882년 첫 아내 안나(Anna Murray)가 사망하자 더글러스는 1884년 대학을 나온 여성참정권자이며 자신보다 스무 살 아래인 백인 여성 헬렌 피츠(Helen Pitts, 1838~1895)와 결혼했다. 결혼 후에 피츠는 부모와 의절했고, 더글러스의 흑인 친구들과 백인 지지자들도 그가 백인 여성과 재혼한 것을 매우 못마땅하게 생각했다. 백인 신문들은 그녀가 돈과 명예를 좇아 결혼했다며 비난을 퍼부었으며, 이 결혼으로 흑인의 가장 높은 이상은 백인 아내를 얻는 것임이 입증되었다고 주장했

프레더릭 더글러스(왼쪽)와 두 번째 부인 헬렌(오른쪽)과 조카 에바(Eva).

다. 더글러스는 자신의 아버지는 백인임을 들어 "첫째 아내는 어머니의 피부색, 둘째 아내는 아버지의 피부색일 뿐"이라며 그런 비난은 부당하다고 항변했다. 두 사람은 1895년 그가 심장마비로 돌연 사망할 때까지 활발하게 사회활동을 벌였다.

훗날 더글러스는 흑인들의 영웅으로 존경을 누렸다. Douglas라는 성을 가진 흑인 젊은이들은 그런 존경의 표현으로 s를 하나 더 붙여 Douglass로 표기하는 게 유행이 되었다. 오늘날 그의 워싱턴 생가는 관광명소가 되었다. 2008년 7월 4일 『워싱턴 포스트(The Washington Post)』는 버락 오바마(Barack Obama) 민주당 대선후보와 150여 년 전

더글러스의 독립기념일 연설을 비교 분석했다. 이 분석에 따르면, 더글러스는 미국 땅에 존재하는 수많은 흑인 노예를 언급하며 미국이 민주주의 실험에서 소외됐다는 점을 부각시킨 반면에, 오바마 후보는 미국이 조국이며 독립기념일을 함께 기뻐할 시간으로 규정했다.

참으로 격세지감(隔世之感)이다. 오바마는 이 차이를 드라마틱하게 느끼게 만드는 상징이다. 대통령으로서 어떤 업적을 남기고 어떤 평가를 받건, 오바마는 대통령에 당선되었다는 그 자체만으로도 미국과 인류의 진보에 기여한 인물은 아닐까? 물론 우리의 산책에서 오바마의 시대까지 도달하려면 아직 150여 년의 거리를 더 가야 하지만 말이다.

참고문헌 Brooks 2008, Davis 2004, Emery & Emery 1996, Evans 1998, Felder 1998, Folkerts & Teeter 1998, Salt 2001, Thoreau 1993 · 1999 · 1999a, Tirman 2008, Watkins 1995, Wills 1999, 김삼웅 2000 · 2000a, 조이영 2008-2009

'경쟁' 아닌 '협동'으로 살 수 없는가?
'뉴하모니'에서 '솔트레이크시티'까지

로버트 오웬의 '협동마을'

과거나 지금이나 헨리 데이비드 소로와 같은 초월주의자들을 '숲속에 살던 괴짜'로 보는 사람이 많다. 그러나 인류 역사상 많은 유토피아 사상이 주거공동체 실험을 수반했다는 건 주거형식의 중요성을 시사해준다. 1840년대에 나타난 가장 성공적인 주거공동체 실험은 몰몬교도들에 의해 이루어졌지만, 그전에도 여러 실험들이 전개되었다.

스코틀랜드의 산업가이자 박애주의자인 로버트 오웬(Robert Owen, 1771~1858)은 18세에 방적공장을 차렸다. 그는 영국에서 "경쟁이 자본주의 경제체제를 발전시킨다는 애덤 스미스의 말과 반대로 자본주의 체제는 협동을 통해 더 발전시킬 수 있다"는 신념을 펼치면서 노동조합을 만드는 데 주도적 역할을 했다. 많은 노동자들이 그를 따랐는데, 그건 그의 무신앙에 근거한 과학적 합리주의 때문이었다. 그는 더 넓은 공장을 건설하려 했지만 영국 정부는 허가해주지 않았다. 노동자를 위하는 그의 경영방식에 위협을 느낀 경쟁자들의 압력 때문이었다.

오웬은 1825년 1월 3일 배 한 척을 빌려 자신을 찾아온 노동자 800명과 함께 미국으로 건너갔다. 그는 인디애나주에 실험공동체를 세우고 그 이름을 '뉴하모니(New Harmony)'라고 했다. 여의도 면적크기의 40배가 되는 땅이었다. 그는 모든 사람이 완전히 평등하게 일하고 생활하는 '협동마을(village of cooperation)'을 세웠지만, 사기꾼들에게 당해 1828년 재산을 날린 채 영국으로 돌아가고 말았다. 이에 김용관(2009)은 다음과 같은 아쉬움을 토로한다. "만약 그가 사기 당하지 않고 유토피아 건설의 꿈을 이루었다면 오늘날 세계는 어떻게 되었을까? 인류 역사상 가장 아쉬운 때는 1828년 오웬이 배를 타고 미국에서 영국으로 귀환한 바로 그 순간일지도 모른다."

그러나 그가 미국에 계속 남았다 하더라도 성공했을 것 같지는 않다. 오웬은 영국에 돌아가 다시 노동운동에 몰두하지만, 이 역시 실패로 끝나고 말았다. 그는 말년엔 강신술주의(Spiritualism)에 심취하면서, 사유재산과 결혼제도가 존재하는 한 "무지와 악행의 깊은 수렁에서 인간성을 끌어올리는 것은 실제로 헛된 노력이 될 것"이라는 비관적인 견해를 드러냈다. 뉴하모니는 오웬식 공동체로 20세기 후반까지 존속하지만 더이상 확산되진 못했다. 그의 구상은 훗날 이스라엘의 키부츠에서 그대로 실현된다.

오웬의 실험은 실패했지만 이후로도 다양한 공동체 시도가 끊임없이 이루어졌다. 스코틀랜드 출신의 젊은 여성 패니 라이트(Fanny Wright, 1795~1852)도 그런 시도를 한 사람 중의 하나다. 로버트 오웬과 함께 신문을 창간하기도 했던 그녀는 1828년 대중강연을 시작했는데,

라이트는 남녀혼성의 대규모 청중 앞에서 강연한 최초의 미국 여성이었다. 그녀는 '자유연애'와 인종문제 해결의 방안으로 종족 간의 혼교(混交)를 주장했는데, 이 주장으로 곧 "뻔뻔스러운 불경자이며 욕정에 빠진 방탕한 설교자"라는 비난을 받았다.

셰이커 · 오네이다 · 브룩농장 · 아미시

19세기 초반 미국에서는 셰이커교(Shakers) 같은 종교단체들이 생겨나는 등 영적 재각성운동이 활발하게 전개되었다. 셰이커교는 영국 여성 '머더' 앤 리('Mother' Ann Lee)가 1774년 뉴욕에서 창설한 신흥종교로, 풍요로움과 물질적 번영을 거부하면서 출생으로 인한 고통과 위협, 영아사망으로 인한 슬픔에서 여성을 구원하기 위해 독신을 주장했다. 남성들보다 2배 정도 더 많은 여성들, 특히 20세에서 45세까지의 가임기 여성들이 많이 참여했지만, 독신주의 교리 때문에 곧 쇠퇴하고 말았다. 지금까지도 소수의 추종자가 남아 있는 셰이커 운동의 전성기는 19세기 중반이었다. 1840년대에 북동부와 북서부 지역에 걸쳐 20여 개 이상의 공동체가 건립되었다. 집회구성원들이 큰 소리로 성가를 부르면서 죄를 털 듯이 몸을 흔드는 일종의 춤에서 이름을 따온 셰이커교는 남녀 간의 접촉을 엄격히 제한하고 남녀평등을 지지했다. 사실상 여성우위의 공동체운동이었다.

독신주의와는 정반대로 난교를 장려한 유토피아적 공동체 오네이다(Oneida)도 있었다. 1848년 존 험프리 노이스(John Humphrey Noyes, 1811~1886)가 뉴욕주에 세운 공동체다. 오네이다 '완전주의자들(Perfectionists)'은 가족과 결혼에 대한 전통적 개념을 거부하면서 모든 공동체주민들은 모두 다른 주민들과 '결혼' 한 것이며 영속적인 부부관계는 없다고 선언했다. 이렇듯 독신과 일부일처제를 비난했지만 그 대신 산아제한을 주장했다. 산아제한은 여성의 목적이며 남성의 의무였다. 특히 사정(射精)으로 끝나지 않는 긴 성교를 주장했으며, 남녀 모두 자신들의 성교상대자를 선택할 수 있는 권리를 갖도록 하고 성교의 배타적 관계를 금지했다. 오네이다 공동체는 흔히 알려진 것처럼 무제한적인 '자유로운 사랑(free love)'의 실험장은 아니었다. 공동체는 성행위를 세심히 감시했으며, 여성들은 원하지 않는 임신으로부터 보호되었다. 아이들은 자신의 부모는 거의 보지 못한 채 젖을 떼자마자 기숙사로 보내져 공동으로 양육되었다.

1840년대엔 오웬이 말년에 심취했던 강신술주의도 유행했다. 기본 교의는 살아 있는 사람과 죽은 사람의 영혼 사이에 의사소통이 실제로 가능하다는 것이었다. 이는 일반대중 사이에 일시적으로 유행했으나 결국 이단 종교운동이 되었다.

뉴잉글랜드 초월주의자들도 주거공동체를 시도했는데, 그 대표적인 것이 브룩농장(Brook Farm)운동이다. 보스턴의 초월주의자인 조지 리플리(George Ripley, 1802~1880)의 꿈이었던 브룩농장은 1841년 매사추세츠의 웨스트록스베리(West Roxbury)에 실험적인 공동체로 세워졌다. 그러나 개인의 자유라는 이상과 공동체사회의 요구 사이에서 생기는 갈등문제로 무너졌으며, 1847년의 화재로 완전히 끝나고 말았다. 초기 구성원 중의 한 사람이었던 작가 너새니얼 호손(Nathaniel Hawthorne, 1804~1864)은 나중에 브룩농장을 강하게 비판하는 등 공동체실험에 대한 환멸감을 나타냈다.

펜실베이니아의 아미시 마을. 아미시 공동체는 문명의 이기를 거부하고 전통적인 생활방식을 고수하고 있다.

    18세기에 스위스 등 유럽에서 종교박해를 피해 펜실베이니아로 건너온 메노나이트파(Mennonite)의 아미시(Amish) 공동체는 1860년대에 분파가 생길 정도로 성장했다. 1693년 재세례파에서 파생된 아미시는 교회 없이 신자 개인의 집에서 예배를 보며, 종교적인 이유로 세속적인 생활방식을 거부했다. 이들은 오늘날까지도 18세기의 검은 모자나 검은 양복을 입는 등 그 시절의 생활방식을 고수하고 있다. 이들은 병역기피, 아동의 취학거부 등으로 정부와 마찰을 빚으면서 일정부분 근대화하기도 했지만, 지금도 전기·전화·TV·자동차 등이 없는 생활을 하고 있다. 약 23만 명에 이르는 아미시 인구는 펜실베이니아의 랭커스터(Lancaster)에서부터, 오하이오, 인디애나, 캐나다 등에 이르기까지 여러 지역에 거주하고 있는데, 각 공동체별로 생활방식의 근대화 수준에 차이가 있다.

조지프 스미스의 몰몬교

주거공동체 실험에서 가장 괄목할 만한 종교단체는 예수그리스도교 후기성도(Church of Jesus Christ of Latter Day Saints), 즉 몰몬교(Mormonism)다. 몰몬교는 1823년 조지프 스미스(Joseph Smith, 1805~1844)라는 사람이 뉴욕에서 창설했다. 일종의 예언자인 이 사람은 모로니라는 천사에게서 황금판에 상형문자로 적힌 고대의 성구『몰몬경(The Book of Mormon)』을 선물로 받았다고 주장했다. 1827년 인디언의 고분에서 발견한 황금판을 번역하다보니 그것이 4세기경 아메리카의 예언자이며 역사가였던 몰몬이 쓴 것으로서 예수의 부활 이후 북아메리카를 방문한 두 이스라엘 민족의 지파에 대한 것임을 알게 되었다는 것이다.

『몰몬경』의 주요 내용은 이렇다. 레이(Lehi)라고 하는 경건한 유대인이 신의 명령으로 기원전 6세기에 아메리카로 건너와 자손을 낳고 아메리카 인디언들과 함께 살았다. 그의 후손들은 예수 그리스도의 부활 시 이스라엘로 건너가 이를 직접 목격했으며, 다시 아메리카로 돌아와 그리스도교의 교회를 세웠다. 이런 이야기다. 몰몬교도들은 예수그리스도가 재림하여 '후기성도' 몰몬교도들을 위해 이 땅에 낙원을 건설할 것이라고 주장한다.

스미스는 1830년 3월 뉴욕의 팔미라(Palmyra)에서 『몰몬경』을 출판했다. 성령을 받아 상형문자를 자기가 해독해 번역했다고 한다. 그는 구원은 죄를 회개하는 모든 사람들에게 약속되었다고 주장했고, 이미 죽은 사람들도 살아 있는 선도들의 중재로 구원받을지도 모른다는 독특한 교리를 내세웠다. 또한 몰몬교는 신도들에게 종교적 욕구뿐 아니라 물질적·사회적 안전을 제공하는 책임을 떠맡는 방식을 취했다.

1834년 스미스는 일부다처제를 요구했고 이에 대한 대중의 분개는 몰몬교 박해로 이어졌다. 게다가 다른 교리마저 이단판정을 받아 몰몬교도는 다른 기독교도들의 증오대상이 된 가운데 이리저리 떠돌아다녀야만 했다. 원래 정착지였던 미주리주의 인디펜던스와 오하이오주의 커틀랜드(Kirtland) 등에서 쫓겨나 1839년 일리노이주의 나우부(Nauvoo)에 정착했는데, 이곳에서 1840년대 초 경제적으로 성공을 거둔 2만여 명의 공동체를 구축할 수 있었다.

1844년 스미스는 미국의 대통령직 후보로 나설 만큼 자신감이 충만했으며, 외국의 도움을 받아 미국 남서부에 새 몰몬 식민지를 세우려는 계획마저 세웠다. 그러나 바로 그해에 스미스는 미국 정부에 대해 음모를 꾸몄다는 반란죄로 체포돼 나우부 근처의 카티지(Carthage)에 수감되었다. 분노한 군중들이 감옥을 공격해 스미스와 그의 동생 하이럼(Hyrum Smith, 1800~1844)을 살해했다. 이게 일반적인 역사책들에 나와 있는 이야기인데, 코르트(Korth 2009)의 주장은 좀 다르다.

"스미스는 종교창시자로서 모범을 보이기 위해 사랑의 환락을 함께 누릴 50명의 여자를 거느렸다. 이것은 일부일처제를 옹호하는 사람들에게 혐오감과 분노를 불러일으켰다. 다른 종파의 신도들이 붙여준 이름인 '몰몬교도'들은 어디에서도 정착하지 못하고 교구에서 쫓겨났다. 계율을 배반한 교회신도들도 스미스의 삶을 어렵게 만들었다. 그들이 독자적인 신문에서 스미스를 성도착적인 호색한으로 공격하자 그는 남동생과 함께 인쇄소에 난입하여 인쇄기를 파괴했다. 그 때문에 두 사람은 보안관에게 체포당했다. 그 도시에서는 분노가 끓

어올랐다. 선동을 받은 군중들이 감옥을 습격하여 두 피의자를 총으로 쏘아 죽인 후 교회를 부수고 신도들을 도시 밖으로 쫓아냈다."

몰몬교도의 서부행

어떤 이유에서였건 스미스가 살해당한 건 분명한 사실이고, 지도자 없이 방황하게 된 몰몬교도들은 새로 나타난 강력한 지도자 브리검 영(Brigham Young, 1801~1877)의 지도 아래 재규합했다. 이들은 박해를 받지 않기 위해 서부의 끝으로 가기로 했다. 1847년 영과 소수의 몰몬교도는 새로운 약속의 땅인 지금의 유타주 그레이트 솔트레이크(Great Salt Lake) 유역으로 가 공동체생활을 시작했다. 이들은 황야에서 거대한 소금호수를 발견했다. 인디언들이 염분이 있는 불모의 땅이라고 피해왔지만, 몰몬교의 물결이 유타로 통하는 길을 따라 이어지면서 그곳은 서부로 통하는 주요통로가 되었다. 그에 따라 몰몬교도는 여행객들로부터 상당한 수입을 올리는 동시에 수로를 파고 관개법을 개발해 농사를 지음으로써 자립의 기반을 닦을 수 있었다.

1848년 몰몬교도들의 삶의 터전에 메뚜기떼(grasshoppers)가 습격해 모든 농작물이 황폐화될 위기에 처했다. 그런데 이때에 갈매기떼(gulls)가 나타나 메뚜기떼를 잡아먹는 거짓말 같은 일이 벌어졌다. 몰몬교도들은 갈매기떼에 감사하는 의미에서 솔트레이크시티 템플스퀘어(Temple Square)에 '바다 갈매기 기념비(The Sea Gull Monument)'를 건립했다. 기념비에는 "몰몬교도들에게 내려진 하나님의 자비심을 기념하기 위하여(In grateful remembrance of the mercy of God to the Mormon pioneers)"라는 글이 새겨져 있다.

당시 메뚜기떼는 대평원의 모든 농민들에게 악몽과 같은 괴물이었다. 메뚜기떼가 구름처럼 몰려들면 그 소리는 마치 우박이 쏟아지는 것과 같았으며, 가끔은 대지를 4~6인치의 깊이로 덮곤 했다. 모든 농작물은 초토화되었고, 질주하던 기차마저 멈춰서야 할 정도였다. 19세기 후반 내내 미국 전역에서 농민들과 정부는 '메뚜기와의 전쟁'을 벌이게 된다.

1850년 유타는 준주의 정부기관을 받아들였고, 브리검 영이 주지사가 되었다. 몰몬교도들이 연방정부의 권위를 인정하지 않는 가운데 1852년 브리검 영은 몰몬교도들에게 모두 일부다처제를 실시하도록 강력하게 명령했다. 연방정부는 이 문제와 더불어 몰몬교도들이 연방정부에 따르지 않는다는 이유로 토벌대를 보냈다. 강제해산의 운명을 맞은 몰몬교도들은 1855년 2개의 연방요새를 불 지르고 120명에 달하는 이민자들을 학살하는 등 극력 저항했다. 결국 이 문제는 우여곡절 끝에 뷰캐넌 대통령의 친구이며 몰몬교도들에게 매우 동정적이었던 토머스 L. 캐인(Thomas L. Kane, 1822~1883)의 중재로 해결되었다.

몰몬교도의 일부다처제는 지속되었다. 일부다처제의 반대논리는 '여성억압'이었는데, 몰몬 여성들은 때때로 집회를 열어 일부다처제를 옹호한다고 선포함으로써 이 문제를 아주 복잡하게 만들었다. 몰몬교도들은 진보에 대한 신념, 가족에 대한 헌신, 물질적 번영추구 등 여러 면에서 지극히 미국적이었지만, 이 문제에서만큼은 내내 연방정부는 물론 다른 미국인들과 갈등을 빚게 된다.

호러스 그릴리는 1859년 7월 13일 솔트레이크시티에서 몰몬교의 지도자 브리검 영과 인터뷰를 해 『뉴욕 트리뷴』 8월 20일자에 게재했

1870년 콜로라도강 근처에 모인 몰몬교도들. 가운데 큰 비버 모자를 쓰고 앉아 있는 사람 중 한 명이 브리검 영이다.

다. 이 기사는 제대로 형식을 갖춘, 저명인사와의 현대적인 인터뷰의 시초로 간주된다. "왜 몰몬교도는 '혐오와 증오'의 대상이 되었느냐"는 그릴리의 질문에 브리검 영은 "예수가 십자가에 못 박히고 그밖의 역사 속에 나타난 신의 사제들, 예언자와 성인들이 받은 수난"과 유사하다고 주장했다.

영국 탐험가 리처드 F. 버튼(Richard F. Burton, 1821~1890)은 1860년 브리검 영을 만나 나눈 대화를 『성인들의 도시, 그리고 로키산맥을 넘어 캘리포니아까지(The City of the Saints and Across the Rocky Mountains to)』(1861)에 실었다. 이 책은 몰몬교도에 대한 최초의 공평한 탐방기로 평가받는데, 버튼은 몰몬교도들이 처해 있는 상황에 비추어 볼 때에 그들의 일부다처제가 일리가 있다고 옹호했다. 이 책에 브리검 영의 아내가 17명인 것으로 나와 있는데, 정식 부인만 18명이었고 실제로는 27명이었다는 설도 있다. 브리검 영은 1875년 15번째 부인으로부터 이혼소송을 당했는데, 끝내 동의해주지 않고 2년 후에 세상을 떠났다.

1870년대에 브리검 영은 천년왕국을 믿는 몰몬의 정신이 약해지고 있음을 감지하고는 그에 대응하여 몰몬교도들에게 협동조합 촌락을 구성할 것을 촉구했다. 이 생각을 수용한 몰몬교도는 많지 않았지만 10년 넘게 오더빌(Orderville) 등 일부 마을엔 완전한 공산적 공동체가 완성되었다. 1880년경 신자수는 30만 이상에 이르렀다. 1890년 연방의회가 일부다처제 금지법을 통과시키자, 그해 9월 24일 브리검 영의 후계자인 윌포드 우드러프(Wilford Woodruff, 1807~1898)는 교도들에게도 일부다처제를 정식으로 금하는 칙령을 발표했다. 1896년에는 일부다처제를 폐기했다고 정부를 설득함으로써 유타도 주로 받아들여졌다. 45번째 주였다.

몰몬교도의 공동체생활

몰몬교는 탄생 초기부터 흑인차별을 해왔는데, 1978년 6월 9일 몰몬교의 지도자 스펜서 킴볼(Spencer Kimball)은 "이제 성직은 인종이나 피부색을 고려하지 않고 누구에게나 개방된다"고 선언했다. 그러나 여성차별은 지속되었다. 1890년 공식적인 일부다처제 포기 이후에도 중혼(重婚)은 비밀리에 계속되었다. 열성신도인 로이스턴 포터(Royston Potter)는 반일부다처제 법안에 대한 위헌소송을 제기했지만 1985년 패소판결을 받았다.

오늘날의 몰몬교는 어떠한가? 벨(Bell 1990)은 몰몬교는 처음엔 도덕

지상주의에 대한 저항으로부터 시작된 진보적인 계시(啓示)신앙이었지만, 시간이 흐르면서 보수주의의 아성으로 변화되고 말았다고 말한다. 몰몬교도는 오늘날에도 비신앙인을 멀리하면서 자기들만의 공동체생활을 하고 있다. 비신앙인이 그 공동체지역에서 살기는 어렵다. 왕따를 당하기 때문이라고 한다. 이와 관련, 솅크먼(Shenkman 2003)은 다음과 같이 말한다.

"유타주에서 몰몬교 지도자들은 헌법이 신의 영감을 받아 작성된 문서라고 가르치고 있다. 만약 유타를 방문한 사람이 미국 헌법은 인간의 작품에 지나지 않는다고 말한다면 그는 곤란한 입장에 빠지게 된다. 유타에 살면서 건국의 아버지를 '정치가들'이라고 부르면 그것은 언쟁을 일으키는 결정적 빌미가 된다. 그렇게 되면 친구를 사귈 수 없는 것은 물론이다."

예이츠(Yates 2008)는 "종교가 없는 사람이나 (심지어 종교인들조차) 유타와 몰몬교가 광신적이라고 생각한다. 초보수적이고 배타적이며 여성을 철저히 억압하며 은밀하게 일부다처제를 시행하기 때문이다"라며 다음과 같이 말한다.

"몰몬교도는 인디언의 땅을 빼앗았고, 인디언의 부모와 자녀를 강제로 떼어놓은 뒤 인디언 아이들을 신실한 몰몬교도로 교육시켰다. 몰몬교도는 이교도 정착자를 살해했다. 몰몬교는 유사종교를 여럿 탄생시켰다. 그러나 연대, 공동선을 위한 희생, 지상에서 행복한 삶을 누릴 수 있다는 가능성에 대한 믿음, 자급자족 같은 점은 주목할 만한 집단인 이들에게 우리가 배워야 할 점이다."

현재 몰몬교의 신도는 900만에 이르며 계속 번영의 길을 걷고 있다.

수도 워싱턴에 거대한 황금탑 사원을 지어 교세를 과시하고 있으며, 한국을 비롯하여 전 세계에 선교사를 파견하고 있다. 브리검 영이 교사양성을 목적으로 1876년에 개교한 브리검영대학은 교육수준이 우수하면서도 학비가 싼 대학으로 유명하다. 2009년 현재 연간학비는 4290달러(몰몬교 신자는 2145달러)인데, 다만 입학을 위해선 재학중 음주와 흡연을 하지 않고 이성과 동거하지 않는다는 서약을 해야 한다.

솔트레이크시티는 첨단산업의 도시로도 유명하다. 황유석(2000)은 "몰몬교, 소금호수로 알려진 솔트레이크시티의 21세기 트레이드마크는 '첨단' 이다. 바닷물보다 짠 호숫물과 몰몬교의 엄격한 신앙생활을 체험하기 위한 관광객이 여전히 끊이지 않지만 솔트레이크시티를 지탱하는 힘은 이미 오래전에 첨단 테크놀로지로 옮겨갔다" 며 다음과 같이 말한다.

"몰몬교도가 사막 위에 도시를 건설할 때 이 지역 경제는 석탄, 천연가스, 우라늄, 구리 같은 광업이 대부분이었다. 그러나 지금은 하이테크 네트워크가 가장 잘 조성된 미국 내 46개 도시 중 하나, 창업환경이 가장 좋은 3대 도시 중 하나가 됐다. 솔트레이크시티가 고전적 산업에서 첨단과학도시로 탈바꿈할 수 있었던 것은 풍부한 고급두뇌 때문이다. 유타주립대, 유타대, 브리검영대 등 3개 대학에서 배출하는 인력이 주·시 정부의 산학연구 프로그램과 어우러지면서 첨단 창업 열기를 고취시켰다. 자동소총, TV, 입체음향기술, 인공심장, 컴퓨터 그래픽, 워드프로세서 등이 솔트레이크시티에서 처음 만들어졌다는 것은 과학도시로서의 기반이 결코 작지 않음을 보여주는 사례이다."

비록 독립국가를 세우려는 몰몬교도의 꿈은 실현되지 못했지만,

'협동'과 번영의 꿈은 이룬 셈이다. 다만 문제는 그 협동이 다른 집단에 대한 배타성에 기반을 둔 것이라는 데에 있다. 이는 모든 공동체가 안고 있거나 직면하게 되는 영원한 숙제이리라.

참고문헌 American Heritage Magazine 1985, Bell 1990, Boorstin 1991, Brinkley 1998, Brooks 2001, Davis 2004, Englert 2006, Evans 1998, Hobsbawm 1998, Korth 2009, Land & Land 2009, Limerick 1998, Miller 2002, Moore 2009, Persons 1999, Shenkman 2003, Sheumaker 2007, Solberg 1996, Strathern 2002, Time-Life 1988, Yates 2008, 김용관 2009, 김정열 2001, 손정희 2001, 양동휴 외 1997, 유종선 1995, 진인숙 1997, 황유석 2000

"만국의 노동자여, 단결하라!"
카를 마르크스의 『공산당선언』

'인류사는 계급투쟁의 역사'

1848년 2월 21일 카를 마르크스와 프리드리히 엥겔스(Friedrich Engels, 1820~1895)는 『공산당선언(Communist Manifesto)』을 발표했다. 마감시간이 다 돼야만 움직이는 마르크스가 밤새도록 미친 듯이 휘갈겨 쓴 것이었다. 이 23쪽짜리 '삐라'가 베를린과 런던 거리에 뿌려지면서 이제 세상은 자본주의 대 사회주의라는 대결구도의 격랑 속으로 빠져든다. 이 선언은 다음과 같은 호소로 시작한다.

"유령 하나가 유럽을 떠돌아다니고 있다. 공산주의라는 유령이다. 옛 유럽의 열강들은 이 유령을 몰아내기 위해 신성동맹을 맺어 다 함께 뭉쳤다. …… 집권하고 있는 적들로부터 공산주의라는 비난을 받아보지 않은 반대파가 있는가? 또한 좌파든 우파든 자신의 적들에게 공산주의자라는 불명예스러운 수식어를 들려준 적이 없는 반대파가 있는가? 여기에서 두 가지의 가르침이 도출된다. 이미 공산주의는 유럽의 모든 열강들에 의해 하나의 세력으로 인정되었다. 이제 공산주의자들이 전 세계 앞에서 그들의 견해, 목표, 경향을 발표하고, 공산주의의 유령에 관한 이야기에 공산당선언 그 자체를 맞서게 해야 할 때이다. 바로 이런 목적을 위해 다양한 국적의 공산주의자들이 런던에 모여 다음과 같은 선언문을 작성하였고, 이 선언문은 영어, 프랑스어, 독일어, 플랑드르어, 덴마크어로 출판될 것이다."

이어 『공산당선언』은 다음과 같이 말한다.

"오늘날까지 모든 사회의 역사는 계급투쟁의 역사였을 뿐이다. 자유시민과 노예, 귀족과 평민, 영주와 농노, 길드 장인과 직인, 한마디로 압제자와 피압제자들이 항상 대립하고 있으면서 때로는 숨어서 중단 없는 전쟁을 이끌어왔으며, 이 전쟁은 사회 전체의 혁명적인 변화나 투쟁하고 있는 두 계급들의 파괴로 끝을 맺었다. …… 사회는 점점 더 적대적인 양대 진영, 서로 정반대로 맞서고 있는 커다란 두 계급으로 나뉘는데, 그 두 진영이란 부르주아와 프롤레타리아이다."

그리곤 다음과 같은 말로 끝맺는다.

"노동자들이 잃을 것은 사슬이요, 얻을 것은 세계다. 만국의 노동자여, 단결하라!"

이 선언에 대해 움베르토 에코(Umberto Eco)는 "베토벤 교향곡 5번처럼 가공할 만한 고막의 울림과 함께 시작된다"며 "종말론적 어조와 아이러니가 번갈아 나타나는 아주 굉장한 텍스트"라고 격찬한다. 존슨(Johnson 1999)은 이게 다 남의 말을 교묘하게 짜깁기해서 만들어낸 말이라며 "19세기 말의 4반세기 동안 마르크스 철학을 망각의 늪에서 끌어낸 것은 무엇보다도 간결하고 명쾌한 문장을 구사하는 저널리스트적인 감각이었다"고 주장한다.

『공산당선언』을 어떻게 평가하건 이것이 인류사에 미친 영향이 지대하다는 데엔 이견이 있을 수 없다. 이 선언 이후 유럽 각국에서 혁명 시도가 동시다발적으로 명멸(明滅)했으며, 각국 정부는 내부갈등을 밖에서 해소하기 위해 약소국들을 희생으로 삼는 팽창주의 전략에 박차를 가하게 되었다.

'특별한 미국의 조건들'

그러나 『공산당선언』이 미국에서 곧장 공포나 반격의 대상이 된 건 아니다. 늘 노동계급을 염두에 둔 호러스 그릴리는 1850년대 사회주의사상의 보급에 몰두하여 마르크스를 런던 특파원으로 고용했다. 마르크스는 사실상 언론인이기도 했다. 유대인 변호사의 아들로 태어나 공부하다가 일찌감치 교수직을 포기한 마르크스는 새로 창간된 과격지 『라인 신문(Rheinische Zeitung)』의 논설위원으로 출발해 1842년 10월에 주필이 됐지만 프로이센 왕정체제를 집중 공격하다가 정간 처분을 당해 1843년 3월에 사임했다. 마르크스는 다시 1848년 독일의 쾰른에서 한 신문(『신라인 신문, Neue Rheinische Zeitung』)을 인수하여 투쟁의 수단으로 이용했다. 그는 나중에 이 도시에서 추방되었는데, 마지막호를 전부 빨간 잉크로 인쇄했다.

마르크스는 1852년부터 1862년 사이에 혼자서 또는 프리드리히 엥겔스와 함께 『뉴욕 트리뷴』의 유럽 통신원 자격으로 모두 362편의 글을 썼다. 마르크스는 글 1편당 1파운드를 받았고 이는 그의 만성적인 가난을 해소하는 데에 큰 도움이 되었다. 마르크스의 글은 당시 가장 인정받는 글로 여러 곳에서 재인쇄되었다. 1852년 『뉴욕 트리뷴』의 발행부수는 20만 부로 매우 영향력 있는 신문이었다.

마르크스는 1867년 9월 14일 『자본론(Das Kapital)』 1권을 출간했다. 2, 3권은 그의 사후 노트 형식으로 적어놓은 것을 처음에는 엥겔스가, 그후에는 카우츠키(Karl Johann Kautsky, 1854~1938)가 편집한 것이다. 함부르크에서 1000부를 찍은 초판에 대한 반응은 냉랭했다. 그는 이 책을 출간해 그것을 쓰는 동안 피웠던 담배값을 지불할 만한 정도의 돈도 얻어내지 못했다고 불평했다. 그간 자신의 귀족신분을 과시하면서 낭비벽이 심하고 노동의욕이 없어 사실상 아내 예니(Jenny von Westphalen, 1814~1881)와 친구 엥겔스를 등쳐먹고 살았다고 해도 과언이 아닌 마르크스는 또 엥겔스에게 돈을 좀 달라고 손을 내밀지 않을 수 없었다.

마르크스가 분석의 대상으로 삼은 자본주의(資本主義, capitalism)라는 개념은 19세기에 처음 등장했다. '노동자를 부리는 자본가(capitalists for having labor at demand)'라는 말은 영국 작가 새뮤얼 테일러 콜리지가 1823년 발표한 「식탁에서의 대화(Table Talk)」에서 처음 사용했는데, 이러한 생각을 한 세대 후에 마르크스가 구체화시켰다. 그러나 통념과는 달리 마르크스의 저술에서는 자본주의라는 용어가 등장하지 않으며, 자본주의적 생산양식이라는 개념만 나온다.

엥겔스는 "다른 민족들을 억압하는 어떤 민족도 자유로워질 수 없다"고 했지만, 이는 사실상 마르크스주의의 한계를 지적한 것과 다를 바 없었다. 마르크스주의는 제국주의 국가들이었던 서구에선 다 실패했으니까 말이다. 엥겔스는 1870년경 영국 노동자계급이 '부르주아 노동자계급'으로 변절했다고 개탄했지만, 미국에선 변절하고 말 것도 없이 마르크스주의가 별 영향력을 행사하지 못했다. 1851년 엥겔스도 미국의 특별함을 인정할 정도였다. 그는 '특별한 미국의 조건들'을 지적하면서 미국인들이 자신들의 제도에 만족하고 있기 때문에 미국은 유럽 사회주의자들이 주창하는 혁명의 대상에서 저만큼 비켜나 있다고 했다.

실제로 1848년 혁명시도의 실패 이후 미국으로 건너간 마르크스 추종자들은 1857년 10월 뉴욕에서 시민적 소유권의 폐지를 주장하는 '공산주의 클럽'을 결성하기도 하지만, 대부분 사회주의를 버리고 미국의 자유주의에 동화되고 말았다. 왜 미국은 마르크스주의가 침투할 수 없는 특별한 나라인지 그 이유를 놓고 이제 곧 학자들 사이에 열띤 논쟁이 벌어지게 된다.

미국 여권운동의 탄생

미국에서 마르크스주의보다 더 활발한 건 여성운동이었다. 여성운동은 1830년대에 여성들을 위한 신문과 잡지들이 창간되면서 시작되었지만, 여성단체활동을 중심으로 한 여권운동의 탄생은 『공산당선언』이 나온 해인 1848년의 여름에 이루어졌다.

엘리자베스 케이디 스탠턴(Elizabeth Cady Stanton, 1815~1902)과 루크리셔 모트(Lucretia Mott, 1793~1880)는 1840년 런던에서 열린 세계노예제반대회의(World's Anti-Slavery Convention)에 참석했다가 여성은 커튼 뒤 난간에 앉으라는 말을 듣고 분개했다. 노예제 폐지를 주장한 인사들 중엔 윌리엄 로이드 개리슨만이 유일하게 여성의 평등권을 지지했는데, 그는 일부러 여성들 옆에 앉았다.

스탠턴과 모트는 미국에 돌아와 런던에서의 수모를 와신상담(臥薪嘗膽)의 계기로 여기며 여성운동에 헌신했다. 1848년 7월 14일 이들은 스탠턴의 고향인 뉴욕주의 세네카폴스(Seneca Falls)에서 역사상 처음으로 여권대회를 조직했다. 260명의 여성이 참석했으며 여성의 권리에 찬성하는 40명의 남성들도 함께했다. 대회의 마지막 순서에는 백 명의 사람이 행동선언에 서명했는데, 이 선언의 초안을 작성한 여성들은 스탠턴만 제외하곤 모두 퀘이커교도들이었다. 세네카폴스 선언은 다음과 같이 밝혔다.

"우리는 이 진리들, 즉 모든 남성과 여성은 평등하게 창조되었다는 것이 자명함을 믿는다. …… 인류의 역사는 여성에 대해 완전한 독재를 확립하려는 직접적 목적을 가진 남성들이 여성에게 행한 계속적인 침해와 강탈의 역사이다. …… 남성은 결코 여성의 빼앗길 수 없는 효율적인 선거권의 행사를 허용한 적이 없다. …… 남성은 (만약 결혼을 했다면) 여성을 법적인 견지에서 볼 때 민사상 죽은 사람이나 마찬가지의 수준으로 떨어뜨렸다."

당시 여권은 노예제 폐지보다 훨씬 낮은 수준의 운동으로 여겨지고 있었다. 프레더릭 더글러스마저 여성의 권리주장에 공감하면서도 노예제보다는 중요성이 떨어지는 것으로 생각했다. 나중에 흑인남성들의 참정권을 확대한 수정헌법 14조(1866년 발의, 1868년 비준) 제정 당시 여성들은 자신들도 포함시켜줄 것을 요청했지만 거부당했다. 1869년 스탠턴은 수잔 B. 앤터니(Susan B. Anthony, 1820~1906)와 함께 전국여성참정권협회를 조직하고, 『혁명(Revolution)』지에 그들의 주장을 발표했다. 1872년 앤터니는 대통령 선거에서 투표를 시도한 죄로 다른 12

엘리자베스 케이디 스탠턴과 수잔 B. 앤터니(왼쪽), 루크리셔 모트(오른쪽).

명의 여성 참정론자들과 함께 체포돼 벌금형을 받았다.

　나중에 벌금형은 취소되었지만, 이런 운동의 와중에서 여성운동가들은 강경론과 온건론으로 양분되었다. 강경론자들은 전국여성참정권협회(NWSA)의 스탠턴을 중심으로 집결했고, 온건론자들은 미국여성참정권협회(AWSA)를 출범시켰다. 이 두 조직은 1890년 스탠턴을 초대 회장으로 한 전미여성참정권협회(NAWSA) 아래 하나로 통합하게 된다. 그러나 이들은 먼 길을 가야만 했다. 세네카폴스 집회에 참석한 300명 중 생전에 여성이 투표권을 획득하는 것(1920)을 볼 수 있었던 사람은 오직 샬롯 우드워드(Charlotte Woodward)뿐이었다.

　종교라고 해서 여성운동의 무풍지대일 수는 없었다. 1853년 한 개신교 교파에서 최초의 여성목사가 배출된 후로 다른 교파들에서도 잇따라 여성목사들이 나왔으며, 1895년에는 『여성의 성서(Women's

Bible)』가 간행되면서 여성신학이 나타나게 된다. 1868년엔 미국 최초의 여성 의사가 된 엘리자베스 블랙웰(Elizabeth Blackwell, 1821~1910)이 뉴욕에 최초의 여자의과대학을 설립했다.

여권향상엔 이런 일련의 운동과 더불어 기술발전이 큰 영향을 미쳤다. 1845년 시계공이었던 일라이어스 하우(Elias Howe, 1819~1867)가 발명한 재봉틀은 1분에 250바늘을 꿰맬 수 있었다. 아이작 싱어(Issac Merritt Singer, 1811~1875)는 1851년에 이보다 능률이 좋은 재봉틀의 특허권을 얻어 싱어 회사라는 처음으로 가장 근대적인 제조공업 주식회사 중의 하나를 출현시켰다. 그는 2년 뒤 뉴욕에 공장을 세워 대량생산에 들어가고 1860년엔 세계 최대의 재봉틀 생산회사로 만들면서 미국은 물론 전 세계로 싱어 재봉틀을 수출하게 된다. 이로 인해 의복제조혁명이 일어났으며 기성복과 제화산업이 번성하기 시작했다. 여성의 가사노동 시간이 한결 줄었다는 건 두말할 나위가 없다.

기술은 여성을 해방시키는 효과를 가져올 뿐만 아니라 마르크스주의를 좌절시키는 결과마저 초래하게 된다. 처절한 자본주의 경쟁체제가 꼭 기술발전에 유리한 건 아닐지라도 적어도 기술발전과 친화적인 관계는 맺게 되니 말이다. 또 기술발전이 늘 민중의 삶을 향상시키는 결과를 가져오진 않지만, 그것에 대한 적응과 기대는 계급투쟁을 대체하거나 약화시키는 효과를 내게 된다.

참고문헌 Attali 2006, Ayck 1992, Braudel 1995-97, Brinkley 1998, Coser 1978, Currid 2009, Davis 2004, Emery & Emery 1996, Felder 1998, Johnson 1999, Kagarlitsky 외 1998, Marx & Engels 1959, Porter 1998, Stephens 1999, Strathern 2002, Watkins 1995, Zinn & Stefoff 2008, 길인성 1998, 김봉중 2001, 김윤성 2003, 김학준 1997, 류형열 2009, 이보형 2005, 차상철 외 1999

"젊은이들이여, 가라! 서부로!"
캘리포니아 골드러시

"오 신이여! 제가 금광을 발견했습니다"

1843년은 '대이동의 해'였는데, 이때에 신문들은 광고로 톡톡히 재미를 보았다. 특히 미주리 지역신문에는 "오리건으로 떠나는 호송마차에 관심이 있는 사람은 오는 3월 마차와 짐승들을 데리고 슬래핑그로브 모일 것" 등과 같은 광고가 이후 여러 해 동안 계속 게재되었다. 오리건은 1818년부터 영국과 미국이 공동으로 관리한 영토였다. 이런 광고를 보고 몰려든 이주자들은 1843년에는 1000명, 1844년에는 4000명, 1845년에는 5000명에 이르렀고, 최초의 대륙횡단철도가 준공된 1869년까지 수십만 명이 서부로 떠나게 된다.

1843년을 '대이동의 해'라고 부르는 이유는 머나먼 서북부로 향하는 수송마차 행렬이 그해 처음으로 줄을 잇기 시작했기 때문이다. 대이동은 목숨을 건 모험이었다. 5개월 동안 3200킬로미터의 강행군을 해야 하는데다 로키산맥이라는 장벽과 인디언들의 공격에 시달려야만 했다. 이 여정에서 목숨을 잃은 사람만도 2만 명 이상이었다.

대이동은 1843년에 시작되었지만, 그걸 증폭시킨 대사건이 일어났다. 아니 그 사건은 대이동만 부추긴 게 아니라 미국인들의 '명백한 운명'을 종교의 수준으로 격상시켜주었다. 데이비스(Davis 2004)가 잘 지적했듯이, "미국은 멕시코전쟁에서 비교적 적은 대가를 치르고 신속하게 승리하여 '명백한 운명'의 꿈을 달성했다. 그리고 나자 이번에는 아메리카 대륙횡단은 신의 뜻이라는 일반적인 통념을 확인시켜주는 듯한 사건이 일어났다." 그 사건은 바로 '골드러시'였다.

1848년 1월 24일 오전 7시 30분 샌프란시스코 동쪽의 아메리칸강(American River)에서 제재소를 짓고 있던 뉴저지 출신의 목수 제임스 W. 마셜(James W. Marshall, 1810~1885)이 물속에서 무엇인가를 발견했다. 그는 곧 "오 신이여! 제가 금광을 발견했습니다"라고 외쳤다. 그러면서도 믿기지 않았는지 그는 사흘간 밤잠을 설쳐가면서 끓는 비눗물 안에 가루를 넣어 진짜 금인지 시험해보기도 하고, "이게 정말 금이라면 어떡하나" 하며 고민했다.

당시의 샌프란시스코는 프란치스코 수도회의 이름을 따서 불리던 지역으로 보잘것없는 어촌에 불과했다. 마셜이 금을 발견한 땅과 건설중이던 제재소의 주인은 14년 전 스위스에서 이주해온 요한 아우구스트 수터(Johann August Suter, 1803~1880)였다. 그는 뉴욕에서 각종 장사를 해서 모은 큰돈으로 당시 헐값이던 샌프란시스코의 토지를 방대한 규모로 사들였다. 1월 28일 자신이 고용한 마셜의 보고를 받은 수터는 자신이 곧 세계 최고의 부자가 되는 꿈에 몸을 떨면서 마셜을 비롯한 모든 일꾼들에게 '비밀'을 외쳤다. 그러나 그게 어찌 가능한 일이었겠는가. 정확히 8일 후, 비밀은 밖으로 새어나갔다. 수많은 무법자들이 무서운 속도로 몰려들더니 수터의 농장을 황폐화시켰다. 소유권을 존중받을 수 없는 무법천지였기에 수터는 세계 최고의 부자가 되기는커녕 순식간에 쫄딱 망하고 말았다. 아내마저 병사했다.

2년 동안 진행된 미국-멕시코전쟁의 종전교섭이 끝난 1848년 2월 2일 이후에야 캘리포니아가 미국의 영토가 되었기 때문에 마셜이 금을 발견했을 때 캘리포니아는 멕시코 땅이었다. 미국은 금이 발견된 지 4개월 뒤인 5월 30일에야 1500만 달러를 지불해 캘리포니아에 성조기를 꽂을 수 있었다.

캘리포니아 전신망이 부설된 해는 1861년이었기 때문에 이때 캘리포니아 금발견 뉴스가 동부 연안까지 알려지기까지는 수개월이 걸렸다. 1848년 12월 8일에서야 제임스 포크 대통령은 금발견 루머가 사실임을 확인하는 메시지를 의회에 보냈다. 연방정부는 서부개척을 위해 금광발견 사실을 적극 홍보하고 나섰고, 이후 투기광기가 미국 전역을 휩쓸기 시작했다.

1848년 대선-재커리 테일러

금광발견에 대한 연방정부의 공식확인은 12월 8일이었지만, 오래전부터 소문은 무성해 미국 전역이 들뜬 분위기였다. 그런 흥거운 상황에서 1848년 대통령 선거가 치러졌다. 포크가 재출마를 포기하자 민주당은 둔감한 노정객인 미시간 출신의 루이스 카스를 대통령 후보로 지명했다. 휘그당은 전쟁영웅인 루이지애나 출신의 재커리 테일러를 지명했다.

두 후보 모두에게 만족할 수 없었던 노예제 반대자들의 불만 속에 자유토지당(Free-Soil Party)이 등장했다. 이 당은 기존의 자유당 사람들, 휘그당과 민주당의 노예제 폐지진영 등을 규합했다. 자유토지당의 후보는 전 대통령 마틴 밴뷰런이 나섰다. 선거결과는 테일러가 카스에게 박빙의 승리를 거둔 것으로 나타났다. 밴뷰런은 한 주도 먹지 못했지만 전 국민투표의 10퍼센트인 29만1000표를 획득했으며, 자유토지당은 10명의 의원을 의회에 진출시켰다.

휘그당의 전쟁영웅 찾기는 한 편의 코미디를 방불케 했지만, 그게 미국 정치의 오랜 전통인 걸 어이하랴. 후보물색의 책임을 맡은 설로 위드(Thurlow Weed, 1797~1882)는 재커리 테일러의 동생을 만나 탐문했다. 동생은 솔직하게 형에겐 정치적 원칙 같은 건 없다고 답해주었다. 그럼에도 위드는 "당신의 형은 우리들의 다음 대통령이 될 것입니다"라고 말했다. 이에 동생은 "형이 미국 대통령에 적합하지 않기로는 저와 매한가지라는 점을 말씀드렸으면, 당신의 제안이 말이 안된다는 것을 아서야 할 텐데요"라고 쏘아붙였다.

그러나 중요한 건 정치원칙이 아니라 표를 얻을 수 있는 전쟁영웅이었다. 훗날 해리 트루먼은 테일러에 대해 "너그럽게 봐줄 수가 없다. 그가 자기 정책을 수행하지 못했다고 말할 수도 없다. 그는 수행할 어떤 정책 프로그램도 갖지 않았다"고 평했다.

제12대 대통령 테일러는 겸손하고 평범한 사람의 전형이었다. 그는 군에 있을 때에도 높은 계급을 나타내는 군복을 거의 입지 않은 촌로의 모습으로 지내는 바람에 심지어 사병들까지도 그를 늙은 농부로 오인한 일이 있었을 정도였다. 퇴임하는 제임스 포크는 테일러의 취임식 날에 다음과 같은 말을 했다.

"나는 테일러 장군이 마음씨 좋은 노인이라는 사실을 믿어 의심치 않는다. 그러나 그는 교육을 받지 못했고, 공적인 일에 대해서는 극도로 무지하다. 하다못해, 아주 평범한 능력을 요하는 일에도 무지하다는 것이 내 판단이다. 그는 다른 사람의 손에 놀아날 것이고, 그리고 정부를 운영하는 데 있어서도 전적으로 내각에 의존할 것임에 틀림없다."

수터의 비극과 '나의 사랑 클레멘타인'

그러나 광란의 캘리포니아 골드러시 앞에서 대통령의 자질은 별 의미가 없었다. 1849년 한 해에만 수십만 혹은 그 이상의 사람들이 서부로 미친 듯이 내달렸다. '포티나이너(forty-niner, 49년에 온 사람들)'라는 말이 "일확천금을 노리는 사람들"이라는 뜻으로 영어사전에까지 올라 있는 것도 이 때문이다. 오늘날에도 샌프란시스코 미식축구팀의 별명은 '포티나이너스(Forty-Niners)'다. 1850년 7월 샌프란시스코만에는 500척의 유령선이 정박해 있었는데, 이는 선원들이 모두 금을 찾기 위해 배를 내버리고 떠났기 때문이었다. 캘리포니아의 인구는 골드러시 이전엔 1만5000명에 불과했지만, 1849년 10만 명, 1852년 25만 명, 1860년 38만 명으로 급증했다.

1850년에서 1860년으로 넘어가는 도중에 한 사건이 있었다. 쫄딱 망한 수터가 오랜 기간 법정투쟁을 벌여 1855년 3월 15일 마침내 캘리포니아 법원으로부터 승소판결을 받아낸 사건이다. 다시 그에게 세계 최고의 부자가 될 길이 열렸지만, 샌프란시스코는 여전히 법보다는 주먹이 훨씬 더 센 곳이었다. 이 판결로 손해를 볼 수 있는 수만 명의

일확천금을 꿈꾸며 몰려왔던 포티나이너들은 열악한 환경에서 가혹한 노동에 시달렸다.

사람들이 샌프란시스코 전 지역에서 들고 일어나 폭동을 일으켰다. 그들은 법원으로 달려가 불을 지르고, 판사를 폭행하려고 찾아다녔고, 수터의 농장에 불을 질렀다. 이 폭동의 와중에서 수터는 세 아들을 모두 잃고 말았다. 수터는 이런 기막힌 운명에 반쯤은 미친 상태에서 이후 20여 년 넘게 워싱턴의 법원과 의회 근처를 맴돌았다. 츠바이크(Zweig 1996)는 수터의 비참한 최후를 다음과 같이 묘사한다.

"1880년 6월 17일 의회건물 계단에서 그는 심장발작을 일으켰다. 그에게는 구원인 셈이었다. 사람들은 거지나 다름없이 죽은 그를 치웠다. 비록 그의 처지가 죽은 거지와 진배없었으나 호주머니에는 항의문서를 가지고 있었다. 그 문서는 그와 그의 후계자에게 지상의 권리에 따라서 세계역사상 최고의 재산을 보장해주는 문서였다. 지금까지 아무도 수터의 후계자라고 나선 사람은 없다. 그 어떤 후손도 자신의 권리를 주장하지 않았다. 여전히 샌프란시스코와 그 주 전체는 남의 땅 위에 서 있다. 이 지역에서 그 권리에 대해 거론된 적이 없다."

골드러시만 아니었다면, 수터는 행복하게 살 수 있었을 텐데. 결국 골드러시가 그에겐 재앙이었던 셈이다. 골드러시는 금광발견지역에 살고 있던 인디언에게도 재앙이었다. 금맥찾기는 도박과도 같아 '포티나이너'들 사이에도 희비(喜悲)가 엇갈렸다. 실패한 이들은 "유배지에서 중노동형을 선고받은 죄수와 같은 상태"로 지내면서 금광에 대해 과대보도한 "모든 신문기자라는 족속들에게 복수를 맹세한다"고 외치기도 했다.

이 골드러시를 따라 어린 딸과 함께 마차로 대륙을 횡단해 캘리포니아에 도착한 어느 아버지는 협곡(峽谷) 한가운데에 있는 동굴에 살면서 금맥을 찾고 있었다. 그런데 어느 날 딸이 계곡으로 떨어져 거칠게 흐르는 강물에 휩쓸려 사라지고 말았다. 딸을 잃은 아버지는 계곡에 앉아 딸 이름을 부르면서 통곡했다. '나의 사랑 클레멘타인(My Darling Clementine)'이란 노래가 나오게 된 배경이다. 한국에서 번역되기론 "넓고 넓은 바닷가에 오막살이 집 한 채"였지만 말이다.

세계경제를 바꾼 골드러시

골드러시의 의미는 19세기 중엽 금융 시스템의 핵심은 바로 금이었다는 점을 고려할 때에 제대로 파악될 수 있으리라. 19세기 초반까지 미국은 주요 금생산국이 아니었다. 골드러시 이전인 1847년 미국의 연간 금생산량은 4만3000온스(1온스는 약 31.1035그램)에 불과했다. 이마저도 철이나 석탄 등을 채굴하는 과정에서 나온 부산물이었다. 하지만 한 해 뒤인 1848년부터 시작된 골드러시 덕분에 미국 금생산량은 48만4000온스에 달했고, 이듬해에는 193만5000온스로 폭증한다. 1853년엔 금생산량은 314만4000온스, 즉 6500만 달러까지 늘어난다.

1851년 존 B. L. 사울(John B. L. Soule)이 『테레호트 익스프레스(Terre Haute Express)』지에 처음 쓴 "젊은이들이여, 가라! 서부로!"라는 말은 『뉴욕 트리뷴』지의 발행인 호러스 그릴리에 의해 '개척정신'을 의미하는 이 시대의 상징어가 되었다. 그릴리는 1850년대에 "서부로 가라, 젊은이들이여(Go West Young Man, Go West)"라고 독려하고 나섰다. 그릴리는 인구밀집으로 인해 빚어지는 도시의 악(惡)을 개선해보고자 하는 뜻으로 그런 구호를 외쳤지만, 서부로 떠나는 젊은이들의 좌우명은 '이판사판(California or Bust)'이었다. 캘리포니아에서 크게 한탕 하든지 망하든지 도박을 해보자는 것이었다.

골드러시와 그에 따른 해외자본 유입으로 미국 철도망은 '서부로 서부로' 뻗어나가 1850~1856년 사이에 1.5배 증가했고, 철생산량은 6만3000톤에서 88만3000톤으로 폭증했으며 석탄 생산량도 2배 이상 늘어났다.

금광이 캘리포니아에서만 발견된 것도 아니었다. 1858년 콜로라도 파이크스 피크(Pikes Peak)에서도 금광이 발견돼 1년 만에 10만 명의 사람들이 몰려들어 하루아침에 덴버(Denver)라는 도시가 생겨났다.

이곳을 향해 몰려드는 마차들엔 캘리포니아 골드러시의 경우처럼 "Pikes Peak or Bust!"라는 슬로건이 쓰여 있었다. 이어 아이다호(Idaho)와 몬타나(Montana)에서도 금이 발견되었다. 1859년 네바다(Nevada)의 산맥에선 엄청나게 풍부한 은광이 발견되었다. 미국은 정녕 자연의 축복을 받은 땅이었다.

미국은 1848년에서 1860년 사이에 앞선 150년 동안 전 세계에서 채굴한 것보다 더 많은 금을 캐냈다. 금은 외국으로 흘러나가면서 세계경제를 뒤바꾸었다. 포메란츠·토픽(Pomeranz & Topik 2003)에 따르면, "캘리포니아에서 흘러나온 금 덕분에 30년 동안 계속되어 온 세계 경제의 디플레이션이 완전히 역전되었다. 화폐 주조는 6~7배가량 늘어났다. 이에 따라 1850년에서 1870년 사이에 전 세계 교역량이 거의 3배나 늘어나면서 역사상 유례없는 국제교역 열풍이 일어났다. 세계 여러 통화들의 본위화폐로 은을 몰아내고 금을 등극시키는 데도 캘리포니아산 금이 큰 역할을 했다."

'가자, 펜실베이니아'

미국의 축복은 금에 국한되지 않았다. 금에 이어 석유가 쏟아져 나왔다. 석유가 종종 냇가나 샘물의 표면에 스며 나왔던 펜실베이니아주 서부에선 그것이 무엇인지 무엇에 쓰는 것인지 모르고 있었다. 1850년대 펜실베이니아의 실업가인 조지 비셀(George Bissel)이 주도한 실험은 그 물질이 램프 안에서 탈 수 있고, 파라핀, 나프타, 윤활유 등과 같은 것을 생산할 수 있다는 사실을 밝혀냈다.

1851년 펜실베이니아에서 발견된 석유는 '가자, 펜실베이니아'라

타이터스빌의 첫 번째 유정(油井)으로, 실크 모자를 쓴 사람이 에드윈 드레이크다.

는 노래를 유행시켰다. 1859년 8월 28일 타이터스빌(Titusville)에서 에드윈 드레이크(Edwin Drake, 1819~1880)가 비셀의 격려하에 지하 23미터의 석유지층을 대상으로 미국 최초의 유정(油井)을 파는 데에 성공했다. 코네티컷 석유회사는 하루 30배럴씩의 석유를 생산하면서 석유시대의 막을 열었다. 1배럴은 42갤런(약 159리터)으로 펜실베이니아의 나무물통이 양의 단위로 사용되면서부터 석유의 용량을 표시하는 계산단위가 됐다. 1861년 말 석유가격이 배럴당 10센트로 곤두박질할 정도로 미국은 석유의 풍요를 맛보기 시작했다. 미국인들은 석유가 끝없이 나오리라는 대책 없는 낙관주의의 신봉자였다. 그도 그럴 것이 여태까지 모든 일이 그런 식으로 전개돼오지 않았던가. 1865년 어느 기자는 다음과 같이 썼다.

"메인주에서 캘리포니아주에 이르기까지 석유는 우리들의 주택에 등불을 켜게 했고, 기계의 윤활유가 되었으며 기술·제조·가정생활 등 온갖 분야에서 필수불가결한 물건으로 등장했다. 만약 석유가 지금 없어져버리는 일이라도 생긴다면 우리들의 문명 전체의 흐름을 역행시키는 결과가 될 것이다. 석유의 이용범위가 증가하고 있음을 의심하는 일은 세계의 진보를 믿지 않는 것을 의미했다."

1859년 생산물 중개사업을 시작한 존 D. 록펠러(John D. Rockefeller, 1839~1937)가 1863년 석유사업에 뛰어들었다. 그는 석유사업을 시작한 지 7년 후인 1870년 오하이오주에 스탠더드 석유회사를 설립했다. 그의 소유권이 27퍼센트인 공동출자회사가 미국 석유산업 전체의 10퍼센트를 지배했다. 록펠러는 어떤 사람이었던가? 샘슨(Sampson 2000)은 다음과 같이 말한다.

"그의 부모는 무쇠와 같은 규율을 통해 그를 단련했다고 한다. 모친은 경건한 침례교인으로 그가 말을 듣지 않으면 기둥에 매어놓고 후려치기도 했다. 의약품을 판매하던 돌팔이 의사인 부친은 자기 자식들과도 거래를 했고, '영리해지기 위해서' 라며 자식을 속이기도 했다. …… 경리의 일을 얻었던 록펠러 청년은 완전히 숫자에 미쳐버려서, 밤에는 10시만 되면 꼭 일을 그만두어야 한다고 스스로에게 타이르지 않으면 안될 만큼 열중했다. 그는 암산의 명수였고 암산경기에서 '유대인에게 지지 않는다' 는 것이 자랑이었다. …… 그는 이 사업을 지배하는 유일한 방법이 석유를 생산하는 부문에 있지 않고, 석유의 정제판매에서 경쟁자를 싼값의 수송비로 따돌리는 데 있다고 보았다."

스탠더드 석유회사는 몇 년 내에 피츠버그, 필라델피아, 뉴욕, 볼티모어, 클리블랜드 등에 있는 정유공장 25개 중 20개를 사들였고, 사업 시작 15년 만에 미국 정유산업의 90퍼센트를 차지하는 독점재벌로 성장한다. 펜실베이니아에 이어 오하이오주, 웨스트버지니아주 등 다른 지역에서도 유전이 개발되면서 1870년경 석유는 미국의 수출품 중 4번째로 급성장했다.

얼마 후 석유는 물리적 '이동혁명'의 원료로 쓰이고, 수출은 원자재에서 미국의 기술발전을 과시하는 공산품으로 이동한다. 미국은 이동의 활력이 지배하는 나라로 인류역사상 최대의 제국으로 성장하지만, 그 모든 과정이 물 흐르듯이 매끄러운 것만은 아니었다. 나의 이동은 아름다워도 너의 이동은 아름답지 못하다는 이중기준에 의해 치열한 노예제갈등과 이민갈등이 벌어지게 된다.

참고문헌 American Heritage Magazine 1985, Brinkley 1998, Davis 2004, Dole 2007, Economides & Oligney 2001, Folkerts & Teeter 1998, Gordon 2002, Hargreaves 2006, Jacquin 1998, Limerick 1998, Means 2002, Pomeranz & Topik 2003, Porter 1998, Ridings & McIver 2000, Sampson 2000, Zweig 1996, 김용관 2009, 박영배 1999, 사루야 가나메 2007, 손세호 2007, 유종선 1995

참고문헌

J. Herbert Altschull, 『Agents of Power: The Role of the News Media in Human Affairs』, New York: Longman, 1984.
허버트 알철(J. Herbert Altschull), 강상현·윤영철 공역, 『지배권력과 제도언론: 언론의 이데올로기적 역할과 쟁점』, 나남, 1991.
허버트 알철(J. Herbert Altschull), 양승목 옮김, 『현대언론사상사: 밀턴에서 맥루한까지』, 나남, 1993.
스티븐 E. 암브로스(Stephen E. Ambrose), 손원재 옮김, 『대륙횡단철도: 시간과 공간을 정복한 사람들의 이야기』, 청아출판사, 2003.
American Heritage Magazine, 『A Guide to America's Greatest Historic Places』, New York: American Heritage, 1985.
Fred Anderson, 「The Wars at Home」, 『The New York Times Book Review』, March 2, 1997, pp.27.
레이몽 아롱(Raymond Aron), 이종수 옮김, 『사회사상의 흐름』, 기린원, 1993.
자크 아탈리(Jacques Attali), 이효숙 옮김, 『마르크스 평전』, 예담, 2006.
토머스 아이크(Thomas Ayck), 소병규 옮김, 『잭 런던: 모순에 찬 삶과 문학』, 한울, 1992.
Gerald J. Baldasty, 「The Press and Politics in the Age of Jackson」, 『Journalism Monographs』, 89(August 1984), pp.1~2.8.
P. T. Barnum, 『Struggles and Triumphs: Or, Forty Years' Recollections of P. T. Barnum』, New York: Penguin Books, 1981.
장 보드리야르(Jean Baudrillard), 주은우 옮김, 『아메리카』, 문예마당, 1994.
프랭클린 보머(Franklin L. Baumer), 조호연 옮김, 『유럽 근현대 지성사』, 현대지성사, 1999.
찰스 비어드(Charles A. Beard), 양재열 옮김, 『미국 헌법의 경제적 해석』, 지만지, 2008.
잭 비어티(Jack Beatty), 유한수 옮김, 『거상: 대기업이 미국을 바꿨다』, 물푸레, 2002.
시몬 드 보부아르(Simone de Beauvoir), 백선희 옮김, 『미국여행기』, 열림원, 2000.

대니엘 벨(Daniel Bell), 김진욱 옮김, 『자본주의의 문화적 모순』, 문학세계사, 1990.
피터 벤더(Peter Bender), 김미선 옮김, 『제국의 부활: 비교역사학으로 보는 미국과 로마』, 이글 리오, 2006.
윌리엄 번스타인(William Bernstein), 김현구 옮김, 『부의 탄생』, 시아출판사, 2005.
데이비드 베레비(David Berreby), 정준형 옮김, 『우리와 그들, 무리짓기에 대한 착각』, 애코리 브르, 2007.
Paul F. Boller, Jr., 『Presidential Anecdotes』, New York: Penguin Books, 1982.
Daniel J. Boorstin, 『The Discoverers: A History of Man's Search to Know His World and Himself』, New York: Random House, 1983.
대니얼 J. 부어스틴(Daniel J. Boorstin), 이성범 옮김, 『발견자들(전2권)』, 범양사출판부, 1986.
대니얼 J. 부어스틴(Daniel J. Boorstin), 이보형 외 옮김, 『미국사의 숨은 이야기』, 범양사출판 부, 1991.
페르낭 브로델(Fernand Braudel), 주경철 옮김, 『물질문명과 자본주의(전6권)』, 까치, 1995-1997.
데니스 브라이언(Denis Brian), 김승욱 옮김, 『퓰리처: 현대 저널리즘의 창시자, 혹은 신문왕』, 작가정신, 2002.
앨런 브링클리(Alan Brinkley), 황혜성 외 공역, 『미국인의 역사(전3권)』, 비봉출판사, 1998.
데이비드 브룩스(David Brooks), 형선호 옮김, 『보보스: 디지털 시대의 엘리트』, 동방미디어, 2001.
데이비드 브룩스(David Brooks), 김소희 옮김, 『보보스는 파라다이스에 산다』, 리더스북, 2008.
디 브라운(Dee Brown), 최준석 옮김, 『나를 운디드 니에 묻어주오』, 프레스하우스, 1996.
빌 브라이슨(Bill Bryson), 정경옥 옮김, 『빌 브라이슨 발칙한 영어산책: 엉뚱하고 발랄한 미국 의 거의 모든 역사』, 살림, 2009.
빌 브라이슨(Bill Bryson), 권상이 옮김, 『빌 브라이슨 발칙한 미국 횡단기: 세계에서 가장 황당 한 미국 소도시 여행기』, 21세기북스, 2009a.
Richard Buel, Jr., 『Freedom of the Press in Revolutionary America: The Evolution of Libertarianism, 1760-1820』, Bernard Bailyn & John B. Hench eds., 『The Press and the American Revolution』, Boston, Mass.: Northeastern University Press, 1981, pp.59~97.
제임스 맥그리거 번스(James MacGregor Burns), 조중빈 옮김, 『역사를 바꾸는 리더십』, 지식 의날개, 2006.
존 B. 베리(John Bagnell Bury), 박홍규 옮김, 『사상의 자유의 역사』, 바오, 2006.
프레더릭 F. 카트라이트(Frederick F. Cartwright) · 마이클 비디스(Michael Biddiss), 김훈 옮 김, 『질병의 역사』, 가람기획, 2004.
Harry Castleman & Walter J. Podrazik, 『Watching TV: Four Decades of American Television』, New York: McGraw-Hill, 1982.
CCTV 다큐멘터리 대국굴기 제작진, 소준섭 옮김, 『강대국의 조건: 미국』, 안그라픽스, 2007.

에드워드 챈슬러(Edaward Chancellor), 강남규 옮김, 『금융투기의 역사: 튤립투기에서 인터넷 버블까지』, 국일증권경제연구소, 2001.

크리스토프 샤를(C. Charle)·자크 베르제르(J. Verger), 김정인 옮김, 『대학의 역사』, 한길사, 1999.

로제 샤르티에(Roger Chartier), 백인호 옮김, 『프랑스혁명의 문화적 기원』, 일월서각, 1999.

노엄 촘스키(Noam Chomsky), 강주헌 옮김, 『그들에게 국민은 없다: 촘스키의 신자유주의 비판』, 모색, 1999.

노엄 촘스키(Noam Chomsky), 오애리 옮김, 『507년, 정복은 계속된다』, 이후, 2000.

노엄 촘스키(Noam Chomsky), 강주헌 옮김, 『촘스키, 누가 무엇으로 세상을 지배하는가』, 시대의창, 2002.

노엄 촘스키(Noam Chomsky), 황의방·오성환 옮김, 『패권인가 생존인가: 미국은 지금 어디로 가는가』, 까치, 2004.

노엄 촘스키(Noam Chomsky), 강주헌 옮김, 『지식인의 책무』, 황소걸음, 2005.

노엄 촘스키(Noam Chomsky) & 데이비드 바사미언(David Barsamian), 강주헌 옮김, 『촘스키, 세상의 권력을 말하다(전2권)』, 시대의창, 2004.

폴 A. 코헨(Paul A. Cohen), 이남희 옮김, 『학문의 제국주의: 오리엔탈리즘과 중국사』, 산해, 2003.

앨리스터 쿠크(Alistair Cooke), 윤종혁 옮김, 『도큐멘터리 미국사』, 한마음사, 1995.

루이스 A. 코저(Lowis A. Coser), 신용하·박명규 옮김, 『사회사상사』, 일지사, 1978.

앨프리드 W. 크로스비(Alfred W. Crosby), 김기윤 옮김, 『콜럼버스가 바꾼 세계』, 지식의숲, 2006.

James L. Crouthamel, 「The Newspaper Revolution in New York 1830~1860」, 『New York History』, 45(April 1964), pp.91~113.

James L. Crouthamel, 「James Gordon Bennett, the 『New York Herald』, and the Development of Newspaper Sensationalism」, 『New York History』, 54(1973), pp.294~316.

데이비드 크리스털(David Crystal), 유영난 옮김, 『왜 영어가 세계어인가』, 코기토, 2002.

엘리자베스 커리드(Elizabeth Currid), 최지아 옮김, 『세계의 크리에이티브 공장 뉴욕』, 쌤앤파커스, 2009.

로버트 달(Robert A. Dahl), 박상훈·박수형 옮김, 『미국헌법과 민주주의』, 후마니타스, 2004.

케네스 데이비스(Kenneth C. Davis), 이순호 옮김, 『미국에 대해 알아야 할 모든 것, 미국사』, 책과함께, 2004.

Albert Desbiens, 『The United States of America: A Short History』, Montreal, Canada: Robin Brass Studio, 2007.

Lee Devin, 「Lincoln's Ethos: Viewed and Practiced」, 『Central States Speech Journal』, 16(1965), pp. 99~105.

재러드 다이아몬드(Jared Diamond), 김진준 옮김, 『총, 균, 쇠: 무기·병균·금속은 인류의 운명을 어떻게 바꿨는가』, 문학사상사, 2009.

토머스 J. 딜로렌조(Thomas J. DiLorenzo), 남경태 옮김, 『링컨의 진실: 패권주의-위대한 해방자의 정치적 초상』, 사회평론, 2003.

John Dizikes, 「P. T. Barnum: Games and Hoaxing」, 『The Yale Review』, Spring 1978, pp.338~356.

헨리 도빈스(Henry F. Dobyns), 「에스파냐 식민지 국경지대의 인디언들」, 프레더릭 E. 혹시(Frederick E. Hoxie)·피터 아이버슨(Peter Iverson) 엮음, 유시주 옮김, 『미국사에 던지는 질문: 인디언, 황야, 프런티어, 그리고 국가의 영혼』, 영림카디널, 2000, 102~136쪽.

밥 돌(Bob Dole), 김병찬 옮김, 『대통령의 위트: 조지 워싱턴에서 부시까지』, 아테네, 2007.

윌 듀란트(Will Durant), 이철민 옮김, 『철학이야기』, 청년사, 1987.

닉 다이어-위데포드(Nick Dyer-Witheford), 신승철·이현 옮김, 『사이버-맑스: 첨단기술 자본주의에서의 투쟁주기와 투쟁순환』, 이후, 2003.

마이클 이코노미데스(Michael Economides) & 로널드 올리그니(Ronald Oligney), 강대은 옮김, 『컬러 오브 오일』, 산해, 2001.

Murray Edelman, 『Constructing the Political Spectacle』, Chicago: University of Chicago Press, 1988.

데이비드 에드먼즈(R. David Edmunds), 「인디언의 눈으로 바라본 국가의 팽창」, 프레더릭 E. 혹시(Frederick E. Hoxie)·피터 아이버슨(Peter Iverson) 엮음, 유시주 옮김, 『미국사에 던지는 질문: 인디언, 황야, 프런티어, 그리고 국가의 영혼』, 영림카디널, 2000, 215~236쪽.

George C. Edwards III & Stephen J. Wayne, 『Presidential Leadership: Politics and Policy Making』, New York: St. Martin's Press, 1985.

존 엘리엇(John H. Elliott) 편, 김원중 외 옮김, 『히스패닉 세계: 스페인과 라틴 아메리카의 역사와 문화』, 새물결, 2003.

Michael Emery & Edwin Emery, 『The Press and America: An Interpretive History of the Mass Media』, 8th ed.(Boston, Mass.: Allyn and Bacon, 1996.

질비아 엥글레르트(Sylvia Englert), 장혜경 옮김, 『상식과 교양으로 읽는 미국의 역사』, 웅진지식하우스, 2006.

세라 에번스(Sara M. Evans), 조지형 옮김, 『자유를 위한 탄생: 미국 여성의 역사』, 이화여자대학교 출판부, 1998.

데버러 G. 펠더(Deborah G. Felder), 송정희 옮김, 『세계사를 바꾼 여성들』, 에디터, 1998.

안토니아 펠릭스(Antonia Felix), 오영숙·정승원 옮김, 『콘돌리자 라이스』, 일송-북, 2003.

펠리프 페르난데스-아메스토(Felipe Fernandez-Armesto), 허종열 옮김, 『밀레니엄: 지난 1000년의 인류 역사와 문명의 흥망(전2권)』, 한국경제신문사, 1997.

Louis Filler, 『Appointment At Armageddon: Muckraking and Progressivism in American Life』, Westport, Conn.: Greenwood Press, 1976.

Louis Filler, 『The Muckrakers』, University Park, Penn.: The Pennsylvania State University Press, 1976a.

Jean Folkerts & Dwight L. Teeter, Jr., 『Voices of a Nation: A History of Mass Media in

the United States』, 3rd ed.(Boston, Mass.: Allyn and Bacon, 1998.
존 벨라미 포스터(John Bellamy Foster), 김현구 옮김, 『환경과 경제의 작은 역사』, 현실문화연구, 2001.
에릭 프라이(Eric Frey), 추기옥 옮김, 『정복의 역사, USA』, 들녘, 2004.
카를로스 푸엔테스(Carlos Fuentes), 서성철 옮김, 『라틴 아메리카의 역사』, 까치, 1997.
존 케네스 갤브레이스(John Kenneth Galbraith), 지길홍 옮김, 『불확실성의 시대』, 홍신문화사, 1995.
한스 디터 겔페르트(Hans-Dieter Gelfert), 이미옥 옮김, 『전형적인 미국인: 미국과 미국인 제대로 알기』, 에코리브르, 2003.
윌리엄 H. 괴츠만(William H. Goetzman), 「미국인들: 탐험과 과학문화」, 루터 S. 루드케(Luther S. Luedtke) 편, 고대 영미문학연구소 옮김, 『미국의 사회와 문화』, 탐구당, 1989), 418~430쪽.
존 스틸 고든(John Steele Gordon), 강남규 옮김, 『월스트리트제국: 금융자본권력의 역사 350년』, 참솔, 2002.
세드릭 그리무(Cédric Grimoult), 이병훈·이수지 옮김, 『진화론 300년 탐험』, 다른세상, 2004.
대니얼 그로스(Daniel Gross) 외, 장박원 옮김, 『미국을 만든 비즈니스 영웅 20』, 세종서적, 1997.
윌리엄 T. 헤이건(William T. Hagan), 「서부는 어떻게 사라져갔는가?」, 프레더릭 E. 혹시(Frederick E. Hoxie)·피터 아이버슨(Peter Iverson) 엮음, 유시주 옮김, 『미국사에 던지는 질문: 인디언, 황야, 프런티어, 그리고 국가의 영혼』, 영림카디널, 2000), 237~266쪽.
로버트 하그리브스(Robert Hargreaves), 오승훈 옮김, 『표현자유의 역사』, 시아출판사, 2006.
크리스 하먼(Chris Harman), 천경록 옮김, 『민중의 세계사』, 책갈피, 2004.
Neil Harris, 『Humbug: The Art of P. T. Barnum』, Chicago, Il.: The University of Chicago Press, 1973.
마이클 H. 하트(Michael H. Hart), 김평옥 옮김, 『랭킹 100 세계사를 바꾼 사람들』, 에디터, 1993.
데이비드 하비(David Harvey), 구동회·박영민 옮김, 『포스트모더니티의 조건』, 한울, 1994.
Max Hastings, 『Victory in Europe: D-Day to V-E Day』, Boston, Mass.: Little, Brown and Co., 1985.
Sydney W. Head et al., 『Broadcasting in America: A Survey of Electronic Media』, 8th ed.New York: Houghton Mifflin, 1998.
조지프 히스(Joseph Heath) & 앤드루 포터(Andrew Potter), 윤미경 옮김, 『혁명을 팝니다』, 마티, 2006.
로버트 L. 하일브로너(Robert L. Heilbroner), 장상환 옮김, 『세속의 철학자들: 위대한 경제사상가들의 생애, 시대와 아이디어』, 이마고, 2005.
에릭 홉스봄(Eric Hobsbawm), 정도영·차명수 옮김, 『혁명의 시대』, 한길사, 1998.
크리스토퍼 호댑(Christopher L. Hodapp), 윤성원 옮김, 『프리메이슨, 빛의 도시를 건설하다』,

밀리언하우스, 2009.
John R. Howe, Jr., 「Republican Thought and the Political Violence of the 1790s」, 『American Quarterly』, 19(Summer 1967), pp.147~165.
리오 휴버먼(Leo Huberman), 장상환 옮김, 『자본주의 역사 바로 알기』, 책벌레, 2000.
리오 휴버먼(Leo Huberman), 박정원 옮김, 『가자, 아메리카로!』, 비봉출판사, 2001.
마이클 헌트(Michael H. Hunt), 권용립·이현휘 옮김, 『이데올로기와 미국외교』, 산지니, 2007.
새뮤얼 헌팅턴(Samuel P. Huntington), 형선호 옮김, 『새뮤얼 헌팅턴의 미국』, 김영사, 2004.
J. 햄프든 잭슨(J. Hampden Jackson), 「톰 페인과 인권」, D. 톰슨(David Thomson) 엮음, 김종술 옮김, 『서양 근대정치사상』, 서광사, 1990, 155~168쪽.
하인리히 E. 야콥(Heinrich Eduard Jacob), 곽명단·임지원 옮김, 『빵의 역사』, 우물이있는집, 2005.
필리프 자캥(Philippe Jacquin), 송숙자 옮김, 『아메리카 인디언의 땅』, 시공사, 1998.
캐슬린 홀 재미슨(Kathleen Hall Jamieson), 원혜영 옮김, 『대통령 만들기: 미국대선의 선거전략과 이미지메이킹』, 백산서당, 2002.
폴 존슨(Paul Johnson), 김욱 옮김, 『위대한 지식인들에 관한 끔찍한 보고서』, 한·언, 1999.
폴 존슨(Paul Johnson), 왕수민 옮김, 『영웅들의 세계사』, 웅진지식하우스, 2009.
로버트 케이건(Robert Kagan), 홍수원 옮김, 『미국 vs 유럽 갈등에 관한 보고서』, 세종연구원, 2003.
보리스 카갈리츠키(Boris Kagarlitsky) 외, 『선언 150년 이후: '공산주의당 선언' 150주년 기념 파리국제학술대회 기고 논문 선집』, 이후, 1998.
스티븐 컨(Stephen Kern), 박성관 옮김, 『시간과 공간의 문화사 1880~1918』, 휴머니스트, 2004.
로널드 케슬러(Ronald Kessler), 임홍빈 옮김, 『벌거벗은 대통령 각하』, 문학사상사, 1997.
찰스 P. 킨들버거(Charles P. Kindleberger)·로버트 Z. 알리버(Robert Z. Aliber), 김홍식 옮김, 『광기, 패닉, 붕괴: 금융위기의 역사』, 굿모닝북스, 2006.
F. 클렘(Friedrich Klemm), 이필렬 옮김, 『기술의 역사』, 미래사, 1992.
미하엘 코르트(Michael Korth), 권세훈 옮김, 『광기에 관한 잡학사전』, 을유문화사, 2009.
Harry Kranz, 「The Presidency v. the Press: Who Is Right?」, Aaron Wildavsky ed., 『Perspectives on the Presidency』, Boston, Mass.: Little, Brown, 1975, pp.205~20.
바버라 랜드(Barbara Land) & 마이크 랜드(Myrick Land), 문현아 옮김, 『생각의 혁신, 라스베이거스에 답이 있다』, 살림, 2009.
Laurence Leamer, 『The Kennedy Man 1901-1963: The Laws of the Father』, New York: William Morrow, 2001.
로렌스 리머(Laurence Leamer), 정영문 옮김, 『케네디가의 신화(전3권)』, 창작시대, 1995.
Michael C. Leff & Gerald P. Mohrmann, 「Lincoln at Cooper Union: A Rhetorical Analysis of the Text」, 『Quarterly Journal of Speech』, 60(1974), pp.346~358.

리처드 르한(Richard Lehan), 「문학과 가치관: 미국판 크루소와 서부의 이상향」, 루터 S. 루드케(Luther S. Luedtke) 편, 고대 영미문학연구소 옮김, 『미국의 사회와 문화』, 탐구당, 1989, 231~249쪽.
조르주 르페브르(Georges Lefebvre), 최갑수 옮김, 『1789년의 대공포』, 까치, 2002.
패트리샤 넬슨 리메릭(Patricia Nelson Limerick), 김봉중 옮김, 『정복의 유산: 서부개척으로 본 미국의 역사』, 전남대학교 출판부, 1998.
마이클 린드(Michael Lind), 「"미 정치에서는 교회의 역할이 중요"」, 『뉴스위크 한국판』, 2003a년 11월 5일, 126면.
데이나 린더만(Dana Lindaman) & 카일 워드(Kyle Ward) 엮음, 박거용 옮김, 『역지사지 미국사: 세계의 교과서로 읽는 미국사 50 장면』, 이매진, 2009.
스벤 린드크비스트(Sven Lindqvist), 김남섭 옮김, 『야만의 역사』, 한겨레신문사, 2003.
Kenneth Lindsay, 「The Future of UNESCO」, 『Spectator』, 177(13 Dec. 1946), p. 634.
리처드 린지만(Richard Lingeman), 「도시의 조화」, 루터 S. 루드케(Luther S. Luedtke) 편, 고대 영미문학연구소 옮김, 『미국의 사회와 문화』, 탐구당, 1989, 119~138쪽.
수전 린(Susan Linn), 김승욱 옮김, 『TV 광고 아이들: 우리 아이들을 위협하는 키즈마케팅』, 들녘, 2006.
제임스 로웬(James W. Loewen), 이현주 옮김, 『선생님이 가르쳐 준 거짓말』, 평민사, 2001.
헨드릭 빌렘 반 룬(Hendrik Wilem van Loon), 이혜정 옮김, 『관용』, 서해문집, 2005.
데이비드 로웬덜(David Lowenthal), 김종원·한명숙 옮김, 『과거는 낯선 나라다』, 개마고원, 2006.
루터 S. 루드케(Luther S. Luedtke), 「미국 국민성의 탐색」, 루터 S. 루드케(Luther S. Luedtke) 편, 고대 영미문학연구소 옮김, 『미국의 사회와 문화』, 탐구당, 1989, 13~45쪽.
찰스 맥케이(Charles Mackay), 이윤섭 옮김, 『대중의 미망과 광기』, 창해, 2004.
마거릿 맥밀런(Margaret MacMillan), 권민 옮김, 『역사사용설명서: 인간은 역사를 어떻게 이용하고 악용하는가』, 공존, 2009.
루시 매덕스(Lucy Maddox) 편, 김성곤 외 옮김, 『미국학의 이론과 실제』, 서울대학교 출판부, 2006.
데이비드 마크(David Mark), 양원보·박찬현 옮김, 『네거티브 전쟁: 진흙탕 선거의 전략과 기술』, 커뮤니케이션북스, 2009.
Karl Marx & Friedrich Engels, Lewis S. Feuer ed., 『Marx & Engels: Basic Writings on Politics & Philosophy』, Garden City, NY: Anchor Books, 1959.
장 마생(Jean Massin), 양희영 옮김, 『로베스피에르, 혁명의 탄생』, 교양인, 2005.
W. 서머싯 몸(W. Somerset Maugham), 권정관 옮김, 『불멸의 작가, 위대한 상상력』, 개마고원, 2008.
Edward L. Mayo, 「Republicanism, Antipartyism, and Jacksonian Party Politics: A View from the Nation's Capital」, 『American Quarterly』, Spring 1979, pp.3~20.
Marshall McLuhan, 『Understanding Media: The Extensions of Man』, New York: McGraw-Hill, 1965.

존 맥닐(John R. McNeill)·윌리엄 맥닐(William H. McNeill), 유정희·김우영 옮김, 『휴먼 웹: 세계화의 세계사』, 이산, 2007.
윌리엄 맥닐(William H. McNeill), 신미원 옮김, 『전쟁의 세계사』, 이산, 2005.
하워드 민즈(Howard Means), 황진우 옮김, 『머니 & 파워: 지난 천년을 지배한 비즈니스의 역사』, 경영정신, 2002.
존 스튜어트 밀(John Stuart Mill), 서병훈 옮김, 『자유론』, 책세상, 2005.
네이슨 밀러(Nathan Miller), 김형곤 옮김, 『이런 대통령 뽑지 맙시다: 미국 최악의 대통령 10인』, 혜안, 2002.
J. 레슬리 미첼(J. Leslie Mitchell) & 루이스 그래식 기번(Lewis Grassic Gibbon), 김훈 옮김, 『탐험의 역사』, 가람기획, 2004.
Gerald P. Mohrmann & Michael C. Leff, 「Lincoln at Cooper Union: A Rationale for Neo-Classical Criticism」, 『Quarterly Journal of Speech』, 60(1974), pp.459~467.
에드윈 무어(Edwin Moore), 차미례 옮김, 『그 순간 역사가 움직였다: 세계사를 수놓은 운명적 만남 100』, 미래인, 2009.
조지 모스(George L. Mosse), 서강여성문학연구회 옮김, 『내셔널리즘과 섹슈얼리티: 근대유럽에서의 고결함과 비정상적 섹슈얼리티』, 소명출판, 2004.
Harold L. Nelson, 「Seditious Libel in Colonial America」, 『The American Journal of Legal History』, 3(April 1959), pp.160~172.
James Milton O'Neill ed., 『Models of Speech Composition』, New York: The Century Co., 1921.
찰스 패너티(Charles Panati), 김대웅 편역, 『배꼽티를 입은 문화』, 자작나무, 1995.
찰스 패너티(Charles Panati), 최희정 옮김, 『문화라는 이름의 야만』, 중앙 M&B, 1998.
데이비드 파커(David Parker) 외, 박윤덕 옮김, 『혁명의 탄생: 근대 유럽을 만든 좌우익 혁명들』, 교양인, 2009.
C. W. 파킨(C. W. Parkin), 「버크와 보수주의적 전통」, D. 톰슨(David Thomson) 엮음, 김종술 옮김, 『서양 근대정치사상』, 서광사, 1990, 171~186쪽.
Don R. Pember, 『Mass Media Law』 3rd ed. Dubuque, Iowa: Wm.C.Brown, 1984.
스토 퍼슨스(Stow Persons), 이형대 옮김, 『미국지성사』, 신서원, 1999.
케네스 포메란츠(Kenneth Pomeranz)·스티븐 토픽(Steven Topik), 박광식 옮김, 『설탕, 커피 그리고 폭력: 고역으로 읽는 세계사 산책』, 심산, 2003.
Glenn Porter, 손영호·연동원 편역, 『미국 기업사: 거대 주식회사의 등장과 그 영향』, 학문사, 1998.
벤저민 콸스(Benjamin Quarles), 조성훈·이미숙 옮김, 『미국 흑인사』, 백산서당, 2002.
레이 라파엘(Ray Raphael), 남경태 옮김, 『미국의 탄생: 미국 역사 교과서가 왜곡한 건국의 진실들』, 그린비, 2005.
Leonard L. Richards, 『"Gentlemen of Property and Standing": Anti-Abolition Mobs in Jacksonian America』, New York: Oxford University Press, 1970.
윌리엄 라이딩스 2세(William J. Ridings, Jr.) & 스튜어트 매기버(Stuart B. McIver), 김형곤

옮김, 『위대한 대통령 끔찍한 대통령』, 한·언, 2000.
페이터 라트베르헨(Peter Rietbergen), 김길중 외 옮김, 『유럽 문화사』, 지와 사랑, 2003.
제러미 리프킨(Jeremy Rifkin), 김용정 옮김, 『엔트로피 II』, 안산미디어, 1984.
제러미 리프킨(Jeremy Rifkin), 이영호 옮김, 『노동의 종말』, 민음사, 1996.
제러미 리프킨(Jeremy Rifkin), 신현승 옮김, 『육식의 종말』, 시공사, 2002.
제러미 리프킨(Jeremy Rifkin), 이원기 옮김, 『유러피언 드림: 아메리칸 드림의 몰락과 세계의 미래』, 민음사, 2005.
헤더 로저스(Heather Rogers), 이수영 옮김, 『사라진 내일: 쓰레기는 어디로 갔을까』, 삼인, 2009.
앙드레 루이예(André Rouillé), 「제4장 19세기 세계의 사진적 탐사」, 장-클로드 르마니(Jean-Claude Lemagny) & 앙드레 루이예(André Rouillé) 편저, 정진국 옮김, 『세계사진사』, 까치, 1993, 97~112쪽.
디트리히 뤼시마이어(Dietrich Rueschmeyer) 외, 박명림·조찬수·권혁용 옮김, 『자본주의 발전과 민주주의: 민주주의의 비교역사 연구』, 나남출판, 1997.
조지 세이빈(George H. Sabine) & 토머스 솔슨(Thomas Landon Thorson), 성유보·차남희 옮김, 『정치사상사(전2권)』, 한길사, 1983.
헨리 솔트(Henry S. Salt), 윤규상 옮김, 『헨리 데이빗 소로우』, 양문, 2001.
앤서니 샘슨(Anthony Sampson), 김희정 옮김, 『석유를 지배하는 자들은 누구인가』, 책갈피, 2000.
Scott A. Sandage, 『Born Losers: A History of Failure in America』, Cambridge, Mass.: Harvard University Press, 2005.
Larry Sawers & William K. Tabb, 『Sunbelt Snowbelt: Urban Development and Regional Restructuring』, New York: Oxford University Press, 1984.
Alexander Saxton, 「Problems of Class and Race in the Origins of the Mass Circulation Press」, 『American Quarterly』, Summer 1984, pp.211~234.
Dan Schiller, 『Objectivity and the News: The Public and the Rise of Commercial Journalism』, Philadelphia: University of Pennsylvania Press, 1981.
볼프강 시벨부시(Wolfgang Schivelbusch), 박진희 옮김, 『철도여행의 역사: 철도는 시간과 공간을 어떻게 변화시켰는가』, 궁리, 1999.
라이너 M. 슈뢰더(Rainer M. Schroeder), 이온화 옮김, 『개척자·탐험가·모험가』, 좋은생각, 2000.
Benjamin Schwartz, 「Adams Family Values」, 『The New York Times Book Review』, October 26, 1997, pp.9.
커스틴 셀라스(Kirsten Sellars), 오승훈 옮김, 『인권, 그 위선의 역사』, 은행나무, 2003.
아마티아 센(Amartya Sen), 박우희 옮김, 『자유로서의 발전』, 세종연구원, 2001.
리처드 솅크먼(Richard Shenkman), 이종인 옮김, 『미국사의 전설, 거짓말, 날조된 신화들』, 미래M&B, 2003.
Suzanne & Craig Sheumaker, 『America's Living History: The Early Years』, Jackson,

Ca.: Red Corral, 2007.
세스 슐만(Seth Shulman), 강성희 옮김, 『지상 최대의 과학 사기극: 알렉산더 그레이엄 벨의 모략과 음모로 가득 찬 범죄 노트』, 살림, 2009.
Anthony Smith, 최정호·공용배 옮김, 『세계신문의 역사』, 나남, 1990.
윈턴 U. 솔버그(Winton U. Solberg), 조지형 옮김, 『미국인의 사상과 문화』, 이화여자대학교출판부, 1996.
로버트 솔레(Robert Sole), 이상빈 옮김, 『나폴레옹의 학자들』, 아테네, 2003.
대니엘 솔로브(Daniel J. Solove), 이승훈 옮김, 『인터넷세상과 평판의 미래』, 비즈니스맵, 2008.
토머스 소웰(Thomas Sowell), 채계병 옮김, 『비전의 충돌: 세계를 바라보는 두 개의 시선』, 이카루스미디어, 2006.
W. A. 스펙(W. A. Speck), 이내주 옮김, 『진보와 보수의 영국사』, 개마고원, 2002.
하인츠 스폰젤(Heinz Sponsel), 정복희 옮김, 『권력자와 무기력자』, 예영커뮤니케이션, 1998.
Brent Staples, 「The Master of Monticello」, 『The New York Times Book Review』, March 23, 1997, pp.7.
마크 E. 스타이너(Mark E. Steiner), 임동진 옮김, 『정직한 법조인 링컨: 에이브러햄 링컨의 변호사 시절』, 소화, 2008.
리처드 스텐걸(Richard Stengel), 임정근 옮김, 『아부의 기술: 전략적인 찬사, 아부에 대한 모든 것』, 참솔, 2006.
미첼 스티븐스(Mitchell Stephens), 이광재·이인희 옮김, 『뉴스의 역사』, 황금가지, 1999.
John D. Stevens, 「Congressional History of the 1798 Sedition Law」, 『Journalism Quarterly』, 43(Summer 1966), pp.247~256.
폴 스트레턴(Paul Strathern), 김낙년·전병윤 옮김, 『세계를 움직인 경제학자들의 삶과 사상』, 몸과마음, 2002.
커윈 C. 스윈트(Kerwin C. Swint), 김정욱·이훈 옮김, 『네거티브, 그 치명적 유혹: 미국의 역사를 바꾼 최악의 네거티브 캠페인 25위~1위』, 플래닛미디어, 2007.
스테판 지만스키(Stefan Szymanski) & 앤드루 짐벌리스트(Andrew Zimbalist), 김광우 옮김, 『왜? 세계는 축구에 열광하고 미국은 야구에 열광하나』, 에디터, 2006.
레이 태너힐(Ray Tannahill), 손경희 옮김, 『음식의 역사』, 우물이있는집, 2006.
제임스 터랜토(James Taranto)·레너드 레오(Leonard Leo), 최광열 옮김, 『미국의 대통령』, 바움, 2008.
E. P. 톰슨(Edward Palmer Thompson), 나종일 외 옮김, 『영국 노동계급의 형성(전2권)』, 창작과비평사, 2000.
데이비드 톰슨(David Thomson), 「루소와 일반의지」, D. 톰슨(David Thomson) 엮음, 김종술 옮김, 『서양 근대정치사상』, 서광사, 1990, 139~154쪽.
헨리 데이비드 소로(Henry David Thoreau), 강승영 옮김, 『월든』, 이레, 1993.
헨리 데이비드 소로(Henry David Thoreau), 강승영 옮김, 『시민의 불복종』, 이레, 1999.
헨리 데이비드 소로(Henry David Thoreau), 강은교 편역, 『소로우의 노래』, 이레, 1999a.

Time-Life 북스 편집부, 한국일보 타임-라이프 편집부 옮김, 『미국('세계의 국가' 시리즈)』, 한국일보 타임-라이프, 1988.
존 터먼(John Tirman), 이종인 옮김, 『미국이 세계를 망친 100가지 방법』, 재인, 2008.
알렉시스 드 토크빌(Alexis de Tocqueville), 임효선·박지동 옮김, 『미국의 민주주의(전2권)』, 한길사, 1997.
Alvin Toffler, 『Future Shock』, New York: Bantam Books, 1970.
Alvin Toffler(앨빈 토플러) & Heidi Toffler(하이디 토플러), 김중웅 옮김, 『부의 미래』, 청림출판, 2006.
로저 트리그(Roger Trigg), 최용철 옮김, 『인간본성에 관한 10가지 철학적 성찰』, 자작나무, 1996.
제임스 B. 트위첼(James B. Twitchell), 김철호 옮김, 『욕망, 광고, 소비의 문화사』, 청년사, 2001.
제임스 M. 바더맨(James M. Vardaman), 이규성 옮김, 『두개의 미국사: 남부인이 말하는 미국의 진실』, 심산, 2004.
고어 비달(Gore Vidal), 남신우 옮김, 『대통령 링컨(전3권)』, 문학과지성사, 1999.
이매뉴얼 월러스틴(Immanuel Wallerstein), 강문구 옮김, 『자유주의 이후』, 당대, 1996.
Harry F. Waters, 「미니시리즈 〈스칼렛〉 TV 방영」, 『뉴스위크 한국어판』, 1994년 11월 23일, 94면.
J.W.N. 왓킨스(J.W.N. Watkins), 「제12장 밀과 개인주의적 자유」, D. 톰슨(David Thomson) 엮음, 김종술 옮김, 『서양 근대정치사상』, 서광사, 1990, 219~236쪽.
수잔 앨리스 왓킨스(Susan Alice Watkins), 이소영 옮김, 『페미니즘: 무엇이 세계를 움직이는가?』, 이두, 1995.
Russell F. Weigley, 「Courage of Their Convictions」, 『The New York Times Book Review』, March 23, 1997, pp.22.
프랑수와 베유(François Weil), 문신원 옮김, 『뉴욕의 역사』, 궁리, 2003.
톰 휠러(Tom Wheeler), 임동진 옮김, 『링컨의 T-메일: E-메일과 현장경영의 선구자』, 소화, 2007.
게리 윌스(Gary Wills), 곽동훈 옮김, 『시대를 움직인 16인의 리더: 나폴레옹에서 마사 그레이엄까지』, 작가정신, 1999.
나오미 울프(Naomi Wolf), 김민웅 옮김, 『미국의 종말: 혼돈의 시대, 민주주의의 복원은 가능한가』, 프레시안북, 2008.
존 우드브리지(John D. Woodbridge) 외, 박용규 옮김, 『기독교와 미국』, 총신대학출판부, 2002.
마이클 예이츠(Michael D. Yates), 추선영 옮김, 『싸구려 모텔에서 미국을 만나다: 어느 경제학자의 미 대륙 탐방기』, 이후, 2008.
Peter Young & Peter Jesser, 권영근·강태원 옮김, 『언론매체와 군대』, 연경문화사, 2005.
하워드 진(Howard Zinn), 조선혜 옮김, 『미국민중저항사(전2권)』, 일월서각, 1986.
하워드 진(Howard Zinn), 이아정 옮김, 『오만한 제국: 미국의 이데올로기로터 독립』, 당대,

2001a.
하워드 진(Howard Zinn), 이재원 옮김, 『불복종의 이유』, 이후, 2003.
하워드 진(Howard Zinn), 문강형준 옮김, 『권력을 이긴 사람들』, 난장, 2008.
하워드 진(Howard Zinn) & 도날도 마세도(Donaldo Macedo), 김종승 옮김, 『하워드 진, 교육을 말하다』, 궁리, 2008.
하워드 진(Howard Zinn) & 레베카 스테포프(Rebecca Stefoff), 김영진 옮김, 『하워드 진 살아있는 미국역사』, 추수밭, 2008.
래리 주커먼(Larry Zuckerman), 박영준 옮김, 『감자 이야기: 악마가 준 선물』, 지호, 2000.
슈테판 츠바이크(Stefan Zweig), 안인희 옮김, 『광기와 우연의 역사』, 자작나무, 1996.
슈테판 츠바이크(Stefan Zweig), 강희영 옮김, 『어느 정치적 인간의 초상: 프랑스혁명을 배후조종한 패덕자 푸셰의 기묘한 생애』, 리브로, 1998.
슈테판 츠바이크(Stefan Zweig), 안인희 옮김, 『다른 의견을 가질 권리』, 바오, 2009.
강만길, 『분단시대의 역사인식: 강만길 사론집』, 창작과비평사, 1978.
강만길, 『고쳐쓴 한국근대사』, 창작과비평사, 1994.
강재언, 『신편 한국근대사 연구』, 한울, 1995.
강재언, 이규수 옮김, 『서양과 조선: 그 이문화 격투의 역사』, 학고재, 1998.
강준만, 『정보제국주의: 제3세계의 도전과 미국의 대응』, 한울아카데미, 1989.
강준만, 『춤추는 언론 비틀대는 선거: 언론과 선거의 사회학』, 아침, 1992.
강준만, 『세계문화사전』, 인물과사상사, 2005a.
강준만, 『한국근대사 산책(전10권)』, 인물과사상사, 2007~2008.
고종석, 『코드 훔치기: 한 저널리스트의 21세기 산책』, 마음산책, 2000.
고종석, 『도시의 기억』, 개마고원, 2008.
구춘권, 『메가테러리즘과 미국의 세계질서전쟁』, 책세상, 2005.
국기연, 「美 남북 갈등…역사의 뒤안길로 / 남북전쟁 139주 기념식」, 『세계일보』, 2000년 5월 31일, 12면.
권용립, 『미국의 정치문명』, 삼인, 2003.
권용립, 「미국 민족주의의 본질: 반사와 투영」, 『역사비평』, 통권64호(2003a년 가을), 82~108쪽.
권태선, 「링컨 재선 승리연설」, 『한겨레』, 2009a년 2월 6일자.
권홍우, 『부의 역사: 대항해 시대에서 석유 전쟁까지』, 인물과사상사, 2008.
길인성, 「자본주의」, 김영한 엮음, 『서양의 지적운동 II』, 지식산업사, 1998.
김기철, 「다윈을 빼놓고는 현대철학도 없다」, 『조선일보』, 2009년 10월 12일자.
김남균, 「외교정책의 전통: 예외주의 역사의식」, 김형인 외, 『미국학』, 살림, 2003), 155~178쪽.
김동길, 『미국이라는 나라: 김동길 역사강연집』, 햇빛출판사, 1987.
김동춘, 『미국의 엔진, 전쟁과 시장』, 창비, 2004.
김명수, 「프레드릭 옴스테드의 낭만적 이상주의 공원론」, 국토연구원 편, 『현대 공간이론의 사상가들』, 한울아카데미, 2005, 347~360쪽.
김명호, 『초기 한미관계의 재조명: 셔먼호 사건에서 신미양요까지』, 역사비평사, 2005.
김병걸, 『문학과 역사와 인간』, 석탑, 1996.

김병걸, 『문예사조, 그리고 세계의 작가들: 단테에서 밀란 쿤데라까지(전2권)』, 두레, 1999.
김봉중, 『미국은 과연 특별한 나라인가?: 미국의 정체성을 읽는 네 가지 역사적 코드』, 소나무, 2001.
김봉중, 『카우보이들의 외교사: 먼로주의에서 부시 독트린까지 미국의 외교전략』, 푸른역사, 2006.
김삼웅, 『역사를 움직인 위선자들』, 사람과사람, 1996.
김삼웅, 「소로: 숲속 오두막에서」, 『넓은 하늘 아래 나는 걸었네: 광기와 방랑의 자유인 33인의 이야기』, 동방미디어, 2000, 143~155쪽.
김삼웅, 「불복종운동과 헨리 소로」, 『대한매일』, 2000a년 2월 29일, 7면.
김상현, 『인터넷의 거품을 걷어라: 인터넷, 사이버 세상에서 살아남기』, 미래M&B, 2000.
김석기, 「이제는 프로야구다」, 『일간스포츠』, 1976년 2월 15일자.
김성호, 「화해의 결투」, 『문화일보』, 2004년 7월 19일, 30면.
김수진, 「新한국교회사」, 『국민일보』, 2001년 3월 14일~5월 2일자.
김순배, 「링컨과 거리 둔 남부 … 썰렁한 분위기 '대조'」, 『한겨레』, 2009년 2월 12일자.
김영재, 『한국교회사』, 개혁주의신행협회, 1992.
김용관, 『탐욕의 자본주의: 투기와 약탈이 낳은 괴물의 역사』, 인물과사상사, 2009.
김용구, 『세계관 충돌과 한말 외교사, 1866-1882』, 문학과지성사, 2001.
김용구, 『세계외교사』, 서울대학교 출판부, 2006.
김용우, 「보수주의」, 김영한 엮음, 『서양의 지적운동 II』, 지식산업사, 1998, 307~316쪽.
김원모, 『근대 한미관계사: 한미전쟁편』, 철학과현실사, 1992.
김윤성, 「미국 사회와 개신교 근본주의: 사면초가 속의 저력」, 『역사비평』, 통권64호(2003년 가을), 60~81쪽.
김인호, 『백화점의 문화사: 근대의 탄생과 욕망의 시공간』, 살림, 2006.
김재신, 『마크 트웨인: 생애와 '허클베리 핀의 모험'』, 건국대학교출판부, 1994.
김정기, 「1882년 조미수호통상조약과 이권침탈」, 『역사비평』, 계간 17호(1992년 여름), 18~32쪽.
김정열, 『미국에서 본 팍스 아메리카나』, 이슈투데이, 2001.
김종혁, 「"존슨, 족보까지 속였다": WP, 역대 대통령들의 거짓말」, 『중앙일보』, 2003년 6월 17일, 15면.
김주환, 『디지털 미디어의 이해』, 생각의나무, 2008.
김준봉, 『이야기 남북전쟁(전2권)』, 동북아공동체연구소, 2002.
김준형, 『미국이 세계 최강이 아니라면?』, 뜨인돌, 2008.
김학준, 『붉은 영웅들의 삶과 이상: 소련과 동유럽 공산주의자들의 발자취』, 동아일보사, 1997.
김형인, 「마이너리티, 흑인의 삶」, 김형인 외, 『미국학』, 살림, 2003, 309~354쪽.
김형인, 『두 얼굴을 가진 하나님: 성서로 보는 미국 노예제』, 살림, 2003a.
김형인, 『미국의 정체성: 10가지 코드로 미국을 말한다』, 살림, 2003b.
나윤도, 「미국의 대통령 문화(21회 연재)」, 『서울신문』, 1997년 11월 22일~1998년 5월 7일자.
노무현, 『노무현이 만난 링컨: 겸손한 권력으로 강한 나라를 만든 정치인』, 학고재, 2001.
노형석, 『한국 근대사의 풍경』, 생각의나무, 2006.

류형열, 「「어제의 오늘」 1848년 공산당선언」, 『경향신문』, 2009년 2월 21일자.
문일평, 정해렴 편역, 『호남사론사화선집』, 현대실학사, 1996.
문정식, 『펜을 든 병사들: 종군기자 이야기』, 전국언론노동조합연맹, 1999.
박경재, 『미국 대통령 이야기(전2권)』, 이가책, 1995.
박노자, 『나를 배반한 역사』, 인물과사상사, 2003.
박노자, 『나는 폭력의 세기를 고발한다: 박노자의 한국적 근대 만들기』, 인물과사상사, 2005.
박보균, 『살아 숨쉬는 미국역사』, 랜덤하우스중앙, 2005.
박보균, 「링컨의 정치적 삶과 리더십」, 『중앙일보』, 2009년 2월 12일자.
박상익, 「그때 오늘」, 『중앙일보』, 2009년 7월 2일~9월 22일자.
박영배, 『미국, 야만과 문명의 두 얼굴: 주미특파원 박영배 리포트』, 이채, 1999.
박영배·신난향, 『미국 현대문명 보고서: 게이 레즈비언부터 조지 부시까지』, 이채, 2000.
박정기, 『남북전쟁: 새로운 자유의 탄생(전2권)』, 삶과꿈, 2002.
박주원, 「『독립신문』과 근대적 '개인', '사회' 개념의 탄생」, 이화여대 한국문화연구원, 『근대계몽기 지식 개념의 수용과 그 변용』, 소명출판, 2004.
박지향, 『제국주의: 신화와 현실』, 서울대학교출판부, 2000.
박지향, 『슬픈 아일랜드: 역사와 문학 속의 아일랜드』, 새물결, 2002.
박진빈, 「미국의 보수화와 군산복합체: 신남부의 힘」, 『역사비평』, 통권64호(2003년 가을), 39~59쪽.
박진빈, 『백색국가 건설사: 미국 혁신주의의 빛과 그림자』, 앨피, 2006.
박천홍, 『매혹의 질주, 근대의 횡단: 철도로 돌아본 근대의 풍경』, 산처럼, 2003.
박홍규, 『누가 아렌트와 토크빌을 읽었다 하는가: 한국 인문학의 왜곡된 추상주의 비판』, 글항아리, 2008.
박홍규, 『인디언 아나키 민주주의: 인디언에게 배우는 자유, 자치, 자연의 정치』, 홍성사, 2009.
배병삼, 「'거룩한 링컨'의 차가운 얼굴」, 『시사저널』, 1996년 1월 4일, 104면.
배항섭, 「개항기(1876~1894) 민중들의 일본에 대한 인식과 대응」, 『역사비평』, 계간 27호(1994년 겨울).
백성현·이한우, 『파란 눈에 비친 하얀 조선』, 새날, 1999.
사루야 가나메, 남혜림 옮김, 『검증, 미국사 500년의 이야기』, 행담출판, 2007.
사회과학원 연사연구소, 『근대조선역사: 북한학술서』, 일송정, 1988.
설원태, 「저널리즘이여 안녕: 의심스러운 시대의 커뮤니케이션 정치」, 『신문과 방송』, 제415호(2005년 7월).
소에지마 다카히코, 신동기 옮김, 『누가 미국을 움직이는가』, 들녘, 2001.
손세호, 『하룻밤에 읽는 미국사』, 랜덤하우스, 2007.
손정희, 「사회개혁운동에 대한 '잠재적 풍자': 호손의 『블라이드데일 로맨스』」, 『안과밖(영미문학연구)』, 제10호(2001년 상반기), 249~268쪽.
손제민, 「외신기자 눈에 비친 근현대사: 60여명 취재기 '한국의 목격자들' 출간」, 『경향신문』, 2006년 6월 5일, 21면.
송기도, 『콜럼버스에서 룰라까지: 중남미의 재발견』, 개마고원, 2003.

송기도 · 강준만, 『콜롬버스에서 후지모리까지: 중남미의 재발견』, 개마고원, 1996.
송병기, 『한국, 미국과의 첫만남: 대미개국사론』, 고즈윈, 2005.
신문수, 『허만 멜빌: 탈색된 진실의 추구자』, 건국대학교출판부, 1995.
신복룡, 『한국정치사』, 박영사, 1991.
신복룡, 「당쟁과 정당정치」, 『전통과 현대』, 1997년 가을.
신복룡, 『이방인이 본 조선 다시읽기』, 풀빛, 2002.
신정선, 「같은 날 200주년 생일 맞은 두 사람의 뒷얘기」, 『조선일보』, 2009년 2월 11일자.
신형준, 「신미양요때 빼앗긴 '사 깃발' 돌아올까?」, 『조선일보』, 2007년 5월 7일, A3면.
심영섭, 「크레이지 호스와 광화문 광장」, 『한국일보』, 2009년 8월 6일자.
아루가 나츠키 · 유이 다이자부로, 양영철 옮김, 『상식으로 꼭 알아야 할 미국의 역사』, 삼양미디어, 2008.
안윤모, 『미국 민중주의의 역사』, 이화여자대학교출판부, 2006.
안정숙, 「마거릿 생거 1883 1966(20세기 사람들:17)」, 『한겨레』, 1993년 10월 21일, 9면.
안종묵, 「황성신문의 애국계몽운동에 관한 연구」, 한국외국어대학교 박사학위 논문, 1997년 8월.
양동휴 외, 『산업문명과 기계문명』, 서울대학교출판부, 1997.
양재열, 『한국인을 위한 미국사』, 혜안, 2005.
양홍석, 『미국정치문화의 전통과 전개: 잭슨시대를 중심으로』, 국학자료원, 1999.
양홍석, 『고귀한 야만: 버펄로 빌 코디의 서부활극을 통해 본 미국의 폭력, 계급 그리고 인종』, 동국대학교출판부, 2008.
엄기열, 「자치적 민주주의 위해 언론책임 강조해야: 미 수정헌법 1조에 대한 해석의 문제」, 『신문과 방송』, 제377호(2002년 5월).
연동원, 『영화 대 역사: 영화로 본 미국의 역사』, 학문사, 2001.
염규호, 「미국에서의 명예훼손과 사생활침해: 헌법이론과 학설을 중심으로」, 『언론중재』, 통권 51호(1994년 여름).
오미환, 「"신미양요때 장수 깃발 돌려달라"」, 『한국일보』, 2007년 5월 7일, 2면.
오치 미치오, 곽해선 옮김, 『와스프: 미국의 엘리트는 어떻게 만들어지는가』, 살림, 1999.
오치 미치오 외, 김영철 편역, 『마이너리티의 헐리우: 영화로 읽는 미국사회사』, 한울, 1993.
요시미 슌야, 이태문 옮김, 『박람회: 근대의 시선』, 논형, 2004.
요시미 슌야, 송태욱 옮김, 『소리의 자본주의: 전화, 라디오, 축음기의 사회사』, 이매진, 2005.
요시미 슌야 외, 오석철 · 황조희 옮김, 『전화의 재발견: 전화를 매개로 한 인간의 커뮤니케이션은 어떻게 변해 왔는가?』, 커뮤니케이션북스, 2005.
우덕룡 외, 『라틴아메리카: 마야, 잉카로부터 현재까지의 역사와 문화』, 송산출판사, 2000.
우석훈, 『생태요괴전: 넓게 생각하고 좁게 살기』, 개마고원, 2009.
우수근, 『미국인의 발견』, 살림, 2004.
우태희, 『오바마 시대의 세계를 움직이는 10대 파워』, 새로운제안, 2008.
유병선, 「여적 / 수 깃발」, 『경향신문』, 2007년 5월 8일, 30면.
유신모, 「어제의 오늘」, 『경향신문』, 2009년 1월 2일~2009년 8월 29일자.
유영익, 『동학농민봉기와 갑오경장』, 일조각, 1998.

유재현, 『거꾸로 달리는 미국: 유재현의 미국사회 기행』, 그린비, 2009.
유종선, 『미국사 100 장면: 신대륙 발견에서 LA 흑인폭동까지』, 가람기획, 1995.
유종호, 『서정적 진실을 찾아서』, 민음사, 2001.
윤국한, 「선거인단제 다시 도마에」, 『한겨레』, 2000년 11월 10일, 8면.
윤재민, 「개화파의 문학사상」, 한국근현대사회연구회, 『한국근대 개화사상과 개화운동』, 신서원, 1998.
이경원, 「미국학과 미국경제」, 김형인 외, 『미국학』, 살림, 2003, 195~222쪽.
이광린, 『한국사강좌 V (근대편)』, 일조각, 1997.
이구한, 『이야기 미국사: 태초의 아메리카로부터 21세기의 미국까지』, 청아출판사, 2006.
이구현, 『미국언론법』, 커뮤니케이션북스, 1998.
이규태, 『한국인의 의식구조』, 신원문화사, 1983.
이기환, 「'병인양요는 佛선교사 처형과 무관'」, 『경향신문』, 2001년 10월 20일, 15면.
이리유카바 최, 『그림자 정부: 숨겨진 절대 권력자들의 세계 지배 음모』, 해냄, 1999.
이문호, 「뉴스에이전시란 무엇인가: 지면없는 신문사, 채널없는 방송국의 모든 것』, 커뮤니케이션북스, 2001.
이보형, 『미국사 개설』, 일조각, 2005.
이삼성, 『세계와 미국: 20세기의 반성과 21세기의 전망』, 한길사, 2001.
이상섭, 「낭만주의」, 『문학비평 용어사전』, 민음사, 2001, 49~54쪽.
이상철, 『커뮤니케이션 발달사』, 일지사, 1982.
이상철, 『미국과 언론』, 일지사, 1993.
이상철, 『신문의 역사』, 커뮤니케이션북스, 1999.
이석호, 「제국주의 시절의 영어정책과 영어공용화에 부치는 몇가지 단상들」, 윤지관 편, 『영어, 내 마음의 식민주의』, 당대, 2007, 314~335쪽.
21세기연구회, 홍성철·김주영 옮김, 『진짜 세계사, 음식이 만든 역사』, 베스트홈, 2008.
이영옥, 「미국문학의 미국적 특성」, 김형인 외, 『미국학』, 살림, 2003, 101~134쪽.
이용재, 「나폴레옹: 역사를 넘어 신화로 남은 사나이」, 박지향 외, 『영웅 만들기: 신화와 역사의 갈림길』, 휴머니스트, 2005, 34~109쪽.
이재광·김진희, 『영화로 쓰는 세계경제사: 15세기에서 19세기까지』, 혜윰, 1999.
이종훈, 「로맨티시즘」, 김영한·임지현 편, 『서양의 지적운동 I: 르네상스에서 포스트모더니즘까지』, 지식산업사, 1994, 467~504쪽.
이주영, 『미국사』, 대한교과서, 1995.
이주영, 「미국 국민주의의 역사적 특징」, 한국서양사학회 편, 『서양에서의 민족과 민족주의』, 까치, 1999, 299~319쪽.
이철희, 「책갈피 속의 오늘」, 『동아일보』, 2008년 9월 30일~2009년 3월 19일자.
이한수, 「"미, 신미양요 때 평화적 개방 원했다": 김명호 교수 '초기 한미관계 재조명' 출간」, 『조선일보』, 2005년 2월 8일, A9면.
이향순, 「2. 민주주의와 도덕 사회: 또끄빌과 뒤르케임의 비교」, 김성건 외, 『알렉시스 또끄빌을 찾아서: 민주주의와 '마음의 습속'에 대한 사상』, 학문과사상사, 1996.

이향휘, 「부자는 美대통령의 조건?」, 『매일경제』, 2003년 2월 18일자.
이형대, 「미국의 지적 전통과 위기」, 김형인 외, 『미국학』, 살림, 2003), 75~99쪽.
일본경제신문사 엮음, 『경제학의 선구자들 20』, 새길, 1995.
임근수, 『신문발달사』, 정음사, 1986.
임영호, 『기술혁신과 언론노동: 노동과정론에서 본 신문노동의 역사』, 커뮤니케이션북스, 1999.
임용순, 『역사를 바꾼 통치자들: 미국편』, 미래사, 1995.
임용순, 『역사를 바꾼 여성 통치자들』, 나무와숲, 2001.
임종업, 「유유면 상종? 상종이면 유유!」, 『한겨레』, 2007년 2월 9일, 책·지성섹션 12-13면.
장병길, 『나사니엘 호손: 미국 신화의 로맨스 작가』, 건국대학교출판부, 1995.
장석정, 『미국 뒤집어보기』, 살림, 2003.
장태한, 『아시안 아메리칸: 백인도 흑인도 아닌 사람들의 역사』, 책세상, 2004.
정경원 외, 『라틴 아메리카 문화의 이해』, 학문사, 2000.
정경희, 『중도의 정치: 미국 헌법 제정사』, 서울대학교출판부, 2001.
정경희, 『미국을 만든 사상들』, 살림, 2004.
정명진, 「조지 워싱턴 신화 '파괴' 한창」, 『중앙일보』, 1996년 2월 25일, 19면.
정우량, 「팍스 아메리카를 꿈꾸는 민주적 제국주의자: 아메리카의 전사 네오콘의 정체」, 『월간 중앙』, 2003년 11월, 326~335쪽.
정재연, 「미 대통령과 흑인 노예의 '지퍼 게이트'」, 『주간조선』, 1998년 11월 26일, 64~65쪽.
정태철, 「언론 전문직업인주의(professionalism)의 필요성: 1987년 민주화 이후 한국 언론의 문제와 개혁에 대한 논의」, 『언론과학연구』, 제5권2호(2005년 8월).
정효식, 「이재오, 운전대 잡고 미 대륙 횡단 나서」, 『중앙일보』, 2009년 3월 19일자.
조강수, 「예일대, 노예제도 혜택 전력 때문에 곤혹」, 『중앙일보』, 2002년 1월 30일자.
조맹기, 『커뮤니케이션의 역사』, 서강대학교 출판부, 2004.
조선일보 문화부 편, 『아듀 20세기(전2권)』, 조선일보사, 1999.
조이영, 「책갈피 속의 오늘」, 『동아일보』, 2008년 9월 3일~2009년 2월 13일자.
조지형, 『헌법에 비친 역사: 미국 헌법의 역사에서 우리 헌법의 미래를 찾다』, 푸른역사, 2007.
진덕규, 「1. 알렉시스 드 또끄빌을 찾게 되는 시대 상황」, 김성건 외, 『알렉시스 또끄빌을 찾아서: 민주주의와 '마음의 습속'에 대한 사상』, 학문과사상사, 1996.
진인숙, 『영어 단어와 숙어에 담겨진 이야기』, 건국대학교 출판부, 1997.
차상철 외, 『미국외교사: 워싱턴 시대부터 루즈벨트 시대까지(1774~1939)』, 비봉출판사, 1999.
최성일, 『미국 메모랜덤』, 살림, 2003.
최승은·김정명, 『미국 명백한 운명인가, 독선과 착각인가』, 리수, 2008.
최영창, 「한국과 일본 굴곡의 100년을 넘어」, 『문화일보』, 2005년 1월 25일~11월 19일자.
최우석, 「노예제 폐지 반대했던 리 장군 이 자리에 있다면 헷갈렸을 것」, 『조선일보』, 2009년 2월 2일자.
최웅·김봉중, 『미국의 역사』, 소나무, 1997.
최인진, 『한국사진사 1631-1945』, 눈빛, 1999.
쿠로타 신이치로오, 「문화 진화론」, 아야베 쓰네오, 이종원 옮김, 『문화를 보는 열다섯 이론』, 인간사랑, 1987.
태혜숙, 『문화로 접근하는 미국』, 중명, 1998.
하태원 외, 「역사 바꾼 2인 링컨-다윈, 오늘 탄생 200주년」, 『동아일보』, 2009년 2월 12일자.
한국기독교역사연구소, 『한국 기독교의 역사 I』, 기독교문사, 1989.
한국미국사학회 엮음, 『사료로 읽는 미국사』, 궁리, 2006.
한국서양사학회 편, 『서양에서의 민족과 민족주의』, 까치, 1999.
한상일, 『아시아 연대와 일본제국주의: 대륙낭인과 대륙팽창』, 오름, 2002.
함용도, 『워싱턴 어빙: 생애와 작품세계』, 건국대학교출판부, 1995.
함재봉, 『탈근대와 유교: 한국정치담론의 모색』, 나남출판, 1998.
허원, 「아편전쟁을 다시 본다」, 『역사비평』, 계간 39호(1997년 겨울).
홍사중, 『근대시민사회사상사』, 한길사, 1997.
홍일출, 『애드거 앨런 포우: 불운한 천재의 문학 이론과 작품』, 건국대학교출판부, 1996.
황유석, 「'세계의 IT도시들' (7) 솔트레이크 시티-上」, 『한국일보』, 2000년 12월 28일자.

찾아보기

개리슨, 윌리엄 로이드 12, 162~163, 238, 274, 276~277, 299
건국의 시조들 9, 11, 17
게리맨더링 117~118
게이트웨이 아치 102~105
골드러시 303, 307, 309~310
『공산당선언』 295~297
공포정치 38, 39, 65~66
공화파 63~65, 68, 70~71, 73~75, 85, 87, 98
권리장전 16, 26, 53, 73, 114
그릴리, 호러스 240~241, 274, 289, 297, 310
기요틴 36~37, 66

나폴레옹, 보나파르트 31, 33, 40~44, 50, 54, 66, 96~97, 118~119, 128~131, 140
낭만주의 216~217
뉴올리언스전투 124~125, 144, 148
니커보커 222

당통, 조르주 자크 31, 37, 39~40
'대타협' 10, 12
더글러스, 프레더릭 270, 274~280, 300
디킨스, 찰스 241~243

라파예트, 마르퀴스 21, 33~35, 52, 148
러다이트 운동 122~124
러브조이, 일라이자 164
로베스피에르, 막시밀리앙 31, 33~34, 37~40, 44, 46, 48, 54, 65~66
록펠러, 존 데이비슨 313
루베르튀르, 투생 95~96, 156
루소, 장 자크 44~49, 53
루이 16세 33, 35~38, 66
루이스, 메리웨더 102, 105~106
링컨, 에이브러햄 104, 112, 158, 224, 236, 263~264

마르크스 52, 80, 295~299
마셜, 제임스 304
마셜, 존 89, 110
매디슨, 제임스 9~10, 13, 15~16, 18, 62~64, 68, 74, 86, 88, 109, 114, 116~117, 124, 135, 148, 154, 158
맬서스, 토머스 78~80, 82~83
먼로, 제임스 110, 135~137, 139~140, 142~143, 154, 158
메이슨딕슨선 137~138
멕시코전쟁 253, 257, 260, 262~265, 270, 274, 304~305
멜빌, 허먼 223~224, 267
'명백한 운명' 260, 266~269
모스, 새뮤얼 233, 244~245
모트, 루크리셔 299~301
몰몬교 286~293
미국 예외주의 173, 176
『미국의 민주주의』 167

찾아보기 **333**

미주리 타협 137, 139

바넘, 피니어스 테일러 204~206
반메이슨 180, 182, 185~186
반연방주의자 15~16
반일루미니즘 180
백악관 84~85
밴뷰런, 마틴 152, 185, 189, 210, 212~213, 230, 234~236, 257~258, 264, 306
버, 애런 87, 98~100
버니, 제임스 238, 259
버크, 에드먼드 18, 35, 49~53, 76
베넷, 제임스 고든 201~203, 241
벨, 알렉산더 그레이엄 248~249
보수주의 35, 49~51
보편구원교·보편구원주의 90
볼리바르, 시몬 141
볼테르 45, 181~182
브룩농장 283~284
블랙 호크 228

산마르틴, 호세 데 141
산업혁명 90~93
선거인단제도 13
성조기여 영원하라 117, 119, 128
세미놀전쟁 229
세이커교 283
소로, 헨리 데이비드 246, 270~274, 281
수정헌법 제1조 27~29
수터, 요한 아우구스트 304~305, 307~309
스미스, 조지프 286~287
스콧, 윈필드 262
스티븐슨, 조지 155
스탠턴, 엘리자베스 케이디 299~301
시민불복종 270~271
시에예스, 에마뉘엘 조제프 33, 35
싱어, 아이작 302

아미스타드 231~233
아미시 283, 285
아이티 94~97
안나, 산타 208~209, 265
알라모 전투 207, 210~212
애덤스, 애비게일 75~76, 84
애덤스, 존 20, 65, 70~73, 76, 83~89, 144, 146, 151, 154
애덤스, 존 퀸시 125, 137, 140, 144~148, 150~152, 154, 189, 232
어빙, 워싱턴 22, 172, 222
엉클 샘 126~127
에머슨, 랠프 왈도 173, 215, 217, 220~221, 224~225, 246, 270
엥겔스, 프리드리히 295, 297~298
역사 콤플렉스 171~173, 175
연방주의·연방주의자 9, 14~17, 86
연방파 20, 62~65, 67~68, 70~71, 73~75, 85, 87, 89, 97~98, 101, 124, 135~136
엽관제도 189~191
영, 브리검 288~291, 293
오네이다 283~284
오스틴, 스티븐 207~208
오웬, 로버트 281~282, 284
와트, 제임스 91~92
외국인규제법 73
워싱턴, 조지 9, 11, 15, 20~25, 55, 65, 67~68, 84, 86, 100, 102, 140, 205
워털루전투 130
웰즐리, 아서(웰링턴 공) 128, 130
위스키 반란 67~68
유니테리언 90, 217~219
『인간의 권리』 53~54
『인구의 원리에 관한 에세이』 78~79

자코뱅 37, 39, 42, 46, 65~67, 87
잭슨 민주주의 152, 185, 191, 193, 253
잭슨, 앤드루 121, 125~127, 136~137, 144~152, 154, 167, 183~185, 188~193, 209~211, 213, 224, 228, 235, 237, 259
제이 조약 67~69, 72
제이, 존 15, 18, 55, 68
제퍼슨, 토머스 20, 24, 33~35, 55, 61, 63~65, 67~68, 71~72, 74, 84, 86~89, 94, 96, 98, 100~102, 104, 106~107, 109~114, 120, 154, 158, 230
제헌의회 9~11
지롱드파 38, 65
짐 크로 164~165

채닝, 윌리엄 앨러리 218~219
체로키족 228~230

초월주의 216~220
출항금지법 109, 114
츠바이크, 슈테판 130, 246~248, 308

칸트, 임마누엘 48, 216~217
칼훈, 존 116, 136, 165, 189
켄들, 에모스 151~152
퀘이커교 92, 162, 274~275
크로켓, 데이비드 209, 211
클라크, 윌리엄 102, 105~106
클레이, 헨리 116, 125, 139, 144~145, 158, 234, 237, 257, 259

타일러, 존 135, 234, 237~238, 260
터너, 냇 160~162
터브먼 해리엇 275~277
테일러, 재커리 135, 260~262, 264, 306~307
토크빌, 알렉시스 119, 167~173, 176~179, 197, 229

페니 신문 202~204, 206, 240, 250~251
페인, 토머스 52~55
포, 애드거 앨런 222~223
포크, 제임스 녹스 210, 258~262, 264, 305
포티나이너 307, 309
푸세, 조제프 38, 130
풀턴, 로버트 106~107
퓰리처, 조지프 201
프랑스혁명 31~33, 35, 37, 40, 44, 49, 52~53, 56~58, 64~67, 76, 95, 130~131, 140, 181, 216, 244
프랭클린, 벤저민 10, 15, 17, 24, 78~79, 89, 100, 176, 182, 223, 241
프리메이슨 180~182, 185~187
필드, 사이러스 246~248
핑크니 조약 67, 69, 72
핑크니, 찰스 코티스워스 72, 101, 114
핑크니, 토머스 69, 71~72

해리슨, 윌리엄 헨리 135, 234~237, 248
해밀턴, 알렉산더 9~10, 15, 24, 61~65, 67~68, 71, 86, 94, 98~100, 109, 111~112
헨리, 패트릭 16, 24
호스슈벤드전투 120~121
휘트먼, 월트 224~226, 262